예수는 달랐다

예수는 달랐다
— 역사 속 예수의 삶과 통찰

2022년 12월 21일 초판 1쇄 발행

지은이 | 허호익
펴낸이 | 김영호
펴낸곳 | 도서출판 동연
등   록 | 제1-1383호(1992. 6. 12)
주   소 | (03962) 서울시 마포구 월드컵로 163-3
전   화 | (02)335-2630
페이스북 | https://www.facebook.com/dypress/
인스타그램 | https://www.instagram.com/dongyeon_press

ISBN 978-89-6447-846-2 03230

역 사 속
예 수 의
삶 과 통 찰

예수는 달랐다

| 허호익 지음 |

동연

머리말

루터는 처음으로 라틴어 성서를 읽고 큰 충격을 받았다. 교회의 가르침과 성서의 가르침이 달랐기 때문이었다. 그래서 루터는 '성서로 돌아가자'는 뜻에서 '오직 성서'를 주장했다. 이 원리에 따라 종교 개혁이 진행되는 과정에서 등장한 재세례파는 루터가 성서로 돌아가긴 했으나 로마서에 나타난 바울의 칭의론이라는 교리로 돌아간 것을 비판하였다.

다양한 재세례파는 저마다 사도행전의 초대교회로 돌아갈 것을 주장했다. 그리하여 재산을 공유하고 필요에 따라 나눠 쓰는 유무상통의 이상적 공동체를 재건하거나 비폭력 무저항 정신을 소유한 사랑의 공동체를 이루거나 성령의 직접 계시에 의존하는 신령한 공동체를 지향하려고 하였다.

20세기 초 아돌프 하르낙은 『기독교의 본질』이라는 유명한 저서를 통해 바울의 교리나 초대교회의 삶이 아니라, 복음서에 나타난 예수의 새로운 가르침으로 돌아갈 것을 주장했다. 하르낙은 하나님의 나라와 그 임박한 도래, 하나님 아버지와 인간 영혼의 무한한 가치, 보다 고귀한 정의와 사랑의 계명, 이 세 가지가 예수가 가르친 기독교의 본질이라고 하였다. 그러나 그 역시 예수의 다양한 가르침과 남다른 삶의 방식을 모두 살펴보지는 못했다.

하나님과 같은 영적 권위와 권능을 가지고 등장한 예수는 역사상 그 누구보다 자신이 속한 유대교의 오랜 신앙 전통과 성전 중심의 제사 제도에 대하여 매우 비판적이었다.

예수는 율법을 모르는 자들을 차별하는 율법주의자들이 율법의 정신은 무시하고 율법의 조문을 형식적으로 지키는 본말 전도의 위선적인 신앙을 "회칠한 무덤"이라고 저주할 정도였다.

특히 '강도의 소굴'로 변한 예루살렘 성전 체제는 고쳐서도 쓸 수 없을 정도이니 멸망해야 할 것이라고 선언했다가 성전을 모독한 죄로 체포되어 결국 죽음에 이르게 된다.

예수는 가난한 자, 약자, 애통하는 자, 차별받는 자와 자신을 동일시하였다. 예수는 차별과 적대의 종교에서 무차별적 사랑과 포용의 종교로, 억압과 군림의 정치에서 섬김과 돌봄의 정치로, 착취와 독점의 경제에서 나눔과 공유의 경제로의 일대 전환을 촉구하는 새로운 통찰과 남다른 삶의 방식을 보여 주었다.

실제로 당시 로마의 식민지 지배하에서 유대교의 4대 종파가 취한 입장과 비교해 볼 때, 예수의 통찰과 삶의 방식은 전적으로 새롭고 남다른 대안이었다.

30년 넘게 기독론을 가르치면서 단순하게 "예수는 그 당시 부자나 강자 편이었는지 아니면 가난한 자나 약자 편이었는지" 물어보면 대부분 후자 편이라고 대답한다. 이어서 "예수는 당시의 기존 질서에 순응하고 보수적이었느냐 아니면 혁신적이고 진보적이었느냐"라고 질문하면 후자 편이라는 대답이 많았다. "그렇다면 한국의 주류 교회는 어느 편인가"라고 다시 물으면 다수가 전자 편이라고 하였다.

실제로 '오직 예수'를 동의 반복적으로 공허하게 외치는 설교자들이 적지 않다. 때로는 그들이 직관적으로 믿는 예수와 성서가 증거하는 예수는 달라도 너무 달라서 충격을 받을 정도이다. 따라서 성서로 다시 돌아가 예수의 가르침과 삶을 개념적으로 새롭게 통찰해야 한다는 문제의식에서 이 책을 서술하게 되었다.

이 책에서 다룬 내용은 「새가정」에 발표한 것과 『예수 그리스도』 1, 2권(동연, 2014)의 내용 중 일부를 '예수의 통찰과 삶의 방식은 달랐다'는 관점에서 일반인들이 쉽게 접근할 수 있도록 새롭게 재정리한 것임을 밝힌다.

끝으로 바쁜 와중에도 이 책을 잘 출판하여 주신 동연의 김영호 사장님과 이희도 선생님께 격하게 감사드린다.

2022년 12월

차 례

예수의
탄생은
달랐다

I
예수 그리스도,
그는 전적으로 다른 메시아였다

예수의 뜻

예수가 태어났을 때 그의 부친 요셉은 그의 이름을 '예수'라고 지어주
었다고 한다(눅 2:2). '예수'(Jesus)라는 이름은 그리스식 표기이며, 히브리
어로는 '예슈아'(Jesua)이다. 이를 한자로는 야소(耶蘇)로 번역한 것이다.
이 이름은 당시에 흔한 이름이었다. 나사렛에서 예수 당시의 것으로
보이는 파편에 예슈아라는 이름이 새겨진 것이 발견되기도 하였고, 유대
인 역사가 요세푸스의 기록에는 예수라는 이름을 가진 동명이인이 20명
정도 등장한다.

예슈아라는 이름은 '여호수아'와 같은 어근을 가진 말로서 '건져
내다, 구원하다'라는 의미이다. 이 이름은 예수가 태어나기 전 천사가
일러준 이름으로서 "자기 백성을 저희 죄에서 구원할 자"(마 1:23; 눅 1:31,
2:21; 행 4:12)라는 뜻이다.

임마누엘의 뜻

마태는 예수의 별칭 또는 칭호가 '임마누엘', 즉 '하나님이 함께하시는 자'(마 1:23)라 하였다. 이는 구약성서(사 7:14, 8:8)에 그 이름이 예언되어 있다. 임마누엘은 임마누(עמנו, Immanu, 우리와 함께 있다)와 엘(אל, El, 신)을 조합한 이름으로, '하나님이 우리와 함께 하신다'는 의미이다. 예수를 믿어 구원을 얻는다는 말은 주로 예수의 공로로 죄 사함을 받았다는 좁은 의미로만 이해되고 있다. 그러나 성서적 의미에서 구원은 하나님을 떠난 상태에서 돌아와 '하나님과 함께하는 새로운 삶을 사는 것'이다.

1996년 판 독일 개신교 찬송가 뒷부분에 이런 기도문이 적혀 있다고 한다. 하나님께서 우리 주변의 모든 공간에서 우리와 함께하시는 은혜로운 복된 삶을 기원한 기도문이다.

주님이 그대 앞에 계셔서 그대에게 바른길 보이시길 바랍니다.
주님이 그대 곁에 계셔서 그대를 팔로 껴안아 지키시길 바랍니다.
주님이 그대 뒤에 계셔서 못된 사람들의 흉계에서 그대를 보존하시길 바랍니다.
주님이 그대 아래에 계셔서 그대가 떨어지면 받아주시고, 그대를 덫에서 끄집어내시길 바랍니다.
주님이 그대 안에 계셔서 그대가 슬퍼할 때, 그대를 위로하시길 바랍니다.
주님이 그대 둘레에 계셔서 남들이 그대를 덮칠 때 막아 주시길 바랍니다.
주님이 그대 위에 계셔서 그대에게 복 주시길 바랍니다.
이처럼 그대에게 은혜로우신 하나님이 복 주시길 바랍니다.

메시아 곧 그리스도의 뜻

요한은 예수를 가리켜 '메시아 곧 그리스도'(요 1:41, 4:25)라고 하였다. 히브리어 메시아(Messiah)는 '기름 부음을 받은 자'(the anointed one)라는 뜻이며, 그리스어로 번역하면 그리스도(christos)이고, 이를 한자로 표기한 '기리사독'(基利斯督)을 줄인 것이 기독이다. 그래서 기독교라는 용어가 생겨난 것이다. 마하트마 간디의 경우처럼 '마하트마'는 이름도 성도 아니고 '위대한 영혼'이라는 뜻을 가진 칭호이듯이 메시아 · 그리스도 · 기독은 모두 같은 뜻으로, 예수의 성이나 이름이 아니라 예수의 여러 칭호 중 구세주로서 그의 직무를 대변하는 대표적인 칭호이다.

기름 부음은 창세기에서 아벨이 제사에 기름을 사용한 데서 기인한다. 이런 배경에서 고대 이스라엘에서는 왕과 예언자와 제사장이 직무를 수행하기 전에 '기름 부음'이라는 제의적 성별(聖別) 의식을 통해 공적인 권위를 부여하였다. 그러나 이스라엘 역사의 현실에 등장한 대부분의 왕이나 제사장과 예언자들은 백성의 기대에 부응하지 못했다.

특히 기원전 740년경 남 왕국 웃시야 왕이 죽은 후 내우외환에 시달리는 풍전등화 같은 시기에 이사야는 "너희 지도자들은 반역자요, 도둑의 무리가 되었다"(사 1:23, 공동번역)라는 경고를 하였다. 이스라엘 백성들은 이러한 총체적 난국을 일시에 해결하고 도탄에서 건져낼 '이상적인 지도자 메시아'의 출현을 고대하였다. 백성들은 다윗의 가계에서 골리앗과 같은 외적을 일시에 쳐부수고 온 나라를 평화와 번영으로 다스린 다윗과 같은 왕이 나올 것으로 기대하였던 것이다.

예수의 탄생 직전도 웃시야 왕이 죽은 직후처럼 메시아 대망이 최고조에 달한 시기였다. 헤롯이라는 에돔(현 요르단 북부) 출신의 이방인이 로마의 권력에 빌붙어서 마카베오의 후손인 유대 왕족을 제치고 왕권을 장악한 후 이스라엘은 '자기 땅에서 이방인의 지배'를 받게 된 상황이었기 때문이다. 그래서 예수는 '다윗의 후손으로 오는 이', 즉 승리와 영광의 메시아로 기대되었다.

예수는 전적으로 다른 메시아였다

복음서의 기록을 보면 예수는 제자들과 백성들의 기대와 전적으로 다른 메시아였다는 것을 알 수 있다. 예수가 공생애 마지막 즈음에 제자들에게 "그러면 너희는 나를 누구라고 하느냐?"라며 단도직입적으로 물었을 때 베드로는 지체하지 않고 "선생님은 그리스도이십니다"(마 16:16)라고 하였다. 이에 대해 복음서에 의하면 예수가 "인자가 반드시 많은 고난을 받고, 장로들과 대제사장들과 율법 학자들에게 배척을 받아 죽임을 당할 것"(막 8:31 등)이라며 자신의 수난을 예고하였다. 승리와 영광은 고사하고 고난과 죽음의 길이 자신 앞에 놓여 있다는 예수의 대답은 그들의 메시아 대망을 무참하게 좌절시키는 충격이었다.

얼마 후 예수가 실제로 무력하게 체포되어 십자가에 달린 것을 본 유대인들이 "이 자가 남을 구원하였으니, 정말 그가 택하심을 받은 분이라면 자기나 구원하라지"(눅 23:35, 새번역)라며 비웃었다. 고난과 수치의 십자가를 자처한 예수를 구세주 메시아로 기대하는 허망함을 조롱한 것이다. 바울이 잘 지적한 것처럼 십자가에 달려 죽으신 예수가 구세주라는 '십자가의 도'는 당시의 "유대 사람들에게는 거리낌이고, 이방 사람들에게는 어리석음"(고전 1:23)이었다.

예수는 당대의 유대인들이 기대한 '승리와 영광의 메시아'가 아니었음이 분명하다. 그럼에도 예수의 제자들은 '저주의 십자가에 달려 죽은 예수가 그리스도 메시아라는 신앙'을 목숨 걸고 전파하였다. 예수 사후 베드로는 다락방 설교에서 "너희가 십자가에 못 박은 이 예수를 하나님이 주와 그리스도(메시아)가 되게 하셨느니라"(행 2:36)라고 하였다.

예수의 제자들은 새롭고 혁명적인 메시아상을 제시하였다. 십자가에 달려 죽은 예수라는 그리스도는 구약의 왕적 메시아와 달리 왕권을 가지고 지배하고 군림한 왕(Ruling King)이 아니었다. 그는 자신이 오히려 섬기러 왔음을 분명히 하였다. 그가 만난 사람들을 그 형편에 맞게 섬긴 섬기는 왕(Servant King)이었다.

예수는 하나님의 말씀을 왜곡하여 전하거나 거짓 예언자나 말씀만 전하고 실천하지는 못하는 단순한 대언자(代言者)였던 구약의 예언자적 메시아와 달리 하나님 아버지의 뜻을 가장 잘 알아듣고 철저히 순종한 '가르친 대로 사시고 사신대로 가르친' 언행일치의 예언자였다.

죄인들을 배제하고 제물만을 대신 바치는 구약성서의 성전 제사장과 달리 예수는 죄인과 더불어 사시고, 스스로 제물이 되어 죄인을 위하여 죽으신 진정한 대제사장이었다.

그래서 칼뱅은 그리스도가 되시기 위해 이 땅에 인간의 몸으로 오신 예수는 구약성서의 왕, 예언자, 제사장 이 세 가지 직무를 온전히 통합하고 성취하신 '유일한 참 그리스도'라는 칭호를 얻게 되신 것이라고 하였다. 그래서 예수의 제자들은 예수를 그리스도라고 고백하는 것이 복음의 시작(막1:1)이라는 사실을 땅끝까지 전파한 것이다.*

---

* 허호익, 『그리스도의 삼직무론』 (서울: 한국장로교출판사, 1999).

II
헤롯왕의 잔인한 통치와
구세주 메시아 대망

헤롯 통치 말년에 예수 태어나다

예수는 헤롯왕의 장기 통치(B.C. 37~A.D. 4) 말기에 태어났다. 왜 하필 헤롯왕의 통치 시절에 태어났을까? 헤롯왕의 통치 방식이 어떠하였길래 예수께서 오실 수밖에 없었을까? 그 역사적 배경이 신약성경에는 자세히 기록되어 있지 않으나 유대인 역사가 요세푸스(A.D. 37년경~100년경)의 『유대 고대사』와 『유대 전쟁사』를 통해 많은 사실을 확인할 수 있다.

로마의 폼페이 장군이 기원전 63년 예루살렘에 입성하여 유대인 약 12,000명을 학살하였다. 유대와 팔레스타인 지역은 로마의 식민지 지배에 편입되었다. 기원전 330년경부터 그리스의 식민지 지배를 받다가 기원전 167년 마카베오에 의해 잠시 독립을 쟁취한 지 1세기 만에 또다시 로마의 식민지 지배하에 들어가고 만 것이다.

이렇게 혼란한 권력의 교체기에 헤롯의 아버지 안티파터(Antipater)가 폼페이 장군을 원조하는 등 친로마 행각을 통해 유대 통치의 막후 실권을 장악한다. 안티파터는 정통 유대인이 아니라 에돔(요르단 북부 지역) 출신이 었는데, 기원전 63년부터 기원전 43년까지 예루살렘 전체를 다스리는 로마의 행정 장관의 권한을 행사하였다. 이에 격분한 유대 민족주의자 말리쿠스(Malichus)는 기원전 43년 안티파터를 독살하였다.

안티파터는 죽었으나 그의 두 아들 파사엘과 헤롯이 통치권을 계승하였다. 유대의 마카베오 왕가의 마지막 왕자 안티고노스가 이들에 항거하였다. 포로로 잡힌 파사엘은 자살하였지만, 헤롯은 로마로 도망하여 옥타비아누스에게 충성을 맹세하고 유대의 봉신 왕으로 임명받아 귀국한다. 그는 지지자들을 모아 안티고노스에 대항하여 3년간의 전쟁을 치른 후 안티고노스를 참수형하고 기원전 37년부터 실제로 유다의 왕이 되었다.

1) 헤롯은 에돔(현 요르단 북부 지역) 출신으로 유대인이 아니어서 왕으로서의 정통성이 부족한 인물이었다. 더군다나 유대 마카베오 가문 하스몬 왕조의 마지막 왕으로서 정통성을 지닌 안티고노스를 살해한 로마의 앞잡이로 인식되어 유대인들의 분노를 자아냈다. 이를 무마하고 정통성을 확보하기 위해 헤롯은 마카베오 가문의 알렉산드라 여왕의 여동생 마리암네와 정략결혼을 하고, 하스몬 왕조의 히르카노스 II세의 손자 아리스토불로스를 제사장으로 임명하였다.

2) 헤롯은 자신의 아버지가 유대인에 의해 독살당한 것을 계기로 반대파를 색출하고 제거하기 위해 비밀 수사 기관을 설치하였다. 기원전 37년 헤롯은 예루살렘을 장악하자마자 자신을 지지한 사마이아스 (Samaias)를 제외한 산헤드린 회원 전원을 반역자로 규정했다. 그리고

산헤드린을 해산하고 유대인들의 종교적 자치권을 박탈하였다. 기원전 35년에는 백성의 인기가 높다는 이유로 자신이 세운 제사장 아리스토불로스를 처형하고, 기원전 29년과 기원전 30년에는 아내 마리암네와 장모 알렉산드라를 모반 혐의로 처형하였다.

3) 기원전 19년부터 헤롯은 자신의 영광을 드러내고 백성들의 환심을 사기 위해 예루살렘 성전을 배로 확장하여 개축하는 공사를 시작하였다. 아울러 자신의 왕궁과 극장과 경마장도 건립하였다. 이처럼 무수한 건축 사업과 무리한 재정 투입을 위해 많은 세금을 거두고 강제 부역을 동원할 수밖에 없었다. 백성들은 엄청난 경제적 착취에 시달려야 했다.

4) 무엇보다도 유대인들을 분노케 한 것은 성전 회랑 정문에 로마의 태양신을 상징하는 거대한 독수리상을 금으로 만들어 세운 것이었다. 헤롯은 자신이 비용을 대어 예루살렘 성전에서 매일 로마 황제를 위한 희생 제사를 드리게 하였다. 이는 종교적으로 우상숭배를 금지한 제2계명을 어긴 신성모독이었고, 로마의 식민지 지배를 상징하는 국가적 모욕이었다. 이 "멸망의 가증한 것이 서지 못할 곳에 선 것"(막 13:14)을 보고 기회를 노려 온 사리파의 아들 유다(Judas ben Saripha)와 마르갈라의 아들 마티아스(Mattias ben Margala)는 '모욕당한 하나님의 영광을 복수'하기 위해 죽음을 각오하였다. 수십 명의 젊은이들을 이끌고 독수리상을 끌어내려 산산이 부수어 버렸다. 그들은 모두 체포되어 헤롯의 명에 따라 화형에 처해졌다.

5) 헤롯은 로마 황제의 이름을 따서 '카이사르'라는 신도시를 건립하

였다. 고대 로마 올림픽을 모방하여 5년마다 로마 황제를 기리는 '카이사르 경기'도 개최하였다. 전차 경기장과 경기장을 세우고, 투사를 양성하고, 나체 경기를 하게 하였다. 유대인 선수들이 나체 경기에 참여할 경우 할례한 것이 드러나는 것을 감추기 위해 할례 복원 시술이 유행했을 정도였다. 헤롯은 산 사람을 맹수들에게 던져 '하나님에 대한 정면 도전'이라는 백성의 원성을 듣게 되었다.

6) 헤롯은 아내를 열 명이나 두었다. 기원전 7년에는 아내 마리암네에게서 태어난 두 아들 알렉산더와 아리스토불로스를 대역죄로 처형하였다. 기원전 4년에는 첫 번째 왕비의 아들인 안티파터 II세를 후계자로 세워 놓은 후 자신이 죽기 5일 전에 처형하였다. 베들레헴의 영아 살해에 관한 마태복음의 기록은 헤롯의 이러한 잔인한 성격을 반영한다(마 2:16).

7) 헤롯 자신도 자신의 악행으로 인해 자신의 죽음을 기뻐할 사람들이 많을 것을 예상하였다. 병이 악화되어 죽을 즈음 가정마다 한 사람씩 처형시키라고 명령하였다. 온 백성이 사랑하는 가족을 잃고 울부짖도록 만들어 자기 자신의 장례식에 애곡하는 분위기를 조성하려고 한 것이다.

이처럼 헤롯은 유대인들이 꿈꾸어 온 이상적인 왕과는 반대의 길로 치달았다. 헤롯의 신성모독적인 우상숭배와 포악한 정치 그리고 엄청난 경제적 착취에 시달린 많은 유대인들은 새로운 구세주 메시아를 처절하고 '절박하게' 고대할 수밖에 없었다. 그 처절함과 절박함이 하늘에 닿은 것일까? 이스라엘 역사상 가장 암울한 시대에 예수께서 태어나셨다.

III
성령 잉태론은 동정녀 탄생론과 달랐다

처녀 잉태, 마리아 자신도 믿지 못했다

예수 그리스도의 탄생에 관한 성서의 기록이 특이하므로 이에 관한 논란이 없지 않았다.

주의 천사는 마리아에게 "처녀가 잉태하여 아들을 낳을 것이요 그의 이름은 임마누엘이라 하리라"(마 1:23, 참조 사 7:14)고 고지하였다. 임마누엘은 '하나님이 우리와 함께 하신다'는 뜻이다. 충격적인 예고를 받은 마리아는 "나는 남자를 알지 못하니 어찌 이 일이 있으리이까?"(눅 1:34)라고 반문한다. 천사는 마리아에게 성령 잉태를 다시 한번 고지한다. "성령이 네게 임하시고 지극히 높으신 이의 능력이 너를 덮으시리니 이러므로 나실 바 거룩한 이는 하나님의 아들이라 일컬어지리라"(눅 1:35).

이 수태고지로 인해 가장 충격을 받은 사람은 마리아의 약혼자 요셉이 아니라 마리아 자신이었다. 요셉은 제3자이므로 마리아의 행실을 충분히 의심할 수 있다. 그러나 마리아에게는 마른하늘에 날벼락 같은 소식이 아닐 수 없었다. 자신은 '남자를 알지 못하는데' 생리가 중단되고 배가 점점 불러오는 이 충격적인 현실을 어떻게 감당할 것인가? '남자를 알다'는 말은 남자와 '동침하다'의 은유적 표현이다. 마리아는 아이를 낳으려면 남자와 동침해야 한다는 사실을 누구보다 분명히 알고 있었다는 뜻이다.

마리아는 그의 친척 엘리사벳을 방문한다. 전설에 의하면 마리아의 모친은 일찍 죽었고, 엘리사벳은 마리아의 이모라고 한다. 마리아는 자신도 모르게 자신이 임신한 사실을 털어놓고 도움을 구할 엄마를 대신할 수 있는 이모를 방문한 것이리라.

마리아는 생리가 이미 끝나 아이를 낳지 못하는 노녀(老女)가 된 이모 엘리사벳이 하나님의 능력으로 아이를 잉태했다는 소식을 듣는다. 그리고 아이를 낳을 수 없는 노녀가 하나님의 능력으로 잉태할 수 있다면, 자신과 같은 처녀(處女)라도 하나님의 능력으로 아이를 잉태할 수 있다는 믿음에 이르게 된다. 마침내 마리아는 천사의 수태 예고의 말씀을 믿음으로 수용한다. 자신이 비천한 여종임에도 불구하고 "능하신 이가 큰 일을 내게 행하셨다"(눅 1:49)고 고백한다.

동정녀 탄생보다 성령 잉태가 먼저다

처녀가 아이를 낳았다는 동정녀 탄생이 신앙의 거침돌이 되기도 한다. "처녀가 아이를 낳았다는 비과학적인 사실을 믿어야 하는가?"라는 반문을 자주 듣게 된다. 예수의 십자가와 부활을 믿을 수 있지만, 동정녀 탄생을 믿을 수 없다고 생각하는 그리스도인들도 없지 않다.

성서 본문을 살펴보면 '처녀가 아이를 낳는다'는 사실을 마리아 자신도 처음에는 이해하지 못한 것이 분명하다. 무엇보다도 처녀 마리아가 '어쩌다가' 아이를 낳은 것이 아니다. 성령으로 잉태된 것이 나타났기 때문에 마리아로서는 '어쩔 수 없이' 아이를 낳은 것이다. 그래서 사도신경에도 "성령으로 잉태하사 동정녀 마리아에게 나셨다"라고 표현되어 있다. 그럼에도 이제까지 예수 탄생을 논의할 때 동정녀 탄생론은 성령잉태론과는 별개로 전개되거나 '성령의 잉태'라는 구절이 '동정녀 탄생'이라는 구절에 비해 이차적인 것으로 여겨졌다.

바르트(K. Barth)는 '동정녀 탄생'보다 '성령 잉태'가 더 중요하고 앞선 사건이라고 하였다. 그는 '동정녀 탄생론'이라고 표현하는 것보다는 '성령 잉태론'이라고 표현하는 것이 더 정확하다고 주장한다. 양자의 관계에 관하여 바르트는 **'전자(성령 잉태)가 크리스마스의 기적과 표적의 근거와 내용이라면 후자(처녀 탄생)는 그 형식과 외형'**이라고 하였다. 동정녀 탄생론은 마치 처녀 마리아가 어쩌다 아이를 낳은 것처럼 오해의 소지가 있기 때문이다. 성령의 놀라운 능력이 아니고서는 처녀가 아이를 낳을 수 없다. 성령으로 잉태하였기 때문에 그 결과로 동정녀 탄생이 가능하였다.

하나님이 인간이 되심

마태에 의하면 "보라 처녀가 잉태하여 아이를 낳으리니 그 이름을 임마누엘이라 하리라"(마 1:23; 눅 7:14)라고 하였다. '임마누엘'(Immanuel)은 '하나님이 우리와 함께 하신다'(God with us)라는 뜻이다. 마태는 예수의 동정녀 탄생이 '하나님이 우리와 함께 하심'이라는 사실을 최우선 목적으로 한다는 사실을 분명히 하였다.

바르트는 임마누엘이라는 칭호를 하나님이 우리 가운데, 실제의 역사적 시간과 공간 속에 우리 중의 한 사람으로 오실 것을 고지한 것이라고 한다. 이 새로운 구원 사건의 시작이 인간적인 의지와 성취에 기인하지 않고, 우선적으로 하나님의 자유로운 은총과 행동에 기인한다는 사실을 보여준다. 인간은 자기 스스로를 구원할 수 없고, 구원자를 오게 할 수도 없기 때문에 하나님이 인간이 되셔서 자기 백성을 죄에서 구원할 구세주로 오신 것을 선포한 것이다.

성서는 인간들이 세상에 태어나는 네 가지 방식을 말한다.

① 아담과 하와처럼 하나님의 창조의 능력에 의해 부모 없이 창조되는 방식이다.
② 가인과 아벨 이후의 모든 인간처럼 양쪽 부모에게서 태어나는 자연적인 양성생식의 방식이다.
③ 아이를 낳을 수 있는 생식 능력을 상실한 석녀(石女)가 된 노녀(老女)들이 하나님의 크신 은총으로 아이를 낳는 방식으로, 그 실례로는 이삭(창 17:19)이 있다.
④ 예수의 경우처럼 하나님께서 우리와 함께 하시고, 인간이 되시기 위한 성령의 잉태와 동정녀 탄생이라는 새 창조의 방식(nova creatio)이다.

누가는 성령의 잉태와 동정녀 탄생을 통해 태어난 예수는 "거룩한 자 하나님의 아들"(눅 1:35)이라고 하였다. 예수는 "혈통으로나 육정으로 난 것이 아니라 오직 하나님께로 난 자"(요 1:13)인 것이다. 슐라이어마허는 예수의 탄생은 실제로 "인간이라는 종의 창조의 완성"이라고 하였다.

성령으로 잉태하심

"성령이 네게 임하시고"(눅 1:35) 그리고 "성령으로 잉태된 것"(마 1:18)이 마리아에게 나타나 예수가 성령으로 잉태되었다. 성령 잉태 역시 하나님이 우리와 함께 하시는 임마누엘의 방식이다. 누가는 성령의 잉태가 "지극히 높으신 이(하나님)의 능력"(눅 1:35), 즉 초자연적인 하나님의 주권적 능력의 임재라고 하였다. 예수의 출생은 하나님이 인간이 되신 '하나님의 일'인 동시에 '성령의 일'이라는 사실을 의미한다.

예수의 동정녀 탄생은 단순한 신비가 아니다. 그것은 전적으로 유일하고 독특한 하나님의 성령의 능력의 행위로서만 이해될 수 있다. 성령 잉태는 성령이 마리아의 남편이나 예수의 아버지를 대역했다는 것이 아니라, 하나님의 영의 새 창조 사역이라는 사실을 의미한다.

예수는 성령으로 잉태하였으므로 그의 공생애를 '영적 권능(dunamis)과 영적 권위(exousia)를 지닌 영의 사람, 하나님의 사람'으로 시작하고 끝마쳤다. 성령은 하나님의 영이며 동시에 곧 그리스도의 영이기 때문이다(롬 8:9).

새로운 인간으로 태어나심

동정녀 탄생은 예수 역시 한 인간으로서 "다른 모든 어머니들의 모든 아들처럼 인간으로 태어났다"라는 뜻이다. 그렇다고 해서 영지주의자들의 주장처럼 단지 인간의 모습을 띤 가현적인 존재로 나타난 것(dokeo)이 아니다. 모든 인간과 똑같은 인성을 지닌 인간으로 태어나서(generatio) 고난을 당하기도 하고, 죽기도 한 것이다.

동정녀 탄생은 예수가 한 인간으로 태어났지만 동시에 "그 누구보다 전적으로 다르게, 즉 죽은 자의 부활처럼 생물학적으로는 전혀 설명할 수 없는 방식으로 태어났음을 의미한다." 전적으로 다른 방식으로 태어난 예수는 전적으로 새로운 인간으로 태어난 것이다.

바르트에 의하면 예수의 탄생은 엄격하게 말하면 죄 된 인간 본성의 심판과 한계를 의미한다. 보다 적극적으로 표현하자면 인간의 삶의 새로운 시작이다. 예수에게서 우리는 새로운 인간인 '참 인간'(very man)을 보게 된다. 모든 인간이 덜된 인간, 안된 인간, 못된 인간이지만, 예수는 유일하게 참된 인간성을 성취하였다. 세례 요한이 "이 (진짜) 사람을 보라"(Ecce Homo, 요 1:19)라고 외친 뜻이 여기에 있다.

예수가 새로운 인간으로 태어났으므로 예수 안에서 우리 모두가 새로운 인간으로 거듭날 수 있게 되었다. 이런 뜻에서 바울은 그리스도 안에서는 누구나 속사람이 새로워지고 새로운 피조물이 된다고 하였다.

누구든지 그리스도 안에 있으면 새로운 피조물이라 이전 것은 지나갔으니 보라 새것이 되었도다(고후 5:17).

예수의 탄생은 삼위일체 하나님의 사역 안에서 일어난 사건이다. 삼위일체 하나님이 우리와 함께 하시는 성육신의 사건이요, 성령으로 잉태된 것이 나타나는 성령의 임재 사건이요, 동정녀의 몸에서 새로운 인간 예수가 태어난 사건이다. 예수의 탄생 자체는 삼위일체 하나님께서 하늘의 영광과 땅의 평화와 인류의 구원을 이루시기 위한 사건으로서 신비의 계시이다. 또한 계시의 신비이므로 '신앙의 유비'(analogia fidei)로만 수용되고 인식되며, 믿음으로만 믿어질 수 있다.

예수의 탄생은 성부 하나님이 인간이 되시기 위해 성령 하나님에 의해 잉태한 것이 나타나 처녀 마리아를 통해 참 인간이요 참 하나님인 예수 그리스도가 탄생한 삼위일체 사건으로 이해해야 동정녀 탄생의 생물학적 거침돌이 자연스럽게 해소될 것이다.

IV
마리아와 베드로의 신앙고백은 달랐다

최초의 신자 마리아

예수가 태어난 시기는 '유대인들이 자기 땅에서 종노릇'하는 암울한 시기였다. 이방인 출신 헤롯 왕의 신성모독적인 우상숭배와 포악한 정치와 엄청난 경제적 착취에 시달린 많은 유대인들은 새로운 구세주 메시아를 처절하고 '절박하게' 고대하였다.

이런 상황에서 마리아는 세상을 구원하실 메시아 예수가 태어나면 이 세상에 새로운 구원의 질서가 생겨날 것이라고 최초로 고백하였다. 이런 의미에서 마리아는 예수의 육신의 어머니일 뿐 아니라, 최초의 그리스도인이기도 하다.

> 그는 그 팔로 권능을 행하시고 마음이 교만한 사람들을 흩으셨으니, 제왕들을 왕좌에서 끌어내리시고 비천한 사람을 높이셨다. 주린 사람들을 좋은 것으로 배부르게 하시고, 부한 사람들을 빈손으로 떠나보내셨습니다(눅 1:51-53, 새번역).

이 마리아 찬가는 '나사렛 예수에 관한 가장 옛 전승'이며, '최초의 신앙고백'이라고 한다. 마리아의 찬가는 이집트에서 탈출한 이스라엘의 해방과 구원의 사건을 노래한 미리암의 찬가와 비견된다. 히브리어 미리암을 그리스어로 번역한 것이 마리아이다.

미리암 역시 이스라엘 백성이 이집트에서 해방될 때 바로의 군대가 홍해를 건너 추적하는 것을 보시고 여호와께서 그들을 바다에 던져 구원하신 출애굽의 구원의 역사를 찬양한다.

너희는 여호와를 찬송하라
그는 높고 영화로우심이요
말과 그 탄자를 바다에 던지셨음이로다(출 15:21).

미리암의 찬가는 여호와께서 이집트의 군대를 무찔렀다는 짧고 힘찬 내용으로 되어 있지만, 마리아의 찬가에서는 메시아의 도래로 이루어질 구원의 실상 세 가지가 구체적으로 들어 있다.

마리아의 혁명적 신앙고백은 베드로의 고백과 다르다

헤롯 시대는 이스라엘 역사상 자기 땅에서 이방인 출신인 왕의 지배를 받아야 했던 참담한 시대였다. 이런 참혹한 상황에서 마리아는 세상을 구원하실 예수가 태어나시면 이 세상에 새로운 구원의 질서가 생겨날 것이라고 고백한 것이다. 마리아의 고백에는 왕과 백성, 부자와 가난한 자 사이에 근본적인 위치가 뒤집히는 천지개벽의 새로운 질서가 생겨날 것이라는 혁명적인 기대가 담겨 있다.

1) "마음이 교만한 자를 흩으신다"라고 하였다. 마음이 교만한 자는 누구일까? 당시 유대 종교 지도자들이라고 보아야 한다. 니부어(Reinhold Niebuhr)는 인간의 교만을 여러 종류로 나누었다. 외모나 부, 지위나 명예를 자랑하는 외적 교만보다 지적, 도덕적, 신앙적 교만이 더 나쁜 교만이라고 하였다. 정신적 교만 중에서도 가장 나쁜 교만이 신앙적 교만이다. 신앙적 교만의 죄는 '하나님과 같아지려는 것'이며, 하나님 현존에서 하나님을 공경하지도 두려워하지 않는 것이기 때문이다.

유대교의 제사장 계급은 자신들이 거룩한 성일에 거룩한 성전에서 거룩한 제사를 집행함으로써 '거룩한 하나님'을 섬기는 거룩한 자들이라는 신앙적 교만에 빠져 있었다. 당시의 제사장 계급은 거룩이라는 이름으로 차별의 위계를 제도화하였다. 거룩함의 정도에 따라 사람도 11가지 등급을 매겨 차별하였다.

① 제사장
② 레위인
③ 이스라엘 사람
④ 개종자
⑤ 해방 노예
⑥ 결함이 있는 사제들
⑦ 성전 노예들
⑧ 사생자(私生子)
⑨ 고환에 상처받은 자
⑩ 성기가 없는 자
⑪ 혼혈아

성스러운 시간과 장소도 차별하여 성일(聖日)과 성소(聖所)를 여러 등급으로 제도화하였다(이 책 4장 2절 참고). 제사장을 정점으로 사람들마저 등급으로 나누어 여기에 속하지 못하는 병자와 여성과 이방인들은 아예 거룩한 성전에는 발도 들여놓지 못하게 하였다.

종교학자 오토(H. Otto)는 거룩을 "성스러운 실재의 궁극적 신비에 대한 매혹과 두려움이라는 양면성을 지닌 경외(敬畏)의 감정"이라고 했다. 하나님을 진심으로 공경하고 두려워하는 마음으로 경건한 삶을 이어가는 것이 진정한 거룩이다. 그런데 거룩한 제사장들은 외적으로는 거룩한 하나님의 자리를 대신하고 있으면서 내적으로는 하나님에 대한 진정한 공경과 두려움에 둔감하였던 것이다.

예수는 이처럼 스스로 거룩하고 의롭다는 교만에 빠져 다른 사람들을 차별하고 멸시하는 종교인들에게 "무릇 자기를 높이는 자는 낮아지고 자기를 낮추는 자는 높아지리라"(눅 18:9-14)고 비판한 것도 이런 맥락에서 이해되어야 한다.

2) "제왕들을 왕좌에서 끌어내리시고 비천한 자를 높이신다"라고 하였다. 헤롯과 같은 불의한 통치자들에 대한 경고이다. 로마의 권력을 이용하여 왕권을 장악한 후 이스라엘을 도탄에 빠뜨린 헤롯과 같은 불의한 왕을 왕좌에서 몰아내어야 한다는 것은 혁명적인 고백이다.

예수는 백성의 왕이 되어 백성 위에 군림하고 억압하는 세속의 통치자가 될 의도가 전혀 없었다. 그 반대로 그가 만난 모든 사람들의 절실한 필요를 채워주면서 그들을 구체적으로 섬기는 종의 모습으로 일관된 삶을 살았다.

예수는 자신이 "섬김을 받으려 함이 아니라 도리어 섬기러 왔다"(마

20:28)라는 사실을 분명히 밝혔다. 그는 구약 시대의 왕과 달리 '백성을 종으로 부리는 왕'(Ruling King)이 아니라 백성을 섬기는 종으로써 '섬김의 왕'(servant King)이었다.

3) "주린 자는 좋은 것으로 배부르게 하시고 부자는 빈손으로 보내신다"고 하였다. 예수가 "가난한 자는 복이 있나니 하나님의 나라가 너희 것임이요"(눅 6:20)라고 한 것도 이런 배경에서 이해되어야 한다. 실제로 한 부자 청년에게 "네게 있는 것을 다 팔아 가난한 자들을 주라… 그리고 와서 나를 따르라"(막 10:21)고 하였다.

마리아는 예수께서 오시면 헤롯의 통치하에 도탄에 빠져 있는 백성들에게 종교적, 정치적, 경제적으로 '혁명적인 역전'(逆轉)이 일어날 것이라고 고백하였다. 마리아는 주님이 오시면 하찮은 자들과 종교적으로 차별받는 자들, 정치적으로 비천한 약자들, 경제적으로 가난한 사람들이 제대로 대접받는 천지개벽의 새 시대가 올 것이라고 확신에 찬 최초의 신앙고백을 남긴 것이다.

마리아의 이 최초의 신앙고백은 베드로의 신앙고백보다 과격하고 혁명적이며 아주 불편한 진실이 담겨 있다. 그래서 러시아의 황제들은 "제왕들을 왕좌에서 끌어내리시고"라는 구절이 들어 있는 마리아의 찬가를 미사에서 낭독하지 못하게 하였다.

마리아의 최초의 고백은 "당신은 그리스도요 살아계시는 하나님의 아들"(마 16:16)이라고 한, 수제자 베드로의 신앙고백과는 달라도 너무 달랐다. 마리아 찬가는 '처녀가 아이를 낳았다'는 동정녀 탄생보다 현실적으로는 더 불편한 진실을 담고 있어 이를 애써 거부하고 외면하여 온 것이다.

하나님은 왜 인간이 되셨나

거의 모든 종교에서는 불사의 약이나 영생의 비법을 구하여 신성을 얻거나 아니면 철저한 수행과 심오한 득도를 통해 신의 경지에 이르려고 하는데 성서는 그 반대이다. 인간이 신이 되려는 것이 아니라, 신이 인간이 되셨다는 것이다. 성서는 신이 인간이 되어 이 땅에 오신 분이 예수 그리스도라고 가르치기 때문이다. 하나님이 인간의 육체로 태어나셔서 동료 인간과 더불어 살면서 동료 인간에 의해 고난과 죽임을 당하였다고 성서는 기록하고 있다. 특히 요한복음 첫 부분은 "태초의 말씀이 계셨고, 이 말씀이 하나님과 함께 계셨고 이 말씀은 곧 하나님이시니, 이 말씀이 육신이 되어 우리 가운데 오셨다"고 하였다. 빌립보서 2장 6-8절에는 "그는 근본 하나님의 본체시나 하나님과 동등됨을 취할 것으로 여기지 아니하시고, 오히려 자기를 비워 종의 형체를 가지사 사람들과 같이 되었고"라고 하였다.

하나님이 인간이 되어 이 땅에 오신 이유는 무엇일까? 11세기에 안셀름이라는 천재가 『하나님은 왜 인간이 되었는가?』라는 유명한 책을 남겼다. 그 핵심은 인간의 죄를 대리 보상할 수 있는 능력인 신성을 지닌 하나님이 죄를 보상할 책임이 있는 인성을 지닌 인간으로 오셔서 원죄에 대한 보상 능력과 보상 책임을 충족하여 인류를 원죄에서 구원하기 위함이라고 논증하였다.

1970년대 초 구티에레즈는 『해방신학』을 통해 하나님이 인간이 되신 것은 "모든 사람들이 인간다운 삶의 살도록" 하기 위함이라고 하였다. 남미의 대부분의 신자들이 극심한 빈부격차 때문에 비인간적인 삶을 살고 있었기 때문이다. 가톨릭 국가인 스페인이나 포르투갈의 식민지 지배를 400년 이상 받으면서 남미 인구의 95% 이상이 이미 복음화되어 있었다. 그러나 같은 기독교 내에서 절대다수의 신자들은 절대 빈곤층이어서 의식주 문제도 해결하지 못하는 실정이었다.

인간이 최소한의 인간적인 삶의 질을 유지하려면 우선 최소한의 의식주가 해결되어야 한다. 그리고 어느 정도 교육을 받아야 하고, 무엇보다 건강을 유지할 수 있도록 의료 혜택을 받아야 한다. 절대 빈곤에 처한 사람들이 스스로, 자기 힘으로 이 빈곤에서 벗어날 수 없다면 이들을 어떻게 인간답게 살게 할까? 왜 이런 양극화 현상이 생겨나는가? 이에 빈부격차를 격심하게 만드는 사회 경제적인 구조에 문제가 있다고 분석하고, 그 해결을 촉구하는 일에 교회가 앞장서야 한다고 주장했다.

의식주 문제를 해결했다 해도 불의하게 억압을 당하고, 고통을 당하게 되면 삶의 질이 떨어진다. 이 경우 가해자와 피해자가 있기 마련이다. 물론 피해자는 비인간적으로 대접받기 때문에 삶의 질이 떨어진다. 그렇다면 가해자는 인간적일까? 가해자 역시 비인도적이기 때문에 삶의 질이 떨어지는 것이다.

사회적으로 차별당하고, 적대시당하여도 삶의 질은 떨어질 수밖에 없다. 이 역시 차별하는 사람은 비인간적으로 행동하는 사람이고, 차별당하는 사람이 비인도적인 처우를 받는 것이기 때문에 둘 다 인간답지 못한 상태에 빠지고, 삶의 질은 떨어지게 된다.

그래서 구티에레즈는 복음화를 통해 인간을 원죄에서 구원하려는 '양적 구원'과 인간화를 통해 삶의 질을 높이는 '질적 구원'을 구분하였다. 절대 빈곤이나 정치적 억압과 종교적 문화적 차별로 인한 비인간적이 삶에서 피해자나 가해자를 모두 해방시켜 모든 인간이 인간다운 삶을 살 수 있도록 모든 사람들의 삶을 질을 높이는 '질적 구원'을 위해 예수가 이 땅에 오셨다고 본 것이다.

　마리아의 찬가는 예수께서 이 땅에 오신 목적이 '자기 백성을 죄에서 구원'할 뿐 아니라, 바로 모든 사람이 절대 빈곤이나 정치적 억압이나 종교적, 문화적 차별 없이 인간답게 살게 하기 위함이라는 사실을 최초로 고백한 것으로 이해할 수 있다.

V
유대인의 왕이 나셨다니,
헤롯왕에게는 분노의 소식

동방박사는 누구인가?

마태는 동방박사들이 '헤롯왕'을 만나 "유대인의 왕으로 나신 이가 어디에 계시냐"고 물었다고 한다. 이들은 두 왕, 즉 '에돔 출신의 헤롯왕'과 새로 나신 '유대인의 왕'을 날카롭게 대조시킨다. 베들레헴에서 태어난 아기 예수는 새로 등극할 '유대인의 왕'으로서 '이방인 출신 헤롯왕'과는 전적으로 다른 왕이라는 것을 뜻한다.

동방의 '박사'는 그리스어 마고스(magos)의 번역이다. 이들은 왕실 인사의 꿈이나 특이한 자연현상을 풀이하여 신의 뜻을 해석하고 왕에게 조언하는 아주 중요한 종교적, 정치적 역할을 수행하였다. 이들의 해석 여하에 따라 국내외 정세가 급변하기도 하였다. 호슬리(R. Horsley)는 실제로 신의 뜻과 사물의 질서를 해석해 내는 임무를 주로 수행하는 마고스들이 새로운 왕의 출현 시 이를 알리려고 먼 거리를 여행하여 알현한 역사적 사례들이 있었다고 한다. 실제로 로마의 역사가 수에토니우스는 기원후 66년 동방의 점성가 티리다테스(Suetonius, *Nero* 13)와 일단의 동방박사들이 로마를 방문한 사실을 전해 준다.

유대인의 왕의 탄생은 헤롯에게는 분노의 소식이었다

역사를 통해 알려진 것처럼 헤롯은 수많은 측근을 처형한 잔인한 인물이었다. 기원전 7~6년경 그의 아내 마리암과 두 아들 알렉산더와 아리스토불로스, 또 그녀의 오빠와 할아버지, 그녀의 어머니까지 모두 살해했다. 그리고 그가 후계자로 세운 또 다른 아들 안티파터가 자신의 왕권에 도전하여 반역을 일으킬 것을 두려워하여 처형하였다. 그래서 "헤롯의 '아들'(hyos)이 되는 것보다 '돼지'(hys)가 되는 것이 낫다"는 말이 유행되었다고 한다. 이런 상황에서 유대인의 왕이 태어났다는 동방박사들의 소식은 이방인으로서 유대를 통치하던 헤롯왕에게는 자신의 존재를 부정하는 분노를 자아내는 경악스러운 소식이었다.

마태복음(2:16-18)에 의하면 헤롯이 언젠가 자신의 왕위를 가로챌 가능성이 있는 한 아기의 출생 때문에 심히 분노하고 위협을 느껴 군대를 보내 "베들레헴과 그 일대에 사는 두 살 이하의 사내아이를 모조리 죽여버렸다"(마 2:16)고 한다. 헤롯의 잔인성에 비추어 보면 헤롯은 '유대인의 왕'으로 태어나 자신의 왕권에 도전할 가능성이 있는 예수를 제거하기 위해 베들레헴이라는 조그마한 마을의 아이들 중 예수의 동년배를 모두 학살하고도 남을 인물임을 알 수 있다.

새로운 유대인의 왕 메시아의 탄생은 분명히 '온 백성에 미칠 큰 기쁨의 좋은 소식'(눅 2:10)이었지만, 헤롯왕 자신에게는 '경악스러운 소식'이었음에 틀림없다. 이처럼 복음은 모든 사람에게 기쁜 소식이 아니었

다. 부자 청년에게는 근심스러운 소식이었고, 서기관과 제사장들에게
모욕적인 소식이었다.

해그너(D. A. Hagner)는 마태가 모세의 탄생과 영아 살해라는 구약
이야기(또는 그 이야기에 대한 후대의 미드라쉬적인 해석)의 영향을 받았다고 해
서 예수의 탄생과 영아 살해 이야기가 아무런 역사적 전승의 뒷받침도
없이 오로지 구약의 기록에 근거하여 설명한 것이 아니라는 점을 강조한
다. 해그너는 베들레헴의 전체 인구가 500명 내외 정도였으므로 2살
아래의 영아의 수는 적었을 것이며, "당시에 그(헤롯)의 손에 학살된 아기
들의 수가 20명 전후였으리라"고 추산한다.

당시의 상황에서 보면 20명 남짓의 어린아이들이 처형된 사건은
유대인이나 로마인들의 관심을 끌어 역사에 기록할 만한 사건이 되지
못했을 것이다. 그리고 그러한 사건은 텔레비전이나 신문과 같은 보도
매체가 전무하였던 당시에는 몇몇 사람들에게만 알려졌으므로 마태는
전해 들었으나 누가는 전해 듣지 못했을 것으로 추정한다. 따라서 성경에
나타난 어떤 사건이 역사적인 연대표에서 확인되지 않는다고 해서 그
사건이 반드시 가공된 허구라고 단정할 수는 없다.

마태가 어떤 통로로든 이 잔인한 헤롯에 의한 영아 살해의 이야기를
전해 들었고, 이것은 역사적 개연성이 충분한 사건이었기 때문에 마태복
음에 기록한 것이다. 그리고 그 사건의 신앙적인 의미를 유대인 독자들에
게 전한 것이다. 모세 시대에 바로 왕에 의해 히브리인 남자아이가 태어나
자마자 집단 살해당하는 끔찍한 상황에서 모세를 살려 이스라엘의 구원
자로 삼으신 것처럼, 헤롯의 영아 집단 학살에도 하나님은 예수를 살려
유대인과 이방인의 구원자로 삼으셨다는 강력한 메시지를 담아낸 것이다.

VI
그리스도의 평화는
로마의 평화와 달랐다

온 백성에게 미친 평화의 기쁜 소식

누가는 한밤중에 들에서 양을 치던 목자들이 천사가 전해 준 예수의 탄생 소식을 듣고 달려가 아기 예수께 경배했다는 전승을 들려주고 있다.

무서워 말라 내가 온 백성에게 미칠 큰 기쁨의 좋은 소식을 너희에게 전하노라 오늘날 다윗의 동네에 너희를 위하여 구주가 나셨으니 곧 그리스도 주시니라(눅 2:10-12).

기원후 200년경에 쓰인 유대교의 구전 문서 미쉬나에 따르면 예루살 렘 성전 부근에서는 일반 양들을 방목하지 못하게 하였고, 성전에 희생 제물로 바쳐질 양들만 방목하도록 했다고 한다. 예루살렘에서 가까운 곳에 위치한 베들레헴에서 기르던 양들은 대부분 성전에 바쳐질 희생 제물용 양들이었다는 것이다.

따라서 성전에서 양으로 희생 제사를 지내는 제사장들이 아니라, 빈 들에서 밤새워 양들을 돌보는 이름 없는 목자들에게 예수 탄생으로 이루어 질 '평화의 기쁜 소식'이 먼저 전해진 것은 놀라운 일이 아닐 수 없다.

지극히 높은 곳에서는 하나님께 영광이요 땅에서는 기뻐하심(은혜)을 입은 사람 들 중에 평화로다(눅 2:14).

카이사르 아우구스투스(Caesar Augustus) 황제의 명에 따라 시리아 총 독 구레뇨(Quirinius)가 인구 조사를 시행하는 과정에서 호적 신고를 위해 베들레헴을 방문하였을 때 예수가 태어났다. 당시 로마 황제 카이사르 아우구스투스는 '제국의 영광과 평화를 가져올 구원자'로 칭송되었다는 역사적 사실을 주목해야 한다. 당대의 시인 베르길리우스(Vergilius)는 아우구스투스에 대해 "보라 내 아들, 그의 보호 아래 영광스러운 로마는 그 제국의 경계를 땅끝까지, 그 긍지를 하늘 끝까지 이르게 하리라"고 칭송하였고, 호레이스(Horace) 역시 "카이사르가 이 나라의 수호자로 있는 한 어떠한 분쟁이나 폭력도 평화를 앗아 가지 못 하리라"고 노래했다.

그리스도의 평화는 로마의 평화와 다르다

아우구스투스는 악티움 전투(B.C. 31)에서 승리를 거둔 후 로마인들에 의해 당시의 혼란스러운 유럽 세계에 질서와 평화를 가져올 최초의 인물 로서 구원자로 추앙되었다. 그러나 제국의 질서나 '로마의 평화'(Pax Romana)는 힘으로 피정복자를 다스리는 군사력에 의한 일방적이고 강압 적인 평화였다. 로마 중심부의 평화를 위하여 주변부에 대한 대량 학살과 대량 노예화를 정당화하였다. 이러한 상황을 타키투스는 "그들은 빼앗고 죽이고 수탈해 놓고 그것을 '제국'이라고 하지, 황무지를 만들어 놓고서 그것을 '평화'라고 부르는 거야"라고 불평한 것을 기록해 놓은 것을 보아 짐작할 수 있다. 로마의 평화라는 이름으로 전쟁과 약탈이 자행된 것이다.

실제로 기원전 63년 로마의 폼페이 장군이 예루살렘을 점령하였을 때 제사장을 포함하여 성전 하급직 12,000명가량이 죽임을 당하였고, 성전을 약탈당하였다. 그 후 유대가 멸망할 때까지 100년 남짓 동안의 역사는 로마 황제의 군대에 의한 살육과 약탈과 폭압의 연속이었다.

유대인들은 누구보다도 로마의 평화가 허구요 기만인 것을 절감하였다. 실제로 예수가 예루살렘이 '평화의 도성'이라는 뜻임에도 불구하고 평화를 외치는 선지자들을 죽이는 그 '평화의 도성'에는 평화가 없다는 것을 탄식한(마 23:37) 것도 이런 맥락에서 보아야 한다. 따라서 로마의 군대를 압도할 천군 천사를 고대한 것이다. 천군 천사는 고통당하는 민중을 위한 하나님의 싸움을 싸우는 하늘의 군대(눅 2:13)이다. 유대인들은 로마의 군대가 아니라 하나님의 군대가 진정한 평화를 가져올 것으로 기대하였다.

천사의 선포는 로마 제국의 영광이 아니라 하나님의 영광이 드러나고, 로마의 평화가 아니라 땅 위의 하나님의 은혜를 입은 모든 사람들에게 진정한 평화가 주어질 것이라는 기쁜 소식이었다. 황제 숭배의 제의는 카이사르 아우구스투스를 "제국의 영광과 로마의 평화"를 가져올 구원자로 칭송하지만, 누가는 예수야말로 "하나님의 영광과 땅과 사람들의 평화"를 가져올 자로 날카롭게 대비하고 있는 것이다.

호슬리(H. Horsley)는 당시 팔레스타인의 독자라면 누구나 이 예수 탄생 이야기에서 로마의 평화와 그리스도의 평화는 전적으로 다르다는 선포를 듣게 된다고 하였다. 따라서 이 역사적 메시지는 "시저(카이사르)가 구세주가 아니라, 예수(하늘의 영광과 땅의 평화를 가져올)가 구세주라는 역사적 선언"이라고 하였다.

예수의
삶의 방식은
달랐다

I
예수의 세례 체험은
요한의 세례 운동과 달랐다

예수의 선구자인 세례 요한이 유대 광야에서 많은 사람에게 "죄 사함을 얻게 하는 회개의 세례"(막 1:4; 눅 3:3)를 베풀었다. 반면에 예수는 세례 요한에게 세례를 받은 후 공생애를 시작하면서 "하나님의 나라가 가까이 왔으니, 회개하고 복음을 믿으라(막 1:15)"라고 선언하였다. 양자의 세례와 회개 운동은 어느 정도 연속성이 있으나 전적으로 다른 점이 없지 않다.

세례 요한의 '죄 사함'을 받는 회개의 세례 운동

세례 요한이 베푼 세례는 유대교에서도 시행된 목욕재계와 같이 반복적인 정결 의식이나 개종자를 위한 입교 의식과 달랐다. 요한은 "죄 사함을 얻게 하는 회개의 세례"(눅 3:3)를 통해 임박한 진노를 피할 수 있으며, "모든 육체가 하나님의 구원하심을 보리라"(눅 3:6)라고 선언한 것이었다. 당시의 유대인들이 믿었던 죄 사함을 받고 구원을 얻는 방식과 비교해 보면 요한의 "죄 사함을 받는 회개의 세례"가 어떤 의미인지 드러난다.

당시 유대인들은 자신들만이 구원받았다는 표시로 크게 네 가지를 보았다. 할례를 통해 아브라함의 후손이라는 표식을 받은 것, 모세를 통해 율법을 전해 받은 것, 창조의 질서인 안식일을 준수하는 것, 성전 순례와 성전 제사를 반복하는 것이다. 이 중에서 제일 강조되는 것은 성전 순례와 성전 제사였다. 모든 남자는 1년에 3번 성전 순례와 성전 제사를 해야 했다(출 23:17; 신 16:16).

세례 요한 당시 유대인들이 합법적으로 희생 제사를 드릴 수 있는 유일한 장소는 예루살렘이었다. 성전에서 희생 제사를 드리기 위해서는 많은 비용이 들었다. 이런 상황에서 요한은 성전 제사를 드리지 않고도 누구든지 '회개만 하면 모든 죄를 용서받을 수 있다고 선포'한 것이다. 성전 제의를 통한 구원관을 뒤집어 놓은 것이다. 이제는 죄 사함을 받고 구원을 얻기 위해 성전에 가서 제사장이 중재하는 제사를 드릴 필요가 없다고 선포한 것이다. "죄 사함에 이르는 회개의 세례"는 분명히 예루살렘 성전 제의에서 배제된 많은 사람들에게는 구원에 이르는 새로운 길로 여겨졌을 것이다. 세례 요한의 주장은 하나님만이 죄를 사해 줄 수 있고, 그 유일한 통로를 속죄 제사라고 믿어 온 제사장들에게는 신성모독에 해당하는 충격적인 것이었다. 성전에서 희생 제사를 드리지 않아도 회개하고 세례를 받기만 하면 죄 사함을 받을 수 있다는 가르침은 혁명적 구원관이 아닐 수 없다.

예수의 세례 체험의 삼중적 의미

예수가 세례 요한에게 세례를 받았을 때 하늘이 열리고, 성령이 비둘기같이 그 위에 내렸으며, 예수가 하나님의 아들이라는 음성이 하늘에서 들렸다는 것이 복음서에 일치된 증언이다.

어떤 사건을 설명할 때 현대의 과학적 세계관을 가진 사람들과 1세기의 유대적 세계관을 가진 성서 기자와는 그 방식이 다를 수밖에 없다. 현대인들은 어떤 사건이든 육하원칙에 따라 논리적으로 진술해야 신뢰하지만, 당시에는 종교적인 사건일 경우 성서의 기록에 비추어 직관적으로 설명하는 것을 더 신뢰하던 시대였다.

복음서 기자들 역시 그들에게 익숙한 성서적 사례를 들어 예수의 세례 받음을 하늘이 열리고, 성령이 임하고, 예수가 하나님 아들로 선언된 사건임을 직관적으로 서술하였다. 따라서 그 직관적인 설명을 다시 개념적으로 해석하는 것이 우리 시대의 성서 해석의 중요한 과제이다.

1) 하늘이 열림

하늘의 열림은 단순히 물리적 현상을 현대 과학적 의미로 표현한 것이 아니다. 성서적 전통에 따르면 하늘이 열리는 것은 하나님과의 직접적인 관계가 새롭게 개시된 것을 의미한다. 예수 자신도 공생애 기간 "하늘이 열리고 하나님의 사자들이 인자 위에 오르락 내리락 하는 것을 보리라"(요 1:51)고 하였다. 스데반도 순교 직전의 결정적인 순간 "하늘이 열리고 인자가 하나님의 우편에 선 것"(행 7:56)을 보고 구원의 새 시대가 도래했음을 선포한다. 베드로도 욥바에서 "하늘이 열리고 한 그릇이 내려오는 것"을 비몽사몽간에 보고 이방 선교의 새 시대를 열게 되었다고 확신한다(행 10:11). 마가는 예수가 세례를 받을 때 하늘이 '갈라진 것'처럼 예수가 부활하였을 때 "성소의 휘장이 갈라졌다"(막

15:38)고 한다.

이처럼 그동안 닫혀 있던 하늘이 열렸다는 것은 하늘의 하나님과 직접 소통이 가능해지는 천지개벽의 구원사적 새 시대가 예수와 더불어 도래했음을 직관적으로 설명한 것이다.

2) 성령이 비둘기같이 임함

예수가 세례를 받고 물에서 올라올 때 하늘이 열리고, 성령이 비둘기 같이 내려와 예수에게 강림하였다고 한다. 예수가 세례를 받을 때 성령이 비둘기 형상으로 내렸다는 직관적 표현 역시 유대적 배경에서 이해되어야 한다.

구약성서에 등장하는 비둘기에 대한 대표적인 사례는 대홍수 심판이 끝나고 땅이 마르게 되어 새싹을 물고 온 비둘기이다(창 8:8-12). 이 역시 홍수가 끝나고 새 시대의 시작을 알려 주는 상징이다. 다시 말하면 구원의 새 시대가 도래하였다는 의미이다.

포로 후기 유대교에서는 성령이 임하여 하나님의 말씀을 직접 받아 대언하는 선지자의 시대가 끝나고, 기록된 성경을 읽고 해석하는 서기관 (율법 학자)의 시대가 도래했음을 공식 선언하였다(바룩2서 85:1-3). 요엘서 에는 "그 때에 내 신(영)을 남종과 여종에게 부어 주리니"(요엘 2:29)라고 예언함으로써 성령의 시대가 다시 도래할 것을 예고하였다. 세례 요한은 성령이 어떤 사람 위에 내려와서 머무르는 것을 보거든 "그(예수)가 곧 성령으로 세례를 주는 분"이라고 하였다. 세례 요한도 "내 뒤에 오시는 이는 성령의 세례를 베풀 분"이라고 증거하였다.

예수가 성령의 세례를 받아 성령의 세례를 베풀 분이라는 것은 성령의 새로운 시대가 도래했음을 선언하는 것이었다. 예수의 성령 세례는 포로 후기부터 단절된 것으로 여겨졌던 '하나님의 종말론적 영'이 예수에게 임하여 새로운 영의 시대가 도래하였다는 사실을 증거한다. 다른 말로 하면 하늘이 새롭게 열리어 "영의 새로운 활동으로 구원의 때가 시작했다"는 것을 선언한 것이었다.

하나님은 최종적으로 예수 안에서 영으로 말씀하시고 행동하신다. 영적이며 종말론적으로 새로운 구원의 역사가 예수의 세례 체험을 통해 전적으로 새롭게 시작된 것이다. 예레미아스(J. Jeremias)는 말한다. "그는 '우리가 아는 바로는 구원의 새 시대가 이미 시작했음'을 선포했던 '유일한 고대 유대인'이다."

3) "이는 내 사랑하는 아들"이라는 음성이 들림

세례를 받고 물에서 올라올 때 하늘이 열리고 성령이 임함과 동시에 하늘로서 소리가 있어 "이는 내 사랑하는 아들이요 내 기뻐하는 자"(마 3:17 병행)라 하였다. 하나님의 선포를 통한 예수의 자기 이해의 직관적 표현이었다.

예수는 세례를 통해 성령의 임재하심을 체험하고 동시에 하나님의 음성을 통해 자신이 "하나님이 사랑하는 아들이요, 하나님이 기뻐하시는 아들"이라는 놀라운 체험을 하게 된다. 예수의 세례는 예수의 성령 체험과 하나님 체험의 절정이었다. 예수는 성령의 세례를 받음으로써 마지막 시대의 메시아로서 자신이 하나님의 영을 소유한 자라는 확신과 체험에 이르게 된 것이다.

세례 요한은 성령이 어떤 사람 위에 내려와서 머무르는 것을 보거든 "그(예수)가 곧 성령으로 세례를 주는 분"이며, "하나님의 아들임을 증거하는 것"(요 1:34)이라고 하였다.

이러한 세례 체험을 통해 예수는 비로소 하나님을 '나의 아버지'(눅 2:4 등 36회 정도), '아바 아버지'(막 14:36)로 체험하고 고백하게 된 것이다. 예레미아스는 『예수의 기도』(The Prayers of Jesus)에서 예수가 기도할 때마다 하나님을 아버지, 즉 아바(Abba)로 호칭하였는데, 이는 전무후무한 예외적인 경우라고 하였다. 하나님을 아버지로 상징하는 경우는 있지만, 하나님을 아버지로, 그것도 유아적인 표현인 아바로 호칭한 것은 예수에게만 발견되는 유일무이한 사례라는 것이다.

예수는 자신의 세례 체험을 통해 하나님과 성령을 체험하고, 하나님의 아들로서 자신의 정체성을 확립한 후 나의 아버지는 너희 아버지이니 너희는 기도할 때 "하늘에 계신 우리 아버지"(마 5:9)라고 호칭하라고 하였다. 아울러 예수는 최후 분부를 통해 "아버지와 아들과 성령의 이름으로 세례를 주라"(마 28:19)고 하였다. 예수가 세례를 통해 하나님과 성령을 체험하였듯이 아버지와 아들과 성령의 이름으로 세례를 받아 동일한 체험에 동참하도록 초대한 것이다.

예수가 약속한 삼위일체 하나님의 이름으로 베푸는 세례는 단지 요한의 세례처럼 회개의 합당한 열매를 맺는 세례와 전적으로 다르다. 예수가 약속한 세례는 삼위일체 하나님에 대한 믿음으로 받는 세례이므로 요한은 세례를 통해 예수를 영접하는 자는 모두 하나님의 자녀가 되는 특권을 주었다고 하였다(요 1:12). 바울 역시 "하나님이 그 아들의 영을 우리 마음 가운데 보내사 아바 아버지라고 부르게 하셨다"(갈 4:6)고 하였다. 전에는 '종'이었는데 이제는 '하나님의 자녀'가 되었다는 것(롬 8:15-16)이다. 삼위일체 하나님의 이름으로 받는 세례를 통해 믿음으로 거듭나 "하나님 아버지의 사랑과 그의 아들 예수 그리스도의 은혜와 성령의 교통하심"(고후 13:13)이라는 축복과 하나님의 자녀가 되는 특권을 누리는 것이기 때문이다.

II
예수의 회개 선언은
세례 요한의 회개 운동과 달랐다

세례 요한은 아브라함의 자손은 누구나 구원이 보장되어 있다는 당시의 유대 민족주의의 맹목적 구원관에 제동을 걸었다. 세례를 받으러 오는 사람들에게 "회개에 합당한 열매를 맺고 속으로 아브라함이 우리 조상이라고 생각지 말라 내가 너희에게 이르노니 하나님이 능히 이 돌들로도 아브라함의 자손이 되게 하시리라"(눅 3:7-10)고 하였다. 그리고 하나님께로 돌아와 하나님 뜻대로 사는 회개의 구체적인 과제를 제시하였다.

— 부자들: 속옷 두 벌을 가진 사람은 한 벌을 없는 사람에게 주고 먹을 것이
    있는 사람도 이와 같이 남과 나누어 먹어야 한다.
— 세리들: 정한 대로만 받고 그 이상은 받아내지 말라.
— 군인들: 협박하거나 속임수를 써서 남의 물건을 착취하지 말고 자기가 받는
    봉급으로 만족하여라(눅 3:11-14, 공동번역).

세례 요한의 세 덕목은 플라톤의 사주덕과 달랐다

세례 요한의 세 덕목은 플라톤의 사주덕(四主德)과 비교해 보면 요한의 전혀 다른 가치관을 엿볼 수 있다. 플라톤은 당시 그리스 도시국가(Polis)의 지배 계층에 속하는 통치자와 상인과 군인에게 필요한 덕목을 가르쳤다. 통치자는 '지혜'가 있어야 하고, 생산자들은 '절제'해야 하고, 무사들은 '용감'해야 한다. 정치가는 정치가답게 지혜롭고, 상인들은 상인답게 절제하고, 군인들은 군인답게 용감하여 저마다 저다울 때 '정의'(dikaio-sune)가 실현된다고 하였다. 그러나 이러한 덕목은 사실상 당시의 지배 계층에게 기득권을 유지하는 방편을 제안한 것에 지나지 않는다.

세례 요한의 가르침은 달랐다. 당시 유대 사회의 상류층에게 자신의 기득권을 포기하도록 가르쳤다. 부자들은 가난한 자들에게 먹을 것과 입을 것을 나눠주고, 세리들은 정한 세금만 정직하게 거두고, 권한을 남용하지 않도록 하고, 군인들은 힘없는 자들을 협박하거나 착취하지 못하도록 하였다. 플라톤은 정치가와 상인과 군인이 자신들의 지위와 기득권을 수호할 방안을 덕목으로 제시하였지만, 요한은 재물과 권력이 없는 자들과 더불어 사는 것이 '회개에 합당한 삶'이라고 하였다. 사회적 약자들을 보호하고 배려하려는 구약의 예언자적 전통에 서 있었다고 보아야 할 것이다.

회개에 합당한 열매의 내용을 보면 개인적이고 종교적이기보다는 사회윤리적인 측면이 강한 것이었다. 세례 요한은 개인에 초점을 둔 것이 아니라 이스라엘 전체에 초점을 두고 회개를 외쳤다. 당시의 상류층에 속하는 부자와 세리와 군인에게 새로운 삶의 지침을 제시하였다. 이로써 이스라엘의 기득권 전체의 갱신을 통해 하나님 나라의 새로운 사회적 질서를 수립할 것을 촉구한 것이다.

흔히 예루살렘 성전의 종교 권력자들은 성전 제사에 배제된 사회적 약자들을 죄인으로 취급함으로써 자신들은 의로운 자인 것과 같은 망상에 사로잡혀 있었다. 그러나 세례 요한은 이러한 성전 체제의 모순을 정확히 꿰뚫어 본 것이다. 그리하여 예루살렘 성전 체제의 근본적인 모순을 지적하고, 기득권을 유지하기 위해 혈안이 된 부자와 세리와 군인들이 먼저 하나님께로 돌아와서 회개에 합당한 삶을 살 것을 과감하게 선포했다. 모든 백성이 하나님께로 돌아와서 하나님 나라의 질서를 수립할 것을 촉구한 것이다.

예수의 회개 선언은 요한의 회개 운동과 다르다

예수는 그의 선구자였던 세례 요한의 회개 운동을 일정 부분 계승한 것으로 여겨진다. 예수 역시 "회개하라 천국이 가까이 왔다"라고 선포하였기 때문이다. 예수의 회개 운동은 구약 예언자들의 전승으로 거슬러 올라간다.

> 악인은 그의 길을, 불의한 자는 그의 생각을 버리고 여호와께로 돌아오라 그리하면 그가 긍휼히 여기시리라 우리 하나님께로 돌아오라 그가 너그럽게 용서하시리라(사 55:7).

회개는 하나님께로 돌아오는 것이다. 히브리어로 '돌아오라'는 뜻의 '슈브'(shuv)라는 단어는 구약성경에 총 1,059회 나타난다. "악한 자와 불의한 자는 그의 그릇된 길과 잘못된 생각에서 돌이켜 하나님께 돌아오라"는 뜻이다. 히브리어 '슈브'는 그리스어로 '메타노이아'인데 신약성서에 53번 정도 등장한다. '메타노이아'(metanoia)는 '뜻이나 생각'(noia)을 '바꾼다'(meta)는 의미이다. 앞서 인용한 이사야의 선포처럼 회개는 "악한 길, 불의한 생각을 바꾸어 하나님께 돌아오라"는 뜻이다. 하나님께로 돌아오라는 말은 자기 뜻대로 살거나 세상 풍조대로 살기를 멈추고 뜻을 바꾸어 하나님의 뜻대로 살기로 작정하고, "평생의 삶의 방향과 가치관을 전환하라"는 뜻이다.

세례 요한은 회개와 죄 사함의 세례를 선포하고, 죄 사함의 표식으로 직접 세례를 베풀었다. 그러나 예수는 회개를 선포하고 복음을 믿으라고 하였을 뿐 직접 세례를 베풀지 않았다.

1) 두 종류의 회개에서 결정적으로 다른 점은 '임박한 진노'의 심판과 은총에 대한 상이한 이해에서 기인한다. 요한의 회개 운동에 따르면 세례가 심판으로부터 구원받는 유일한 길이었다. 세례를 받아야 한다는 압박은 종말론적 심판에 대한 불안에 토대를 두고 있다. 그러나 예수는 한 마리 잃은 양의 비유에서 나타나듯이 '회개한 죄인 하나를 기뻐하시는 하나님의 기쁨'에 토대를 두었다(눅 15:7).

2) 세례 요한은 세례의 조건으로 "회개에 합당한 열매"를 요청하였지만, 예수는 "회개하고 복음을 믿으라"고 하였다. 세례 요한과 달리 예수는 '회개에 합당한 열매' 대신 '복음에 대한 믿음'을 요청한 것이었다. 예수는 "믿고 세례를 받는 자는 구원을 얻을 것"(막 16:16)이라고 하였다. '회개하고 믿는 것'이 아니라 '믿고 회개한다'는 점에서 요한의 회개 요청과 예수의 회개 선언은 달랐다. 전자는 율법적이고 조건적이라면, 후자는 무조

건적 용서의 복음을 전제한다.

3) 회개란 용서받은 삶을 살도록 허용되는 것을 의미하기 때문에 예수의 회개 요청은 무조건 용서를 전제로 하는 복음으로의 요청인 것이다. 이런 의미에서 멜란히톤은 "요한의 세례는 '참회의 세례'라 불리지만, 그리스도의 세례는 '용서의 세례'라 불린다"고 하였다.

4) 세례 요한은 두렵고 불안한 회개의 요청자였지만, 예수는 하나님의 용서와 은총의 세례의 선포자였다. 게르트 타이센(G. Theissen)은 이런 의미에서 예수는 "윤리적 급진주의자가 아니라 은총의 급진주의자"였다고 한다. 요아킴 예레미아스도 예수와 요한이 둘 다 회개를 요청하였지만, 회개의 동기에 관해서 둘 사이에는 근본적으로 차이가 있다고 하였다. 이런 점에서 예수가 세례를 베풀지 않았다는 것은 우연한 일이 아니다.

5) 루터는 회개(repent)와 고해(penance)가 다르다는 점을 지적했다. 그는 우리 주님이 가르치신 '회개', 즉 그리스어 '메타노이아'(metanoia)는 "하나님께 돌아오라"는 것으로 보았다. 불신앙에서 신앙으로, 전 생애를 통해 삶의 기본 방향을 전적으로 전환하라는 뜻이다. 따라서 고해 시간에 신부 앞에서 과거의 죄를 고백하고 뉘우치는 것과는 질적으로 다르다고 하였다.

6) 회개는 하나님 아버지에게로 돌아오라는 것이다. 하나님께로 돌아올 때 '하나님이 우리와 함께하시고'(Immanuel), 그리하여 우리가 '하나님 앞에서'(Coram Deo) 사는 것이 개인적으로 인간이 진정으로 인간

답게 사는 유일한 길이기 때문이다. 따라서 진정한 회개는 마치 탕자가 아버지의 집으로 돌아와서 단지 과거의 잘못만을 뉘우치는 것이 아니라, 전적으로 아버지의 사랑을 확인하고, 전심으로 아버지를 사랑하는 새 삶을 시작하는 것을 의미한다.

III

세 가 지 시 험 과 두 종 류 의 다 른 종 교

하나님 아들의 자격시험

예수가 세례를 통해 하늘이 열리고, 성령이 임하고, 하나님의 음성을
들음으로써 하나님의 아들로서 소명을 체험한 다음, 성령에 이끌리어
하나님의 아들로서 사탄의 시험을 받았다는 것이 복음서(막 1:12-13; 마
4:1-11; 눅 4:1-13)의 일치된 증언이다. 마태를 중심으로 요약하면 다음과
같다.

— **첫째 시험: 광야**
  사탄: 네가 만일 하나님의 아들이어든 명하여 이 돌들이 떡덩이가 되게 하라
    (마 4:3, 눅 4:3).
  예수: 사람이 떡으로만 살 것이 아니요 하나님의 입으로 나오는 모든 말씀으
    로 살 것이라(신 8:3).

— 둘째 시험: 성전 꼭대기

　　사탄: 네가 만일 하나님의 아들이어든 뛰어내리라(마 4:6; 눅 4:9).

　　예수: 주 너의 하나님을 시험치 말라 하였느니라(신 6:16).

— 셋째 시험 : 지극히 높은 산

　　사탄: 내게 엎드려 경배하면 이 모든 것(세상 모든 나라와 모든 권세와 그
　　　　　영광)을 네게 주리라(마 4:8; 눅 4:6).

　　예수: 주 너의 하나님께 경배하고 다만 그를 섬기라(신 6:13).

　　모든 시험의 본질은 자격시험이다. 사탄이 예수를 시험하면서 "네가 하나님의 아들이거든"이라고 전제한 것을 두 번이나 기록하고 있다. 예수는 하나님의 아들로서의 자격 여부를 시험받은 것이다. 하나님의 아들로서의 본질적인 자격은 '하나님의 뜻'과 '사탄의 뜻'을 분별하는 능력이다. 예수는 세 번에 걸쳐 '사탄의 말'을 거부하고 '하나님의 말씀'으로 응답한다. 사탄의 말을 맹종하여 '사탄의 나라'를 섬길 것인지, 하나님의 말씀을 분별하여 '하나님의 나라'를 섬길 것인지 양자택일하는 것이 하나님의 아들로서 그의 메시아직을 수행하는 근원적인 과제라는 의미를 담고 있는 것이다.

세 가지 시험과 두 종류의 다른 종교

　　도스토옙스키는 소설 『카라마조프가의 형제들』의 '대심문관'이라는 장에서 예수의 시험의 의미를 문학적으로 재해석하였다. 중세기에 재림한 예수를 체포하여 종교 재판하는 형식으로 구성된 '대심문관'에서 도스

토엡스키는 예수가 생전에 거부한 "무서운 악마의 세 가지 물음 속에 인간의 전 미래사가 하나의 완전한 모습으로 집약되고 있을 뿐만 아니라 지상에 있어서 인간성의 역사적 모순이 남김없이 집약한 세 가지 형태가 나타난다"고 하였다.

   1) 대심문관은 예수가 그의 첫 번째 시험에서 지상의 빵을 거부하고 하늘의 빵인 하나님의 말씀을 선택한 것을 비난한다. "하늘의 빵을 위해 지상의 빵을 멸시할 힘이 없는 수백만 인간은 대체 어떻게 된다는 거요?" 라고 반문한다. 예수는 인간을 과대평가하였다고 비판한다. 대다수 인간은 자신의 빵을 위해 신앙 양심과 하나님의 법도를 저버리는 일을 정당화한다는 것이다. 대심문관은 이러한 대다수 인간을 위해서는 지상의 빵을 안정적으로 공급해 주는 종교가 필요하다고 역설한다.

   2) 대심문관은 예수가 두 번째 시험에서 기적을 부정하고 양심에 따른 사랑의 행동과 자발적 복종의 종교를 선택한 것 역시 잘못이라고 주장한다. 대부분 인간은 자발적인 사랑의 실천보다도 종교적 기적을 요구하며, "기적을 부정할 때 인간은 신까지도 함께 부정한다는 것"을 예수는 알지 못했다고 비난한다. 인간은 기적 없이는 살 수 없으며, 그래서 그들은 멋대로 기적을 만들어 내고, 무당의 요술까지 믿게 되고, 오직 기적의 종교에 현혹된다고 하였다. 그래서 대심문관은 자신들의 가톨릭 교회는 기적의 본산이 되어 대다수의 보통 인간들에게 기적을 바라는 종교적 욕구를 채워 준다고 주장한다.

   3) 대심문관은 지상의 대부분 인간은 권력을 지향하고, 지배하고,

군림하고, 영광을 누리기를 바랄 뿐 자발적으로 희생하고, 봉사하고, 섬기려 하지 않는다는 점을 들어 예수가 세 번째 시험에서 지상 왕국의 권력 대신 하나님을 향한 희생적인 봉사를 요구한 것을 비난한다. 대부분 인간은 숭배하고, 복종하고, 양심을 맡길만한 위대한 권력자를 고대하고, 그들이 세상의 평화를 가져오는 것으로 믿는다고 하였다. 인간은 대부분 현세의 막강한 권력을 가진 집단을 추종하는 것을 통해 안정감을 느끼는 것을 종교적 신앙으로 여긴다는 것이다.

대심문관은 예수의 선택은 인간을 너무 높이 평가한 결과라고 분석한다. 인간이란 예수가 생각하는 것보다 훨씬 약하고 비열해서 현실에서는 대부분 사탄의 제안을 기꺼이 따른다는 것이다. 예수의 판단과 선택이 잘못된 것이라는 비난이다. 그는 "도대체 네(예수)가 한 것과 같은 일을 인간이 할 수 있다고 생각하느냐?"라고 반문한다.

도스토옙스키는 이 이야기를 통해 역설적으로 예수의 선택이 숭고하였으며, 예수가 제시한 길이 인간이 참으로 존엄하게 사는 참된 길임을 주장한다. 그는 중세 가톨릭교회가 하나님의 말씀을 따라 예수가 선택한 **'신앙 양심의 종교, 자발적 순종의 종교, 자유로운 섬김의 종교'를 거부하고, 사탄의 말에 따라 '빵의 종교, 기적의 종교, 권력으로 지배하는 종교'로 전락한 것을 꼬집어 비판한 것이다.** 그는 신학을 공부한 바 있는 위대한 소설가답게 세상에는 두 가지 질적으로 다른 종교가 있다는 것을, 하나님의 말씀에 따라 하나님의 뜻을 추구하는 종교와 세속적 가치를 추구하는 종교가 있음을 문학적 상상력으로 아주 잘 설명하였다.

IV
예수의 12제자 공동체는
랍비의 제자들과 달랐다

마가복음에 의하면 예수가 세례를 받고 시험을 이기신 후 공적 활동을 시작하면서 처음 하신 일은 제자를 불러 모은 일이었다. 그리고 예수는 그의 공생애 기간에 제자 공동체와 순회하는 공동생활이라는 독특한 삶의 스타일을 보여 주었다.

세례 요한의 회개 운동은 그가 죽은 후 그의 제자들이 흩어지면서 중단되었다. 만약 예수께서 12제자를 세우지 않고, 그들이 예수 사후에 뿔뿔이 흩어졌더라면 예수의 하나님 나라 운동 역시 세례 요한의 전철을 밟았을 것이다. 예수가 세운 12제자 공동체는 인류 역사상 가장 영향력이 있는 소그룹이 되어 예수 운동을 오늘날까지 지속 확장되게 한 원동력이 된 것이다.

예수는 먼저 첫 제자 그룹인 시몬과 안드레, 야고보와 요한에게 "나를 따르라"고 불러 모았고, 그들은 모든 것을 버리고 예수를 따랐다(막 1:16-20). 이렇게 하여 예수가 모두 12제자를 불러 모았다는 것은 옛 신앙고백문(고전 15:5)에도 나타나 있다. 이들은 이스라엘의 12지파를 대신하여 하나님의 뜻을 이 땅에 이루게 될 하나님의 새 이스라엘로 표상되었다.

모든 재산과 가정 그리고 직업을 포기한 채 기꺼이 예수의 순회 선교 활동에 동행한 12제자 외에도 자기의 속한 환경과 조건 속에서 예수의 제자로 살아가는 정착 제자와 무수한 익명의 동역자들이 있었다. 마가는 예수와 12제자들 사이의 특별한 관계를 이렇게 묘사하였다.

> 또 산에 오르사 자기가 원하시는 자들을 부르시니 나아온지라 이에 열둘을 세우셨으니 이는 자기와 함께 있게 하시고 또 보내사 전도하며 귀신을 내어 쫓는 권세도 있게 하려 하심이라(막 3:13-15).

예수의 제자 선택은 랍비와 달랐다

유대교에서는 랍비가 되려는 학생이 선생을 찾아가서 제자가 될 것을 자원하였지만, 예수는 자신이 선택의 주체가 되어 자신이 원하는 이들을 택하여 제자로 삼았다. 자원한다고 다 제자가 될 수 없었다.

예수의 제자들은 매우 다양한 배경을 가진 사람들이었다. 당시에는 서로 상종하지도 않았던 세리와 열심당도 포함되어 있었다. 반면에 랍비의 제자들은 대를 이어 랍비직을 이어 갈 문하생인 남성뿐이었다. 여성들은 완전히 배제되었다. 타이센과 메르츠(L. Merz)가 분석한 것처럼 예수의 제자 중에는 여성들이 포함되어 있었다는 점에서 랍비들과는 다르다. 막달라 마리아 외에도 헤롯의 청지기 구사의 아내 요안나와 수산나 그리고 마르다(눅 10:38-42)와 같은 여성들도 예수의 선교를 후원하는 제자들이었다.

예수의 제자가 된 사람은 예수의 일행과 함께 집 없이 떠도는 유랑

생활을 했을 뿐 아니라(마 8:19) 가족에 대한 책임보다도 예수의 부르심을 우선시해야 했다. 재산과 가족의 포기뿐 아니라 가족과 자기 목숨을 미워하고, "자기 십자가를 지고 예수를 따르는 것"(눅 14:26-27)이 예수의 제자들이 취해야 할 제자의 도리라고 가르쳤다. 그래서 제자들도 "보시다시피, 저희는 모든 것을 버리고 주님을 따랐습니다"(막 10:28, 공동번역)라고 말할 수가 있었다.

그리스 철학자나 유대 랍비들의 제자와 달리 예수의 부름에 응하기 위해서는 예수에 대한 철저한 믿음이 요구되었다(마 8:10, 9:2 등). 제자들은 주님을 따르기 위해서 가정(막 1:20)과 재산(막 1:18, 20)을 포함하여 모든 것(눅 5:11; 막 10:28)을 포기하는 삶의 근본적인 방향 전환인 회개(metanoia)와 하나님 나라를 위한 철저한 헌신과 결단이 요청된 것이다.

예수의 제자 양육도 랍비와 달랐다

예수가 제자들을 가르친 내용과 방식도 새롭고 전향적이었기 때문에 당시의 랍비들과는 판이하였다. 예수의 가르침은 전적으로 새롭고 권위 있는 가르침(막 1:22 이하)으로 인식되었다.

랍비의 제자들은 암기하는 방식으로 배웠다. 예수는 사제 간의 대화를 통해 가르쳤다. 유대인들의 교육은 성전과 회당에서 주로 이루어졌다. 예수는 제자들을 고정된 장소에서 일정한 시간을 정해 놓고 가르치지 않고, 공동생활을 통해 가르쳤다. 예수가 가는 곳이라면 어느 곳이든 동행하게 하면서 자신의 모든 언행을 통해 본을 보이면서 가르친 것이다. 이런 '생활 공동체 교육'을 통해 구체적으로 "나의 삶을 따르라"고 가르친 것이다.

제자(mathetes)는 '배우는 자'라는 의미이다. 복음서는 제자들이 예수의 제자로서 많은 것을 예수에게서 배워야 할 불완전한 존재였다는 사실을 한결같이 증언한다.

복음서에는 사제 간의 대화를 통해 예수가 어떻게 그의 제자들을 가르치고(막 4:10-12) 훈계했으며(마 17:19-20), 후원하고(눅 22:31-34) 위로했으며(요 20:19-22), 바로잡고(마 16:5-12) 회복시켰는지(요 21:15-19)를 보여 준다. 따라서 예수의 제자 공동체는 '양육 공동체'였던 것이다.

예수의 제자 파송

제자는 사도(apostolos)라고도 불린다. 사도(使徒)는 '파송 받은 자'라는 뜻이다. 복음서에는 예수가 제자들을 공식적으로 파송한 기록이 두 번 나온다. 12제자를 둘씩 파송한 것(막 6:7-13; 마 10:6-8)과 70인(또는 72인)을 파송한 것(눅 10:1)이다. 예수는 자신의 사명을 계승시키고 확산하기 위해 자신의 권위로 제자들을 파송하였다. 예수가 제자들을 선택한 것은 그들을 가르치고 파송하기 위함이었다.

이 역시 랍비들의 사제 관계와 달랐다. 랍비들은 예전의 우리나라 서당이나 향교처럼 특정 지역에서 랍비 학교 중심으로 제자들을 교육을 시켰으며, 그들이 배운 바를 나아가 민중에게 가르치도록 파송하지는 않았다.

예수가 제자를 파송할 때 봇짐, 가방, 외투도 없이 떠나라고 가르쳤다(눅 10:8-9). 이는 당시의 유대 랍비들의 사제 관계와는 아주 달랐다. 타이센은 예수를 포함하여 유랑 제자들의 삶의 특징인 고향 포기, 가정 포기, 소유 포기, 보호 포기의 에토스를 '사회적 무근성(無根性, rootlessness)'이라고 하였다. 믿고, 의지하고, 보호를 받을 수 있는 대상은 오직 하나님뿐이라는 확신만이 제자 파송에 순종하고 결단하기 위한 전제였다. 이처럼 제자 공동체는 '소명 공동체', '양육 공동체', '파송 공동체'였던 것이다.

예수와 랍비의 교육 방식이 결정적으로 다른 점은 교육비가 무상이냐 유상이냐는 점이다. 예수는 무상의 교육을 시행했고, 제자들을 파송하면서 "너희가 거저 받았으니 거저 주어라"(마 10:8)라고 하였다. 인류 최초의 무상 교육이라고 할 수 있다.

교회의 원형으로서 제자 공동체

예수가 부활하신 후 제자들에게 분부한 지상 명령 역시 "가서 제자 삼아, 내가 너희에게 분부한 모든 것을 가르쳐 지키게 하라"(마 28:20)는 것이었다. 그리하여 제자들이 예수 사후에 그분의 교회를 세우는 초석이 된 것이다(엡 2:20).

교회는 그리스어로 '에클레시아'(ekklesia)인데 이는 '부름받은 사람들'(called out)이라는 뜻이다. 예수의 부름을 받고 양육을 받아 파송된 제자들의 증언을 통하여 교회가 세워지고 성장하고 확장된 것이다. 이처럼 제자 공동체는 교회의 원형이 되었다. 그래서 칼 바르트는 교회는 존재론적으로 그리스도의 몸이요, 성령의 교제요, 하나님의 백성으로서 삼위일체 하나님께서 불러 모으고(calling out), 불러 세우고(calling up), 불러 보내는(calling into) 삼중적 구조를 갖추어야 한다고 말했다.

① 그리스도의 몸: 불러 모음(calling out, 회집 공동체)
② 성령의 교제: 불러 세움(calling up, 양육 공동체)

③ 하나님의 백성: 불러 보냄(calling into, 파송 공동체)

1) 모이는 교회는 예수 그리스도의 부름을 받은 신자들이 일정한 예배당에 모여 함께 예배하는 예배 공동체를 말한다. 모이는 교회는 선택받고 구원받은 자들의 모임이라는 뜻에서 구원의 방주로 표상되었다. 키프리아누스는 "노아 방주 밖에 있었던 사람 모두가 목숨을 구할 수 없었듯이 교회 밖에 있는 사람들 역시 구원을 받을 수 없습니다"라고 하였다.

2) 양육하는 교회는 성도의 어머니로서 양육 공동체를 의미한다. 칼뱅은 '신자들의 어머니인 교회'는 자신의 자녀인 신자들을 교회 안에 모으고 하나님의 자녀로 양육하기 위해 훈련하고 치리하는 일을 게을리 해서는 안 된다고 하였다. 교회는 신자들을 잉태하여 양육하고 성장하게 하며, 보호하고 인도하여야 하기 때문이다.

3) 호켄다이크는 교회의 궁극적인 목적을 '땅끝까지 이르러 예수 그리스도의 증인'(행 1:8)이 되기 위해 '세상으로 흩어지는 것'이라고 하였다. 이러한 '흩어지는 교회'라는 개념은 '하나님의 선교의 신학'을 통해 보다 명확한 입지를 확보하였다.

흩어지는 교회는 재난의 현장을 찾아 나서는 '구명선'으로서 하나님의 선교를 위한 파송 공동체이다. 재난당한 사람들이 교회로 찾아오도록 기다리는 것이 아니라, 재난 현장으로 찾아가서 그들을 구체적으로 돕는 것이 교회의 궁극적인 사명이라는 의미이다.

한국교회의 가장 큰 문제로 제기되는 것은 양극화이다. 복음주의자들은 교회의 모이는 구조를 강조하여 개인 구원과 기복 신앙의 성장제일주의로 기울었고, 반면에 특히 민중 교회는 흩어지는 교회를 강조하여 사회 구원과 인간화의 사회 변혁으로 기울게 되었다.

모이는 교회와 흩어지는 교회의 양극화를 극복하기 위한 교회론적 대안은 양육하는 교회에서 찾아볼 수 있다. 양육을 통해 '그리스도의 장성한 분량'에 이르도록 성숙할 수 있기 때문이다. 훈련받은 병사가 전투를 잘하듯 양육 받은 성도만이 진실한 봉사와 힘찬 선교 사역을 잘 감당할 수 있는 것이다.

교회에 모여든 신자들을 바르게 양육하여 그들의 믿음이 성숙하게 되면 겸손하고 진실하게 봉사할 수 있게 되며, 그래야 흩어져 나아가 신앙과 삶의 일치를 실현하고, 그리스도인의 사회적 책임과 하나님의 선교 사명을 감당하면서 세상에서 빛과 소금의 직분을 수행하게 되는 것이다.

따라서 참된 교회는 모이는 구조와 양육 받는 구조 그리고 흩어지는 구조의 삼중적 조화를 이루어야만 한다.

V
예 수 의 질 고 치 유 는
현 대 의 질 병 치 료 와 달 랐 다

예수 시대 병자들의 사중적 고통

예수 공생애 첫 번째 사역이 베드로의 장모를 치유한 것이다. 복음서에는 병자 치유에 관한 기사가 모두 29번 기록되어 있다. 석가, 공자, 소크라테스가 병자를 자주 치유했다는 기록은 없다. 예수가 치유자로 등장했다는 점에서도 그들과 아주 달랐다.

예수가 제자들을 파송하면서도 치유 사역을 당부한 것은 당시의 병자들이 가장 고통받는 사람들이었기 때문이다. 예수 시대의 병자는 사중적 고통을 당하였다.

1) 약과 의술이 빈약하고 진통제도 없던 시대 병자는 **육체적 고통**에 그대로 노출되었다. 어쩌다가 넘어져 골절당했을 경우 오늘날과 같은 치료를 기대할 수 없었다. 뼈가 튀어나온 그대로 고통을 당하다가 심하면 그 상태로 죽어야만 하였다. 질병 자체가 극심한 고통 그 자체였다.

2) 사소한 질병에 걸려도 약이나 의학 지식이나 치료 기관이 태부족하였기 때문에 치료의 희망이 거의 없었다. 현대와 달리 병에 걸려도 치료받을 기회도, 나을 수 있는 희망도 희박하였다. 병자는 죽을 날을 고통 속에 기다리며 체념과 절망적인 **정신적 고통**을 당하여야 하였다.

3) 성한 사람도 먹고살기 어려웠으므로 병자들은 가족으로부터 버림을 받거나 가족의 짐이 되지 않기 위해서 가출하였다. 병자는 무익한 짐이라는 이유로 가정과 사회로부터도 배척받고 추방당하는 **사회적 고통**을 당하였다.

4) 병과 병마(病魔)는 동의어로 사용되었기 때문에 병자는 신체적으로나 정신적으로 부정한 자라는 종교적인 이유로 죄인으로 취급되었다. 대부분의 병자들은 이런 이유로 거룩한 성전 뜰도 밟지 못한 채 **죄인으로 취급받는 종교적 고통** 속에서 나날을 보내야 했다.

당시 유대의 성전 공동체나 은둔파인 쿰란 공동체는 병자들을 철저히 소외시켰다. 병자들은 불결하고 부정하다는 이유로 성전 제의는 고사하고 성전 출입도 배제되었다.

> 소경이든지 절름발이든지 얼굴이 일그러졌든지 사지가 제대로 생기지 않았든지 하여 몸이 성하지 않은 사람은 아무도 가까이 나오지 못한다. 다리가 부러졌거나 팔이 부러진 사람, 곱추, 난장이, 눈에 백태 낀 자, 옴쟁이, 종기가 많이 난 사람, 고자는 성소에 가까이 나오지 못한다(레 21:17-20, 공동번역).

예루살렘 성전 미문이나 베데스다 연못가에는 이런 떠돌이 병자로 가득 차 있었다. 이 병자들이 예수의 눈에 밟혔던 것이다. 그래서 예수는 애간장이 타는 마음으로 그들 가까이 가셔서 온전히 치유하는 '병든 자의 의사'(마 2:17)로서의 삶의 모습을 보여 주신 것이다.

애간장이 타는 마음, 예수의 치유 방식도 달랐다

플라톤은『국가』에서, 아리스토텔레스도『정치학』에서 건강한 아 이만 양육하고, 결함이 있는 장애나 병을 지닌 아이는 버려져야 한다고 주장하였다. 세네카는 그것이 '이성적'이라고 강조한다.

그러나 예수가 선포한 하나님의 나라에서는 병자들이 환대받고 치유 받는 구원의 원초적인 역사가 나타났다. 예수의 치유 동기는 메시아적 권능 내지 신적 권능을 증거하기 위한 것이 아니었다. 예수는 단지 그 당시 가장 고통받는 자들이 병자인 것을 알고, 그들을 가장 '불쌍히' 여기거나 '민망히' 여겼다. 여기에 사용된 '스플랑크니조마이'(splangch- nizomai)라는 동사는 '스플랑크논'(splangchnon)이라는 명사에서 파생한 것인데, 이 말은 애, 창자, 내장을 뜻한다. 예수는 병자들의 고통을 자신의 고통처럼 여기는 '애간장이 타는듯한 사랑의 심정'에서 사중적 고통에 시달리는 병자들에게 가까이 가고, 그들을 치유한 것이다.

예수의 치유는 방법도, 목적도 달랐다. 특유의 말씀으로 병자들의 사중적 질고를 치유하신 것이다.

1) 예수는 병자들에게 "네 죄가 사해졌다"(막 2:5)고 선언한다. 병자는 죄인으로 취급되었지만, 예수는 죄 사함의 선포를 통해 병자는 죄인이 아니라 단지 아픈 자라고 선언한 것이다. 병은 죄의 결과라고 굳게 믿는

병자에게 죄의 용서와 치유는 동시에 이루어져야 했다. 그래서 독일어 '하일'(Heil)은 치유와 구원을 동시에 의미한다.

2) 예수는 "네 믿음이 너를 구원하였다"고 선언했다. 네 믿음이 너를 낫게 했다는 것이다. 병고는 절망 그 자체이므로 치유는 치유를 희망하는 믿음을 통해서 이뤄지는 놀라운 표적이었다. "믿음을 가진 사람에게는 무슨 일이나 가능하다"(막 9:23, 공동번역)고 한 것이다. 치료에 대한 희망을 확신시킴으로써 질병과 질고에 따르는 절망의 고통에서 벗어나게 하신 것이다.

3) 예수가 "네 침상을 가지고 집으로 가라"고 하니 한 중풍병자가 "일어나 집으로 돌아갔다"(막 9:6)고 한다. 예수는 단지 질병만 치유하신 것이 아니라 가족과 일상생활로 복귀하도록 하여 온전한 사회적 치유에 이르게 하신 것이다.

4) 예수는 "가서 제사장들에게 너희 몸을 보이라 하셨다"(눅 17:4). 예수는 한 촌에서 한센병 환자 열 명을 치유한 다음 그들로 제사장에게 가서 자신이 치유되었다고 말하도록 함으로 더 이상 죄로 인해 병든 자로 취급받지 않도록 조치한 것이다. 예수는 죄인 취급받는 떠돌이 병자들이 종교적, 제의적 공동체의 일원으로 온전히 복귀할 수 있게 한 것이다.

치유자로서의 예수는 현대의 전문의와 달랐다. 예수는 다양한 분야로 세분화된 질병(disease)의 치료자가 아니라, 질병이 빚어내는 질고

(illness)를 포함한 병자의 사중적 고통(pain), 즉 신체적 고통, 정신적 고통, 사회적 고통, 종교적 고통 자체를 통전적, 전인적으로 **치유하였다는** 점에 주목하여야 할 것이다.

질병의 치료와 무상의 질고의 치유는 다르다

1) 예나 지금이나 가난하고 무지하고 억눌림을 당해온 한(恨) 많은 사람들이 질병에 잘 걸렸다. 이런 현상은 예수 당시에 더욱 두드러지게 나타났다. 민속 의학은 질병을 치료하는 것(curing a disease)과 질고를 치유하는 것(healing a illness)의 근본적인 차이를 제시한다. 현대에는 병의 종류도 다양해졌고, 의사도 의료 기관도 무수히 많아졌지만, 전문의들은 질병만을 치료할 뿐 질병으로 인한 다중적인 질고에 대한 관심을 가지지 않는다.

그러나 예수는 달랐다. 그는 '질고를 아는 자'였으며, 질병으로 인한 신체적 고통만 치유한 것이 아니라, 질병에 대한 무지와 편견으로 생겨난 온갖 질고까지도 온전히 치유하는 질고의 치유자였다.

2) 예수의 병자 치유는 무차별적이었다. 비록 예수는 갈릴리와 예루살렘의 모든 병자를 치유하진 않았지만, 그가 만난 모든 병자를 그 신분이나 계급이나 민족적 차별을 두지 않고 치유하여 주었다. 예수가 치유한 사람들을 보면, 유대인과 이방인(거라사 지방의 귀신 들린 자와 수로보니게의 여인의 딸), 남자와 여자(혈루증 여인), 어른과 어린이(귀신 들린 아이), 주인과 종(가버나움 백부장의 하인)을 차별하지 않았다.

3) 예수가 제자들을 파송하면서 하나님 나라의 선포와 더불어 병자를 치유하고 귀신을 쫓아내되 "너희가 거저 받았으니 거저 주어라"(마 10:8)라고 당부하였다. 아무런 대가를 받지 못하게 하신 것이다. 믿음의 치유는 하나님의 은혜이므로 돈으로 살 수 없을 뿐만 아니라 돈으로 사려고 해서는 안 되는 것이다.

오늘날에 의술이 엄청나게 발달하였으나 치료받고 싶어도 가난하여 현대 의학의 혜택을 누리지 못하는 이들이 너무나 많다는 사실을 지적하지 않을 수 없다. 예수는 무상의 치유자였다는 점이 돋보이는 이유이다. 예수 시대에 가장 고통받은 이들은 병자들이었기 때문에 예수는 우선적으로 그들을 위한 치유자가 되셨다. 의학이 발달한 우리 시대에는 많은 병자들이 의료 혜택을 통해 치료받을 수 있다. 예수가 치유자로 오늘 이 땅에 오신다면 가장 고통당하는 자를 누구라고 생각할지 따져 볼 일이다. 우리 시대의 교회는 우리 시대에 가장 고통받는 자에게 애간장 타는 마음으로 가까이 가서 그들의 치유에 관심을 가져야 할 것이다.

VI
예수의 무차별적 환대는
유대교의 차별주의와 달랐다

유대인의 차별주의

예수 시대의 유대 공동체 내의 엄격한 계급적 차별은 힌두교의 카스트 제도에 버금갈 정도로 심각한 것이었다. 힌두교의 카스트 제도는 4계급으로 나누었지만, 탈무드에는 유대인을 11계급으로 나누었다는 기록이 나온다.

— 합법적인 혈통의 가문들
　　① 사제
　　② 레위인
　　③ (완전한) 이스라엘 사람
— 비합법적인 혈통이지만 혈통상의 결함이 가벼운 가문
　　④ 개종자
　　⑤ 해방된 노예

— 비합법적인 혈통으로 혈통상의 결함이 큰 가문

⑥ 비합법적 사제의 자녀

⑦ 성전 노예

⑧ 사생자(私生子)

⑨ 고자

⑩ 기형적으로 성기가 큰 사람

⑪ 혼혈아

예수 당시의 유대 사회에서는 이처럼 혈통에 따라 크게 세 부분으로 그 신분을 구분하였다. 이 구분은 결혼을 통해 유지했다. 사제와 레위인과 완전한 이스라엘 사람은 서로 결혼할 수 있고, 레위인과 이스라엘 사람과 개종자와 해방된 노예는 서로 결혼할 수 있으나 사제와 개종자 및 해방된 노예는 서로 결혼할 수 없다고 하였다. 비합법적인 혈통으로 혈통상의 결함이 큰 가문은 합법적인 혈통의 가문들과는 결혼할 수 없었다.

현대 사회가 경제적 능력을 우선시하는 개인주의 사회라면, 1세기 유대 지역은 이와 달리 혈통과 친척 관계에 기초한 집단주의 사회였다. 혈통에 따른 가족 중심의 폐쇄적 집단이기주의로 인해 비합법적인 혈통에 속하면서 혈통상의 결함이 있는 가문 출신의 유대인들은 모두 죄인으로 취급되었기 때문이다.

사회에서 죄인으로 취급되는 계층의 사람들은 유대 공동체의 일상생활에서도 철저히 소외되어 식탁 교제나 잔치 자리에도 끼지 못하였다. 서로 다른 종교나 인종이나 계층에 속하는 집단 간의 신분의 장벽이 두터운 사회에서는 그 장벽이 사교적 터부에 의해 유지된다. 유대인의 최고의 종교적 의무는 죄인과의 접촉을 피하는 것이었다. 푹스(E. Fuch)

에 의하면 유대인의 눈에는 이러한 죄인들과의 사귐이 "신성모독이고, 이스라엘을 배신하는 행위"로 여겨졌다고 한다.

세리와 창녀가 하나님의 나라에 먼저 들어가다니

예수의 삶의 스타일 중에 특이한 것은 당시 유대인들이 죄인 중에 죄인이라고 차별하고 적대했던 세리와 창녀를 환대하여 식탁 교제한 사실이다.

예수가 세관에서 일하는 레위라는 세리를 자신의 제자로 선택하자 레위는 자신의 집에서 큰 잔치를 베풀었고, 그 자리에는 많은 세리들이 함께하였다. 이 사건으로 인해 바리새파와 율법 학자의 비난이 쏟아졌다.

> 이것을 본 바리사이파 사람들과 그들의 율법 학자들은 못마땅하게 생각하여 예수의 제자들에게 "어찌하여 당신들은 세리와 죄인들과 어울려 먹고 마시는 것입니까?" 하고 트집을 잡았다(눅 5:30, 공동번역).

예수 당시 천대받는 직업에 속하는 사람들, 목동과 뱃사공뿐 아니라 특히 세리도 죄인으로 취급되었기 때문이다. '세금 징수관과 도둑', '세리와 죄인', '세금 징수관과 강도', '환전 상인과 세리', '세리와 강도', '세리와 이방인', '세리와 창녀들', '살인범과 강도와 세리' 등의 병렬구처럼 세리는 죄인처럼 취급되었다.

세리의 돈은 불의한 돈이라는 이유로 세리의 지갑에 든 돈으로 성전에서 환전하거나 이 돈을 빈민 구제 기금으로 받는 것도 금지되어 있었다. 세리들은 이방인이나 노예와 마찬가지로 법정에서 증인으로 진술할 수도 없었다. 세리는 사생아처럼 혈통에 큰 결함이 있는 사람까지도 요구할 수 있었던 시민권마저 취득할 수 없었다. 미쉬나 등의 유대교 문서는 세리의 종교적 정결까지 의심하여 "세리가 어떤 집에 들어가면, 그 집은 부정해진다"고 하였다.

세리에 대한 이러한 편견을 주도한 그룹은 부자와 지식인들이었다. 일용 근로자 등 가난한 이들은 세금이 부과될 재산이 없거나 적었으므로 세리를 적대하고 경멸할 이유가 없었다. 그러나 기득권층은 세금이 부과될 재산이 상대적으로 많았으니 세리의 방문을 회피하고 반감을 품을 수밖에 없었다. 자신의 경제적 손실을 우려해 세리들을 부정의 범주에 끼워 넣어 차별하고 적대한 당사자들은 당대의 재산가들이었다.

열심당 역시 세리들을 로마의 앞잡이라고 여겨 정치적으로 가장 불의한 죄인 취급하였다. 예수는 세리와 같은 죄인들과 식탁 교제를 한 것으로 비난을 받았고, 이러한 비난을 예상했기에 오히려 적극적으로 자신은 "의인을 부르러 온 것이 아니요 죄인을 부르러 왔노라"(막 2:17)라고 단언하였다. 예수는 자신의 사명 선언을 통해 종래에 율법의 잣대 아래 존재하던 '죄인과 의인의 경계와 차별'을 과감히 허문 것이다.

예수는 당시 유대인들이 죄인 중에 죄인으로 여긴 세리와 창녀를 환대하고, 즐거이 식탁 교제(눅 5:30)를 하였을 뿐 아니라, 그들이 "너희보다 먼저 하나님의 나라에 들어간다"는 예상을 깨는 놀라운 선언을 하였다.

나는 분명히 말한다. 세리와 창녀들이 너희보다 먼저 하느님의 나라에 들어가고 있다(마 21:31, 공동번역).

'세리'는 당시의 열심당을 비롯한 민족주의자들의 시각에서 볼 때

가장 불의한 자로 취급되듯이 '창녀'는 바리새파를 비롯한 율법주의자들의 입장에서 가장 불의한 죄인으로 취급받았다. 성 윤리가 엄격했고, "간음하지 말라"는 제7계명에 따라 간음한 자들을 돌로 쳐 죽이도록 한 전통에 따라 창녀는 율법적으로 가장 큰 죄인 중에 하나였다. 이처럼 사회적, 종교적으로 심각한 죄인으로 취급받는 '세리와 창녀'가 하나님의 나라에 먼저 들어간다는 예수의 선언은 신성모독에 해당하는 것이었다. 당시의 민중을 경악하게 하고, 바리새인들을 격분하게 하기에 족한 파격적인 선언이었다.

예수의 무차별적 환대와 암시적 치유

렝스토르프(K. H. Rengstroff)에 의하면 공관복음서에서는 죄인이라는 용어가 도덕적 개념일 뿐만 아니라 사회 계층적인 개념으로도 사용되었다고 한다. 제사장은 성전에서 '율법을 아는 족속'만을 위해 제사를 드렸고, 세례 요한은 세례 운동을 통해 죄인들에게 먼저 회개할 것을 요청하였다. 그러나 예수는 세리와 창녀와 죄인과 더불어 먹고 마심으로 '율법도 모르는 이따위 무리'(요 7:48, 공동번역)와 교제했다. 그리고 회개 여부와 상관없이 먼저 그들을 초대하여 환대하고, 구체적인 삶을 공유했다.

세례 요한은 금욕주의자로 살았으나 예수는 달랐다. 예수는 죄인으로 정죄받고 차별받는 사람들과 어울려 먹기도 하고, 마시기도 하였다. 예수는 자신이 "먹기를 탐하고 포도주를 즐기는 사람"(눅 7:34 병행)이라는 비난을 받고 있다는 것을 알고 있었다. 이처럼 '**금식하는 세례 요한**'(fasting John)과 '**잔치하는 예수**'(feasting Jesus) 사이에는 큰 대조가 존재한다.

따라서 예수가 죄인으로 취급받는 계층의 사람들을 기꺼이 초대하고, 식탁 교제를 통해 그들을 즐거이 환대하고 음식과 대화를 나누는 행위 그 자체가 그들이 사회의 일원으로 용납받는다는 용서와 구원의 상징적 행위였다. 예수의 식탁 친교에 초대되어 환대를 받음으로써 배척받고 비난받은 자들은 자신의 수치감과 비굴함과 죄의식을 씻음받고 공동체의 일원으로 온전히 용납되는 구원을 체험하게 된 것이다. 그러므로 예수와 죄인들의 식탁 교제는 그 자체로 차별받는 죄인들에게 무조건적인 환대와 용서를 통해 드러나는 구원의 은총을 구체적으로 체험하는 계기가 되었다.

예수의 식탁 교제가 갖는 중요한 의미는 그들의 식탁 교제가 하나님의 보편적인 구원 의지를 실현하는 장소라는 것이다. 당시에는 성전과 율법과 할례가 배타적으로 유대인에게만 구원을 매개하는 수단으로 이해되었다. 그러므로 성전에서 배제되거나 율법을 지키지 못하는 병자나 가난한 자나 세리와 창녀에게는 구원의 길이 차단되어 있었다. 율법을 모르는 족속이나 할례받지 못한 이방인은 더 말할 필요가 없었다. 예수는 이러한 구원의 배타성이라는 견고한 성벽을 무너뜨린 것이다. 식탁 교제를 통해 예수는 배타적인 구원에 대한 유대인들의 이해를 넘어서 하나님의 보편적인 구원을 강조함으로써 새로운 구원의 시대를 열어 주는 상징적 행동을 보여준 것이다.

예수의 무차별적이고 개방적인 식탁 교제는 예수가 가르친 이웃 사랑과 원수 사랑의 구체적인 실천이었다. 밥상을 함께하는 일을 통해 이루어지는 죄인들을 구원의 공동체 안에 포함시키는 행위는 사랑에 관한 하나님의 명령의 구체적인 실현이다. 차별과 적대와 소외의 대상이자 원수로 취급되던 사람들을 환대하고 식탁 교제를 나누는 것이 바로 이웃뿐 아니라 원수라도 사랑하라는 명령(마 5:44)을 수행하는 가장 구체적인 첫걸음이었다. 개방된 공동 식사는 적대적인 사회체제를 해체하고, 무차별적인 형제애의 대안적인 사회를 실현하려는 구체적인 실천이었던 것이다.

차별의 시대와 연대를 위한 차별금지법

예수의 개방적인 친교의 전향적인 태도는 초대교회가 계승하였고, 특히 바울은 누구보다도 그리스도 예수 안에서의 무차별성을 강조하였다. 바울은 "헬라인이나 유대인이나 할례파나 무할례파나 야만인이나 스구디아인이나 종이나 자유인이 차별이 있을 수 없다"(골 3:11)고 했다. 그리고 남녀의 차별도 없어야 한다고 했다.

> 유다인이나 그리스인이나 종이나 자유인이나 남자나 여자나 아무런 차별이 없습니다. 그리스도 예수 안에서 여러분은 모두 한 몸을 이루었기 때문입니다 (갈 3:28, 공동번역).

이처럼 바울은 민족 차별, 종교적 차별, 인종 차별, 노예 차별, 남녀 차별의 철폐를 과감히 선언한 것이다. "하나님을 사랑하고 이웃을 사랑하라"는 율법의 골자는 "하나님을 영접하고 차별받는 이웃을 환대하라"는 의미로 재해석된다.

현대에 와서 제3세계 신학자 에큐메니칼협의회(EATWOT)에서는 오늘날 세계는 백인 우월의 인종 차별(racism)과 남성 우위의 성차별(sexism)과 서구 문화 중심의 문화적 차별(culturalism)과 극심한 빈부 계층의 차별(classism)로 인해 나눠진 세계(divided world)라고 정의하였다. 따라서 온갖 특권과 독점과 우월감에 기초한 차별을 해체하고 더불어 사는 연대성을 회복하는 것이 중요한 신학적 과제라고 선언하였다. 그러므로 예수가 죄인과 세리와 창녀와의 식탁 친교를 통해 온갖 차별을 철폐하고 민중과의 연대성과 일치성을 강화했다는 사실은 아주 중요한 신학적인 의미가 드러난다고 할 수 있다.

우리나라에서도 최근에 와서 모든 종류의 차별이 법적으로 금지되어야 한다는 논의가 제기되었다. 2007년 이어 계속 「차별금지법」이 무산되었기 때문에 2016년 국가인권위원회는 「국가인권위원법」에 반영하여 차별을 금지하도록 한 것이다.

> "평등권 침해의 차별행위"란 합리적인 이유 없이 성별, 종교, 장애, 나이, 사회적 신분, 출신 지역(출생지, 등록기준지, 성년이 되기 전의 주된 거주지 등을 말한다), 출신 국가, 출신 민족, 용모 등 신체 조건, 기혼·미혼·별거·이혼·사별·재혼·사실혼 등 혼인 여부, 임신 또는 출산, 가족 형태 또는 가족 상황, 인종, 피부색, 사상 또는 정치적 의견, 형의 효력이 실효된 전과(前科), 성적(性的) 지향, 학력, 병력(病歷) 등을 이유로 한 다음 각 목의 어느 하나에 해당하는 행위를 말한다(국가인권위원회법 제2조 3항).

그리고 차별 행위의 기준도 마련하여 고용과 관련된 일체의 차별 행위, 교육 훈련 관련된 차별 행위 그리고 성희롱 등의 차별 행위를 구체적으로 명시하였다. 기독교는 '차별과 혐오의 종교'가 아니라 '사랑과 환대의 종교'임에도 불구하고 한국의 주류 교회는 차별금지법을 반대하고 있는 실정이다.

예수의
통찰은
달랐다

Ⅰ
예수의 아버지 하나님은
유대인의 왕이신 하나님과 다르다

예수의 여러 가르침 중에서 가장 중요한 것이 무엇일까? 19세기 이후로 많은 학자들은 예수가 공생애를 시작하면서 최초로 선포한 것에 착안하여 '하나님의 나라'가 예수의 가르침의 핵심이라고 주장하였다. 그러나 '하나님의 나라'에 관한 선포는 예수의 선구자인 세례 요한(마 3:2)에게도 나타난다. 따라서 예레미아스(J. Jeremias)와 같은 학자들은 예수의 가장 새롭고 독특한 가르침은 하나님을 '아빠 아버지'로 호칭한 것이라고 한다.

나의 아버지, 너희 아버지, 우리 아버지

구약성서와 마찬가지로 예수가 살았던 당시 팔레스타인의 유대교에서도 하나님을 아버지로 부르기를 아주 꺼렸다. 고대 유대인들은 공적인 설교에서나 기도에서 하나님을 주나 왕으로 호칭하였다. 예수 시대의 유대교인들이 하루 세 번 기도하였던 18기도문에도 하나님에 대한 여러 호칭이 등장하지만, 하나님을 아버지라 호칭하지는 않았다.

하나님을 아버지로 표현하는 사례는 아주 예외적인 경우에 해당한다. 다신론적 종교에서 등장하는 가부장적인 신 집단의 우두머리로 나타나는 '신들의 아버지'에 대한 표상은 구약성서에서는 등장하지 않는다. 따라서 예레미아스는 유대교에서 하나님을 아버지로 상징적으로 표현한 경우는 있지만, 하나님을 기도 중에 나의 아버지로 호칭한 경우는 없다고 단언한다.

대조적으로 복음서에서는 하나님을 '아버지'로 칭하는 용어가 120회 정도 등장한다. 예수는 하나님을 '아버지, 아빠 아버지, 나의 아버지, 너희 아버지, 우리 아버지, 하늘에 계신 아버지(天父)' 등으로 표현하였다. 예수가 하나님을 '나의 아버지'라고 표현한 곳이 30회 정도(마 7:21 등) 등장한다. 이 중에서도 예수가 하나님을 '아버지'라는 명칭(designation)이 아니라 호칭(address)으로 부른 사례가 모두 16번이다. 그러나 예수의 가르침에서는 충격적이게도 하나님을 '나의 왕'이나 '나의 주'로 호칭한 적이 전혀 없다. 하나님의 나라(통치)라는 표현을 자주 사용하였으나 하나님을 왕으로 칭한 적은 없다.

예수의 가르침 중에 가장 중요한 것으로 여겨지는 '주기도문'을 통해 예수는 '나의 아버지'는 '너희 아버지'이므로 "하늘에 계신 우리 아버지"(마 6:6-9)라고 호칭하며 기도하도록 가르쳤다.

> 그러므로 이렇게 기도하여라. 하늘에 계신 우리 아버지,
>
> 온 세상이 아버지를 하느님으로 받들게 하시며
>
> 아버지의 나라가 오게 하시며
>
> 아버지의 뜻이 하늘에서와 같이
>
> 땅에서도 이루어지게 하소서(마 5:9-10, 공동번역).

예수는 아버지라는 용어를 신성한 단어로 간주했다. 오직 하늘에 계신 자만을 아버지로 부르도록 제자들에게 가르친 것이다.

> 땅에 있는 자를 아비라 하지 말라 너희 아버지는 하나이시니 곧 하늘에 계신 자시니라(마 23:9).

아빠 아버지

공관복음서에는 예수의 기도가 다섯 번 기록되어 있는데, 모두 아버지라는 호칭을 일관되게 사용하였다. 유일한 예외는 '나의 하나님, 나의 하나님'이라는 십자가상의 외침(막 15:34 병행)인데, 이는 시편 22편 2절의 인용이기 때문이다. 기도의 대상으로 하나님을 아버지로 호칭한 것은 '하나님 아버지'가 단순한 상징적 표현이 아니라 실제로 친밀한 부자 관계가 형성되어 있음을 뜻한다.

예수의 대표적인 기도인 겟세마네의 기도에서 예수는 아주 특이하게 하나님을 단 한 번이지만, 아람어 '아빠 아버지'(Αββα ὁ πατήρ)로 호칭하였다.

> 아빠 아버지여, 아버지께는 모든 일을 하실 수 있으시니, 내게서 이 잔을 거두어 주십시오. 그러나 내 뜻대로 하지 마시고, 아버지의 뜻대로 하여 주십시오(막 14:36, 표준새번역 개정판).

유대인들이 아버지를 호칭할 때 사용하는 '아브'(Ab, 9:22 등)라는 단어와 달리 '아빠'(Abba)라는 용어가 당시 유대인들에게는 '아기의 웅얼거리는 소리'였으며, 어린아이의 일상적인 공손한 표현이었다. 예레미아스는 예수 당시의 사람들이 하나님을 이러한 단어로 부르는 것은 무례하고 상상할 수 없는 것으로 생각하였다고 한다. 그러나 예수는 하나님께 대한 호칭 형태로 대담하게도 '아빠'를 사용하였다.

예수가 공생애 동안 하나님 아버지와 자신의 관계를 분명히 자각한 발언을 한 것은 아주 놀라운 전승이 아닐 수 없다.

> 내 아버지께서 모든 것을 내게 주셨으니
> 아버지 외에는 아들을 아는 자가 없고
> 아들과 또 아들의 소원대로 계시를 받은 자 외에는
> 아버지를 아는 자가 없느니라(마 11:27, 눅 10:20 참조).

예수는 하나님과 자신의 이 특수하고 친밀한 관계를 일평생 유지하면서 자신의 뜻이 아니라 하나님의 뜻대로 사는 것을 자신의 존재 이유요 삶의 궁극적인 사명으로 삼았던 것이다. 하나님에 대한 예수의 특별한 체험은 하나님을 아빠 아버지로 호칭한 그의 남다른 통찰에서 드러나고, "내 뜻대로 마옵시고 아빠 아버지의 뜻대로 하옵소서"라는 그의 삶의 마지막 결단에서도 드러난다.

예수가 하나님에 대하여 '아빠'라는 독특한 호칭을 사용한 것을 통해 예수와 하나님 아버지 사이의 관계의 독특성을 다음과 같이 유추할 수 있다.

— 하나님과 고도의 친밀하고 특수한 관계임을 드러낸다.
— 하나님의 아들로서의 확고한 자의식을 드러낸다.

— 하나님의 아들로서 예수의 사명의 궁극적 신비를 드러낸다.
— 하나님의 아들로서의 권위와 권능을 주장하는 근거가 되었다.

예수가 겟세마네 기도에서 사용한 '아빠 아버지'라는 단어는 바울 문서에 두 번 등장한다. 바울이 자기가 세우지 않은 로마교회에 보낸 서신에서는 '아빠 아버지'를 기도의 호칭의 형태로 특이하게 사용하고 있는 점으로 보아 '예수의 기도의 반향'임을 보여 준다.

> 너희는 다시 무서워하는 종의 영을 받지 아니하고 양자의 영을 받았으므로 우리가 아빠 아버지라고 부르짖느니라. 성령이 친히 우리의 영과 더불어 우리가 하나님의 자녀인 것을 증언하시나니 자녀이면 또한 상속자 곧 하나님의 상속자요…(롬 8:15-16, 표준새번역).

> 너희가 아들이므로 하나님이 그 아들의 영을 우리 마음 가운데 보내사 아빠 아버지라 부르게 하셨느니라. 그러므로 네가 이 후로는 종이 아니요 아들이니 아들이면 하나님으로 말미암아 유업을 받을 자니라(갈 4:6-7, 개역개정).

바울은 우리가 전에는 종이었지만 이제는 하나님의 자녀가 되어 하나님의 유업을 받을 상속자가 되었음을 선언한다. 그리고 하나님 아버지가 우리와 함께 하시므로 그 누구도 우리를 송사하거나 정죄할 수 없으며, 대적하거나 하나님과 우리 사이를 끊을 수 없다고 하였다(롬 8:33-39). 그래서 바울은 "남들은 하느님도 많고 주님도 많아서 소위 신이라는 것들이 하늘에도 있고 땅에도 있다고들 하지만, 우리에게는 아버지가 되시는 하나님 한 분이 계실 뿐"(고전 8:5, 공동번역)이라고 하였다.

요한은 말씀이 육신이 되어 우리 가운데 오신 하나님의 아들 예수를 "영접하는 자 곧 그 이름을 믿는 자들에게는 하나님의 자녀가 되는 권세를 주셨다"(요 1:12)고 선언한다. 그리고 "이는 혈통으로나 육정으로나 사람의 뜻으로 나지 아니하고 오직 하나님께로부터 난 자들"(요 1:13)이라고 하였다.

바울과 요한은 예수를 믿어 '죄 사함을 받고 구원을 얻는 것'보다 더 중요한 것은 예수를 영접하면 하나님의 자녀가 되고, 하나님의 자녀가 누리는 특권과 하나님의 자녀가 이루어야 할 사명을 지니는 것이라고 가르쳤다.

류영모는 예수를 스승으로 받든 것은 예수가 하나님 아버지와 부자유친하여 효도를 다하였기 때문이라고 하였다. 하나님 아버지께 예수만큼 효도를 다한 사람이 없다고 생각하였다. 그는 "예수는 다른 말은 아니 하였어도 하나님을 아버지라 부른 것만으로도 인류에게 그 누구보다도 위대한 공헌을 하였다"고 단언한다. 예수처럼 하나님을 우러러 "아버지!"라고 부를 때 몸속의 피가 용솟음치도록 기쁨이 샘솟는다고 하였다.

II
하나님 나라의 통치는
로마의 식민지 통치와 다르다

어떤 나라에 사느냐가 중요하다

세례 요한이 헤롯 왕에 의해 체포되자 예수가 공적 활동을 시작하면서 던진 최초의 메시지는 "때가 찼고 하나님의 나라가 가까이 왔으니, 회개하고 복음을 믿으라"(막 1:14)는 것이다. 세례 요한이 체포된 정치적 사건이 그의 활동과 메시지와 무관하지 않은 것으로 보인다.

다른 종교의 창시자와 달리 예수는 어떤 나라를 이룰 것인가 하는 것을 가장 중요하게 가르쳤다. 어떤 재능을 가지고 태어나 어떤 가정에서 자랐느냐는 것도 중요하지만, 어떤 나라에서 태어났고 어떤 나라에 사느냐 하는 것이 대다수의 사람들에게 결정적인 영향을 끼친다. 현대에 와서는 선진국과 후진국의 삶의 환경과 주어진 기회의 차이가 크므로 국가가 제공하는 복지와 교육과 의료 혜택을 받느냐 못 받느냐가 삶의 질에 많은 영향을 준다. 인간은 사회적, 정치적 동물이므로 개인적으로 하나님과 바른 관계를 맺는다고 해도 자신의 둘러싼 사회적, 정치적 영향을 받지 않을 수 없다. 개인적으로 도저히 해결할 수 없는 정치

· 경제·사회적 문제들이 산적해 있기 때문이다. 이런 것들은 넓은 의미에서 국가의 정치·경제 제도나 통치 방식에 따라 해결 가능한 일이기 때문이다.

그러므로 예수의 최초의 선포가 "하나님의 나라"이며, 제자들에게 "너희는 먼저 하나님의 나라를 구하라"고 한 것은 중요한 의미를 지닌다. 예수는 헤롯 왕의 제왕적 통치나 이어서 등장한 로마 제국의 식민지 통치는 전혀 의롭지 못하다는 것을 반영한 선언이기 때문이다. 그래서 이방인 출신의 헤롯왕이 다스리는 봉건 국가나 로마의 총독이 다스리는 그런 불의한 식민지 국가는 이제 끝날 것이며, 따라서 전적으로 새로운 나라, "하나님이 다스리는 나라가 가까이 왔다"고 선언한 것이다.

천국, 하나님의 나라는 천당과 다르다

예수가 '하나님의 나라'를 선포했을 때 당시의 유대인 청중들에게는 그 의미가 너무 익숙하였다. '하나님의 나라'는 구약성서에 자주 등장하는 '주의 나라'라는 히브리어를 그리스어로 번역한 것이기 때문이다.

주의 나라는 영원한 나라
주의 통치는 대대에 이르리로다(시 145:13).

주의 나라는 여호와가 왕(malek)으로 통치(malkut)하신다는 뜻이므로 하나님의 '나라'(basileia)는 하나님이 '왕'(basileu)으로 통치하신다는 의미가 된다.

하나님의 이름을 함부로 부르는 것을 금지한 제3계명(출 20:7)에 따라 후대의 이스라엘 사람들은 구약성서에 6,000번 이상 나오는 야웨(Yahweh)라는 신명을 '아도나이'(my Lord)로 고쳐서 읽었다. 특히 마태는 유대인 공동체에 보낸 마태복음서에서 하나님의 이름을 망령되이 일컫지 않는다는 유대적 전통에 따라 하나님의 나라를 '천국'(하늘나라 36회), 그의 나라(6:10, 33, 13:41), 주의 나라(20:21), 아버지의 나라(13:43, 26:29)로 바꾸어 사용하였다.

천국(하늘나라)이 마태의 독특한 예외적 표현이라는 것은 신약성서에서 마태가 36번 사용한 것 외에는 바울이 단 1번(딤후 4:18) 사용한 것으로 알 수 있다. 물론 마태도 '하나님의 나라'를 4번 사용하였다. 그러나 신약성서 전체에는 '하나님의 나라'라는 표현이 예수의 최초의 선포와 주기도문을 포함해서 모두 162회 등장한다.

이러한 역사적, 종교적 배경을 모르기 때문에 하나님의 나라를 에둘러 표현한 '천국'을 동양 문명권에서는 불교와 샤머니즘에서 말하는 '천당'(天堂)으로 오해하기도 하였다. 지금도 '예수 천당 불신 지옥'이라는 용어가 무비판적으로 사용되고 있다. 그러나 성서에는 '천당'이라는 단어 자체가 없으며, 엄격히 말하면 성경이 말하는 '천국'과 천당은 아주 다른 개념이다.

고대로부터 플라톤의 『국가』를 효시로 하여 사람들은 가장 이상적인 나라를 꿈꾸어 왔다. 토머스 모어는 '가장 좋은 국가 통치 형태'는 그 어디에도 없다는 뜻에서 『유토피아』라는 소설을 썼다. 무수한 종교에서 그런 이상적인 나라가 이 땅에서는 결코 이루어질 수 없으므로 사후에나 가능한 '천당'과 같은 내세 신앙으로 위안을 삼았다.

그러나 예수가 선포한 하나님의 나라는 달랐다. 예수는 하나님의 나라는 "하늘에서와 같이 이 땅에서도 이루어진다"(마 6:10)고 가르쳤기 때문이다. "언젠가 이 땅에서 하나님의 뜻이 온전히 마침내 이루어진다"는 예수가 가르친 '종말 신앙'은 다양한 '공상적 유토피아'와 무수한 사후의 '내세 신앙'에 대한 혁명적인 대안이었다.

하나님 아버지의 나라, 부자 관계는 주종 관계와 다르다

여호와 하나님께서 왕으로 다스린다는 것은 유대인들의 오래된 신정정치의 이상이었다. 그런데 예수의 하나님 나라에 관한 선포 가운데서 전적으로 새로운 것은 하나님의 나라를 자주 '아버지의 나라'로 표현하였다는 사실이다.

예수 시대의 유대인들은 하나님의 이름 야웨를 함부로 부를 수 없어서 나의 주(Adonay, Lord)로 대체하여 사용하였다. 주(lord)라는 단어는 종이 주인을, 신하가 군주를, 제자가 스승을, 아내가 남편을 부를 때에도 사용하였다. 하나님을 주로 부를 때에는 가부장적인 주종 관계가 그대로 반영된다.

이 책 3장 1절에서 살펴본 것처럼 예수는 하나님을 '나의 왕'이나 '나의 주'로 부르지 않고 '하늘에 계신 우리 아버지'로 부르라고 가르쳤다. 하나님을 '아빠(Abba) 아버지'로 체험한 예수는 하나님의 나라는 하나님이 왕으로서 다스리는 나라가 아니라, 하나님이 아버지로서 다스리는 나라라고 가르친 것이다. 예수는 "하늘에 계신 우리 아버지"께 "아버지의 나라가 오게 하시며 아버지의 뜻이 이루어지게 하소서"(마 6:10, 공동번역)라고 기도할 것을 분명하게 가르쳤다.

구약성서에서처럼 여호와가 왕으로 다스리는 나라를 하나님의 나라라고 할 경우 두 가지 한계가 드러난다.

1) 여호와가 왕으로 다스릴 경우 왕과 백성 사이의 관계는 주종 관계일 수밖에 없다. 하나님께서는 왕과 주인이며, 그의 백성은 신하이거나 종이 되는 것이다. 그러나 예수는 탕자의 비유에 나오는 아버지의 심정으로 자녀들을 돌보시고, 보살피고, 용서하시는 그런 나라가 올 것이니 그런 나라를 이루라고 선포한 것이다. 예수가 선포한 아버지의 나라에서는 모든 믿는 자는 하나님의 자녀가 되는 특권을 누리게 되므로 '주종 관계'는 '부자 관계 또는 부녀 관계'로 전환된다. 그래서 예수는 나의 아버지는 너희 아버지이니 "하늘에 계신 우리 아버지"라고 기도하라 한 것이다.

2) 여호와가 왕으로 다스릴 경우 민족주의의 배타적 한계를 벗어날 수 없다. 실제로 열심당은 이방인이 다스리는 로마의 식민지 통치를 몰아내고 유대인이 다스리는 유대 왕국을 재건하는 것을 하나님 나라의 쟁취라고 확신했다. 그러나 예수가 선포한 하나님 아버지 나라에서는 '유대의 민족주의의 한계'가 사라진다. 하나님 아버지의 나라에서는 유대인이나 이방인이나, 종이나 자유인이나, 남자나 여자나 차별 없이 모든 사람이 하나님의 자녀가 되어 하나님의 다스림을 받게 된다.

하나님의 나라, 제왕적 통치나 식민지 통치와 다르다

예수 시대의 이스라엘 백성들은 잔악한 헤롯의 '제왕적 통치'와 로마 총독의 '식민지 통치'를 받으며 종교적 핍박과 정치적 억압과 경제적 착취를 당하여 왔기 때문에 다윗과 같은 이상적인 평화의 왕의 도래를 고대하였다. 이런 의미에서 예수가 선포한 '하나님의 나라'는 유대인이 왕으로 다스리는 제왕적인 나라도 아니며, 로마 황제가 다스리는 식민지 제국의 나라와 전적으로 다른 대안적 나라와 전향적인 신정 통치에 대한 기대와 열망을 함축하고 있다.

통치는 삶의 모든 영역에 영향을 끼치는 주요한 사회학적 개념인데 막스 베버는 이를 '제도화한 권력 행사'라고 정의하였다. "권력은 총구에서 나온다"는 말처럼 인류 역사상 제도화한 권력 행사는 항상 강제와 억압의 형태로 자행되었다. 많은 정치 후진국에서는 지금도 예외가 아니다.

강자와 약자 사이의 지배와 피지배의 억압적 권력 구조의 근본 모순을 통찰한 예수는 "너희 중에서 제일 높은 사람은 제일 낮은 사람처럼 처신해야 하고 지배하는 사람은 섬기는 사람처럼 처신해야 한다"(눅 22:25-26, 공동번역 병행)고 강조한 것이다. 예수는 '지배하고 군림하는 세상 권력자들의 통치'가 '섬김과 보살피는 하나님 나라의 통치'로 권력 구조의 본질이 전환되어야 한다는 새로운 통찰을 대안으로 제시한 것이다. 나아가 예수 자신이 '주와 선생'(요 13:14)으로서 자신의 제자들뿐 아니라 그가 만난 모든 사람을 그들의 필요와 요구에 맞게 보살피고 섬기는 삶의 본을 보여 주었다. 예수가 '왕 중의 왕'이라는 것도 이런 관점에서 이해되어야 한다.

예수는 '주와 스승으로 제자들을 섬기는 본'을 보이시면서 백성을 종으로 삼지 말고 "왕이 백성의 종이 되어 백성을 섬겨야 한다"(왕상 12:7)는 오랜 정치적 이상을 구체적으로 구현하려고 한 것이다.

III
주기도문의 삼중 관계는
이중 관계와 다르다

　'주의 기도'(마 5:9-13)는 예수 자신의 생애 동안 가르친 모든 교훈의 주제와 강조점을 요약한 것이다. 하나님 아버지와 하나님의 나라 등 예수의 주요 통찰과 그가 가르친 삶의 지침이 짧은 기도문의 형태로 요약되어 있다. 슈낙켄베르크(R. Schnackenberg)는 "주님이 가르치신 기도를 통해 새로운 기도 공동체가 탄생하였다"고 하였다.

　주기도문의 기본 주제가 십계명의 구조와 일치한다는 사실이 널리 인정되고 있다. 이 역시 예수의 놀라운 통찰이 반영된 것이다. 십계명의 법 정신이 기도문이라는 새로운 영성적 구조와 삶의 구체적 지침으로 제시된 것이기 때문이다.

　양자의 관계에 대해서 칼뱅은 1~4계명은 하나님에 관한 계명이고, 5~10계명은 인간에 관한 계명으로 되어 있는 십계명의 이중 구조가 주기도문의 일곱 간구에도 그대로 반영되어 있다고 분석하였다. 주기도문의 경우에도 1~3간구는 하나님과의 관계이고, 4~7간구는 이웃과의 관계에 관한 주제라고 보았다. 칼뱅의 이러한 주장은 칼 바르트 등 현대

신학자들도 그대로 수용한다.

그러나 한태동은 구약의 십계명과 더불어 신약의 주기도문의 직관적인 내용을 '하나님과 관계와 이웃과의 관계'라는 이중적 관계로 해석한 것을 반대하고, '자연(또는 물질)과의 관계'를 포함하여 삼중적 관계로 해석하여야 한다고 주장한다.

"예수가 말한 '하나님의 나라' 관념은 그가 가르친 기도(주기도문) 속에 잘 요약되어 있다. 주기도문을 보면 '이름이 거룩히 여김을 받으시오며'라고 했다. 이는 십계명에 있는, 이름을 망령되이 일컫지 말라는 말씀에 대한 상대적인 표현으로 긍정적으로 하나님과 올바른 관계를 맺고 살 것을 말한 것이다. '우리가 우리에게 죄 지은 자를 사해 준 것같이 우리를 죄를 사하여 주옵시고'라고 한 것은 소외된 사람과 사람 사이의 관계를 다시 융화되게 해 달라는 뜻이다. '일용할 양식을 주옵시고'라고 한 것은 물질에 대한 저주로 궁핍하게 되었으니 물질과 바른 관계를 해결해 달라고 말하는 것이다. 이 세 가지 간구는 천·지·인의 조화를 간구한 것인데, 이것이 '하나님의 뜻'으로 '하늘에서 이룬 것 같이 땅에서도 이루어질' 것을 요청했다."

한태동은 주기도문의 '처음 세 간구를 천지인의 조화를 이루어달라'는 간구로 해석했다. 이어서 "우리 죄를 용서하여 주시고, 우리를 시험에 빠지지 않게 하시고, 악에서 구하소서"라는 세 가지 간구도 천지인의 삼중적 관계의 불화라는 관점에서 해석하였다.

죄는 천지인 삼중적 관계의 단절이며, 죄의 용서는 삼중적 관계의 회복이다. 마귀는 세 가지 질문으로 예수를 시험하여 하나님, 사람, 자연의 조화적인 관계를 끊어보려고 했으나 처음 아담이 실패한 것과 달리 예수는 이를 이겼다는 것이다. 그리고 이러한 삼중적 조화의 단절에 빠지는 악에서 구해 달라는 간구를 하라고 가르친 것으로 보았다.

신약성서의 주기도문은 구약성서의 십계명과 함께 신구약성서의 핵심적인 의미를 담고 있는 것이 분명하다. 양자의 상응 관계를 삼중 관계라는 관점에서 정리하면 아래와 같다.

주기도문과 십계명의 삼중 관계

	십계명	주기도문
서언	너희를 인도해낸 하나님 여호와로라	하늘에 계신 우리 아버지시여
대신 관계	3. 이름을 망령되이 일컫지 말라 1. 다른 신을 네게 두지 말라 2. 우상을 섬기지 말라	1. 이름이 거룩히 여김을 받으시오며 2. 나라가 임하옵시며(하나님의 통치) 3. 뜻이 하늘과 땅에서 이루어지이다
대물 관계	8. 도적질하지 말라 9. 거짓증거하지 말라 10. 탐내지 말라	4. 일용할 양식을 주옵시며
대인 관계	5. 부모를 공경하라 6. 살인하지 말라 7. 간음하지 말라	5. 우리에게 죄지은 자를 사해 준 것처럼 우리 죄를 사해 주시오며
삼중 관계	4. 안식일을 거룩히 지키라 　1) 하나님 공경: 하나님 관계 　2) 육축과 땅도 쉼: 물질과 자연 관계 　3) 온 집안사람이 쉼: 이웃 관계	6. 우리를 시험에 들게 하지 마옵시며 7. 우리를 악에서 구하소서 　1) 돌로 떡이 되게 하라: 물질 관계 　2) 성전에서 뛰어내리라: 하나님 관계 　3) 내게 절하라: 이웃 관계

많은 신학자는 성서의 주제를 하나님, 사람, 땅이라고 주장한다. 브루그만(W. Brueggemann)은 "성서는 하나님의 백성과 하나님의 땅 사이의 관계에 대한 이야기"라고 하였고, 스텍(John H. Stek)도 "하나님·인간·땅 이 셋은 성경에서 위대한 삼중적 조화를 이룬다"고 하였다. 하벨(Norman Habel)의 말대로 "구약성서에서는 하나님과 사람과 땅은 서로 '공생 관

계'(symbilsis)를 지닌다"고 하였다.

성서의 주제가 하나님, 인간, 땅이라고 할 경우 하나님을 어떻게 보느냐는 신관에 따라 종교 제도가 달라지고, 인간을 지배의 대상으로 보느냐 섬김의 대상으로 보느냐에 따라 정치 제도가 달라지고, 물질과 자연을 독점과 착취의 대상으로 보느냐 공유와 친화의 대상으로 보느냐에 따라 경제 제도와 자연관이 달라진다.

무엇보다도 십계명과 주기도문에는 서언(序言)이 있다는 사실이다. 이 서언의 하나님이 어떤 분이신지를 명확하게 증언한다. 십계명에는 "나는 너를 애굽 땅, 종 되었던 집에서 인도(해방)하여 낸 네 하나님 여호와니라"(출 20:1) 하였다. 여호와 하나님은 당시 이집트와 바벨론과 가나안의 여러 신들처럼 지배자들의 수호자가 아니다. 그들로부터 학대받던 히브리 노예들을 해방시킨 하나님이라는 것이 고백되어 있다. 반면에 주기도문에는 이스라엘 백성을 다스리시는 왕이신 하나님이 아니라 "하늘에 계신 우리 아버지"(마 6:9)라는 사실을 고백한다.

따라서 신을 지배자의 옹호자로 보느냐 노예들의 해방자로 보느냐에 따라 신관이 달라지고, 이에 따라 인간관과 물질관도 달라질 수밖에 없다. 그리고 신을 절대 군주로 보느냐 자애로운 아버지로 보느냐에 따라 인간관과 물질관을 비롯하여 모든 세계관이 달라질 수밖에 없다.

십계명이나 주기도문을 하나님과 인간 관계, 인간과 인간 관계라는 이중 관계로만 제한할 경우 성서 전체를 관통하는 핵심 주제 중 하나인 '땅이라는 주제'가 배제된다. 땅은 자연과의 관계와 물질과의 관계를 함축하는 주제이기 때문에 십계명과 주기도문에서 자연과 물질을 함축하는 땅이라는 주제를 해석해 내지 못할 경우 성서적 자연관과 성서적 물질관을 바르게 수립할 수 없는 치명적인 약점을 지닌다. 그 결과가 바로 자연과 파괴와 오염을 가져온 '기후 위협'과 자본주의 및 공산주의의 극단적 물질관의 대립과 소유의 양극화이다. 그러므로 서양 신학이 '보아도 보지 못한 것'을 새로운 통찰을 통해 십계명과 주기도문을 다르게 해석하여 성서의 깊은 뜻을 더욱 풍부하게 하고 제시할 필요가 있다.

이런 관점에서 성서가 가르치는 구원 역시 '삼중 관계의 화해'로 이해해야 한다. **구원의 내용을 이루는 세 요소는 하나님과의 화해로서 개인 구원, 이웃과의 화해로서 사회 구원, 자연과의 화해로서 생태 구원이 통전되어야 한다.** 성서의 주제를 수직적 관계와 수평적 관계라는 이중 관계로만 해석하여 온 서구 신학의 약점을 보완할 대안적 신학으로 **'자연 또는 물질과의 순환적 관계'**를 포함하는 **'천지인 신학'***이 요청된다.

---

* 허호익, 『천지인 신학 ― 한국신학의 새로운 모색』 (서울: 동연, 2020).

IV
팔복은 오복과 다르다

가난한 자, 의에 주리고 목마른 자의 복

예수는 "하나님의 나라가 가까이 왔다. 회개하고 복음을 믿으라"고 선포했고, 복음의 구체적인 내용은 저 유명한 복들(makarios)을 가리켰다. 보통 팔복(八福)으로 알려진 하나님 나라의 지복(至福)이라 할 수 있다 (마 5:1-13).

① 심령이 가난한 자(영적으로 갈급한 자)는 복이 있나니 천국이 저희 것임이요

② 애통하는 자는 복이 있나니 저희가 위로를 받을 것임이요

③ 온유한 자는 복이 있나니 저희가 땅을 기업으로 받을 것임이요

④ 의에 주리고 목마른 자는 복이 있나니 저희가 배부를 것임이요

⑤ 긍휼히 여기는 자는 복이 있나니 저희가 긍휼히 여김을 받을 것임이요

⑥ 마음이 청결한 자는 복이 있나니 저희가 하나님을 볼 것임이요

⑦ 화평케 하는 자는 복이 있나니 저희가 하나님의 아들이라 일컬음을 받을 것임이요

⑧ 의를 위하여 핍박을 받은 자는 복이 있나니 천국이 저희 것임이라

이러한 복들은 모두 하나같이 역설적이다. 예상을 뒤엎으며, 일상적인 가치를 뒤집는다. 니체가 지적했듯이 모든 가치에 대한 역설적인 재평가가 복음서 전체에 걸쳐 전해지고 있다.

팔복은 "…하는 자는 복이 있나니 …할 것이다"라는 조건과 결과라는 표현 양식으로 되어 있다. 결과적으로 주어질 팔복의 내용을 중심으로 나눠 보면 주기도문의 간청과 마찬가지로 삼중적 관계로 분석할 수 있다.

하나님을 보게 되는 것과 하나님의 아들이라 일컬음을 받을 것은 하나님과의 바른 관계의 복이요, 긍휼히 여김과 위로를 받는 것은 인간관계의 복이요, 땅을 기업으로 받고 배부르게 되는 것은 자연과 물질 관계의 복이다. 그리고 팔복의 처음과 마지막에 주어지는 것은 '천국을 차지하는 것'인데 이는 하나님의 나라 안에서 하나님과의 수직적 바른 관계, 이웃과의 수평적 바른 관계, 자연 또는 물질과의 순환적 바른 관계의 복을 누릴 수 있다는 의미로 해석할 수 있다.

하나님과 바른 관계의 지복
⑥ 저희가 하나님을 볼 것임이요
⑦ 저희가 하나님의 아들이라 일컬음을 받을 것임이요

인간과 바른 관계의 지복
② 저희가 긍휼히 여김을 받을 것임이요
⑤ 저희가 위로를 받을 것임이요

자연 또는 물질과 바른 관계의 지복
③ 저희가 땅을 기업으로 받을 것임이요

④ 저희가 배부를 것임이요

삼중적 삼중 관계의 지복
① 천국이 저희 것임이요
⑧ 천국이 저희 것임이라

이 팔복은 천지인의 삼중 관계를 드러내 보인다. 사람들에게 온유한
자(이웃과 바른 관계)가 땅을 차지하고(물질과 바른 관계), 하나님의 의에 대하
여 주리고 목마른 자(하나님과 바른 관계)가 배부를 것이요(물질과 바른 관계),
사람들 사이에 평화를 위하여 일하는 자(이웃과 바른 관계)가 하나님의 아들
(하나님과 바른 관계)이라 일컬음 받게 될 것이라고 하였다.

　따라서 진정한 구원은 과거의 죄를 사함 받아 회개의 합당한 열매를
맺는 것으로 끝나는 것이 아니라 천국 복음을 받아들여 먼저 하나님과
바른 관계를 회복하고, 지속하고, 강화하면서 이를 바탕으로 이웃과
자연 또는 물질과도 바른 관계를 맺는 삼중적 화해를 이루는 것이다.
바울이 그토록 강조한 것처럼 회개하고 단지 과거를 청산하는 것이 아니
라 그리스도 안에서 새 사람, 새로운 피조물이 되는 것이 진정한 구원이기
때문이다.

팔복은 오복이나 삼박자 축복과 다르다

　한국인의 종교적 심성 속에 샤머니즘이 뿌리 깊다는 평가는 이미
상식이 되었다. 이러한 무속적 심성의 골자가 바로 기복 신앙이다. 복이
라는 말은 한국인에겐 가장 사용도가 높은 말이다. 우리 조상들은 지금도

그렇지만, 숟가락, 밥그릇, 이불과 베개, 노리개, 주머니 등등 손닿는 데마다 복(福)이라는 글자를 적어두고 완상(玩賞)하며 복 받기를 기원했다. 소위 오복(五福)으로 알려진 수(壽), 부(富), 강령(康寧), 유호덕(攸好德), 고종명(考終命)을 바라고 바랐던 것이다.*

이런 배경에서 순복음 신학자인 조용기 목사는 예수의 교훈도 아니며, 바울의 가르침도 아닌 요한이 가이오 장로에게 보낸 짧은 편지의 인사말, "네 영혼이 잘됨같이 범사가 잘되고 강건하기를 원하노라"(요삼 1:2)는 성구를 기독교 신앙의 핵심으로 해석하여 삼박자 축복의 신학을 체계화하였다.

예나 지금이나 편지의 인사말은 축복을 비는 것이며, 더군다나 인사말 다음의 요한3서의 내용이 '진리에 따라 사는 것'을 강조하고 있다는 점을 전후 문맥에서 분명히 파악해야 할 것이다. 그러나 이 인사말이 공교롭게도 오복의 내용과 합치하기 때문에 기독교 신앙의 구호로 한국 교회에서 통용되는 것이다. 여기에다 서구의 실용주의 심리학이 개발한 적극적인 사고방식, 즉 하면 된다는 신념이 "믿는 자에겐 능치 못함이 없다"는 또 다른 구호와 합치하여 기독교의 순복음으로 해석된 것이다.

이러한 순복음의 한국적인 기복 심성으로 성서를 재해석하여 기독교를 한국인에게 가장 쉽게 전한 측면이 없지 않다. 그러나 이 유리한 통로가 기독교 복음의 핵심을 일방적인 기복 신앙으로 고착시켜 교회의 물량화와 세속화를 부추겼으므로 성서가 제시하는 복음의 진정한 가치를 회복할 필요가 있다.

---

* 오복을 수·부·귀·강녕·자손중다(子孫衆多)로 보기도 한다. 남에게 덕을 베푼다는 유호덕보다는 귀(貴)가 낫고, 자기의 천수(天壽)대로 사는 고종명보다는 자손 많은 것을 바라기 때문이다.

복음은 기복(祈福)과 다른 선복(宣福)이다

기독교가 전래되면서 예수가 선포한 '유앙겔리온'(Good News)이 '복음'으로 번역되었고, "예수 믿으면 축복을 받는다"는 기복적인 의미로 수용되고 말았다. 그러나 예수가 가르친 산상수훈의 팔복만 보더라도 그것은 기복적인 의미의 오복과는 전혀 반대되는 개념이다. 가난하고, 애통하며, 의에 주리고 목마르고, 핍박받는 자가 복이 있다고 했으니 말이다.

쿨리진(V. Kuligin)은 『누가 예수 믿으면 잘산다고 했는가』라고 반문한다. 예수는 세속적인 인간의 기대와 달리 세상의 부와 번영 대신에 오히려 영적으로 가난하라, 욕구와 욕망을 절제하라, 온전히 헌신하라, 진정 자기 십자가를 지라, 기쁨으로 자신을 희생하라, 예수님처럼 사랑하라, 하나님처럼 용서하라, 자기를 부인하라고 가르쳤다는 것을 강조한다.* 바울은 "주는 것이 받는 것보다 복되다"(행 20:35)고 하였으며, "오직 하나님의 능력을 좇아 복음과 함께 고난을 받으라"(딤후 1:8)고 하였다. 실제로 예수를 잘 믿으면 복을 받기도 하지만, 예수를 정말 잘 믿는 사람들은 가끔 고난을 당하고 순교한 사례가 부지기수이기 때문이다.

기복 신앙은 복을 기원하고 많이 받으려는 세속적인 신앙이다. 자기중심적이고, 이기적이고, 세속적이고, 물질적일 수밖에 없다. 그러나 예수가 가르치는 팔복은 받는 복이 아니라 주는 복이다. 자발적이고 이타적인 것이다. 물질적으로 부유하고, 오래 살고, 강건한 사람이 되는 것이 아니라 영적으로 심령이 갈급하여 가난하거나 정신적으로 마음이

---

* 빅터 쿨리진, 『누가 예수 믿으면 잘산다고 했는가』 (서울: 넥서스CROSS, 2009). 목차를 참고할 것.

청결하고, 도덕적으로 의에 주리고 목마른 자가 되는 것이다.

　예수가 가르친 복은 모든 종교의 보편적인 현상인 나 혼자 복을 받아 누리자는 기복(祈福) 신앙이 아니다. "많은 복을 받아 함께 나누고 베풀라"는 선복(宣福)신앙이다. 이런 관점에서 보면 '복 많이 받아 누리는 것' 이상으로 중요한 것은 '복 많이 베푸는 것'이기 때문이다. 의식 있는 기독교인들의 새해 인사도 이렇게 바뀌어야 한다. "새해 복 많이 받고, 누리고, 나누고 베푸세요"라고.

V
율법 조문은 율법 정신과 다르다

예수는 율법과 선지자의 시대가 끝나고 하나님 나라의 복음이 선포되기 시작하였다고 선언하였다.

율법과 선지자는 요한의 때까지요 그 후부터는 하나님 나라의 복음이 전파되어 사람마다 그리로 침입하느니라(눅 16:16).

예수 당시의 유대 지도자들 대부분은 모세의 율법을 최고의 진리로 가르쳤다. 율법에 대한 그들의 권위 있고 공식적인 해석도 율법처럼 중요하게 전승되었다. 율법을 연구하고 가르친 서기관, 율법 학자, 바리새파, 장로들은 그들이 자랑하는 율법 지식을 통달하였으나 그들이 알고 있는 율법을 그대로 지키는 일은 등한시하였다. 자기들의 편의에 의해 율법을 자의적으로 해석하여 제멋대로 지킨 것이다. 예수가 이들을 비판하기를 "그들이 너희에게 말하는 것은 다 실행하고 지켜라. 그러나 그들의 행실은 본받지 마라. 그들은 말만 하고 실행하지는 않는다"(마 23:3, 공동번역)고 하였다.

후기 유대교 지도자들은 율법 지식을 독점하였고, '율법을 모르는 족속들'(요 7:48)을 차별하고 억압하였다. 그들은 군왕들처럼 전제 권력을 갖진 않았지만, 놀란(A. Nolan)이 잘 지적한 것처럼 "그들에게 율법은 지배하고 억압할 수 있는 권력이었다." 그들은 서전(書傳)과 구전(口傳)으로 전해진 율법의 신적 권위를 앞세워 백성들의 종교 생활과 세속 생활의 온갖 세부 사항을 규제하였다. 제사장과 서기관과 율법 학자들을 비롯한 유대교의 종교 지도자들은 '율법을 아는 것'을 '율법을 모르는 자'를 차별하고 적대하는 특권으로 여겼다. 먹고 살기도 바쁜 가난하고 무지한 일반 백성들에게 율법은 무거운 짐이 되었다.

예수는 이러한 상황을 간파하여 "그들은 무거운 짐을 꾸려 남의 어깨에 메워 주고 자기들은 손가락 하나 까딱하려 하지 않는다"(마 23:4)고 책망하고, "고생하며 무거운 짐을 지고 허덕이는 사람은 다 내게로 오너라. 내가 편히 쉬게 하리라. 내 멍에는 편하고 내 짐은 가볍다"(마 11:28, 30, 공동번역)고 한 것이다. 예수는 아주 강력하게 율법의 억압적인 성격을 비판한 것이다.

예수가 공생애 동안 율법 논쟁을 제기한 것은 후기 유대교에서는 율법이 더 이상 "영혼을 소성케 하고, 지혜롭게 하며, 정직하여 마음을 기쁘게 하고, 순결하여 눈을 밝게"(시 19:7) 하는 역할을 할 수 없게 되었기 때문이다. 율법의 순기능이 율법주의의 역기능으로 뒤집어진 것이다. 이런 의미에서 한스 큉의 다음 말은 큰 의미를 지닌다.

율법이란 하나님의 뜻을 알려줄 수 있는 만큼 하나님의 뜻을 은폐하는 수단이 될 수 있다. 그래서 자칫 **율법주의자**를 낳기 쉽다.*

예수가 율법을 새롭게 해석한 것은 이러한 율법주의의 역기능을 비판하고, 율법의 법 정신의 진정한 의미를 새롭게 회복한 것으로 보아야 한다. 율법과 율법주의는 전적으로 다른 것이다.

율법의 6반제의 새로운 대안

예수의 하나님 나라 복음 선포는 구약성서의 율법에 대한 새로운 해석으로 이어진다. 예수는 하나님의 아들로서 하나님과 같은 권위를 가지고 율법을 새롭게 해석한 것이다.

마태복음(5:21-48)은 예수가 "옛 사람은 이렇게 말했으나… 진실로 내가 네게 말한다"라는 형식으로 여섯 가지 새로운 율법을 가르쳤는데, 이는 구약의 율법에 대한 6반제(antithese)라고 한다.

① 살인하지 말라(출 20:13, 제5계명) → 형제에게 노하거나 욕하지 말라(마 5:22)
② 간음하지 말라(출 20:14, 제6계명) → 여자를 보고 음욕을 품는 자마다 마음에 이미 간음하였느니라(마 5:28)
③ 아내를 버리려거든 이혼증서를 주라(신 24:1) → 음행한 연고 없이 아내를 버리지 말라(마 5:32)
④ 헛맹세를 하지 말라(레 19:12) → 도무지 맹세하지 말라(마 5:34)
⑤ 눈은 눈으로 이는 이로 갚아라(출 21:24; 레 24:20; 신 19:21) → 오른편 뺨을 치거든 왼편도 돌려대라(마 5:40)

---

* 한스 큉, 『왜 그리스도인인가』 (왜관: 분도, 1982), 158.

⑥ 이웃을 사랑하고 네 원수는 미워하라(레 19:18) → 원수를 사랑하고 핍박하
   는 자를 위해 기도하라(마 5:44)

위의 6가지 반제 중에 ③과 ④는 분명히 율법의 폐기로 해석되지만,
나머지는 율법의 강화로 해석된다.

예수는 이를 통해 모세와 율법의 권위를 넘어선다. 하나님께서 모세
에게 준 율법을 폐기하거나 강화하여 새롭게 제시하는 것은 모세 이상의
권위를 요구한다. 예수가 하나님의 권위와 권능에 힘입어 율법에 대한
새로운 해석을 선포한 것이다.

예수가 선포한 율법에 대한 새로운 해석의 대표적인 사례로 제시되는
여섯 가지 율법에 대한 반명제(마 5:21-48)를 통해 예수가 유대교의 율법주
의를 어떻게 극복하였는지 살펴보자.

1) 예수가 의도한 것은 단순히 율법을 폐지하거나 율법의 내용을
가감 수정하여 새로운 율법으로 대치하려고 한 것이 아니었다. 율법의
근본정신을 강화하기 위해 율법의 의미를 부분적으로 심화시키기도
하고, 부분적으로 교정하거나 폐기하여 그 법 정신이 더욱 철저히 드러나
게 하려고 한 것이다. 이런 관점에서 예수는 서기관과 바리새인들이
율법을 율법주의로 전도시키는 형식적인 율법 실천과 하나님의 본래적
인 뜻에 대한 무지와 위선적 거짓 그리고 자기 의를 자랑하는 교만 등을
책망하였다.

예수가 "내가 율법이나 선지자를 없애러 온 줄로 생각하지 말라 없애
러 온 것이 아니라 오히려 완성하러 왔다"(마 5:17, 공동번역)라고 한 것은
이런 배경에서 이해되어야 한다. 예수는 옛 율법을 폐기하려는 것이

자신의 목적이 아님을 분명히 한 것이다. 율법을 지키는 것은 율법의 법조문이 아니라 법 정신을 지키는 것이라는 점을 강조한 것이다. 단순히 율법을 문자적으로 해석하고 형식적으로 지키는 것이 오히려 율법의 법 정신을 크게 위반할 수 있다고 본 것이다.

2) 예수가 "너희가 율법 학자들이나 바리사이파 사람들보다 더 옳게 살지 못한다면 결코 하늘나라에 들어가지 못한다"(마 5:20, 공동번역)고 한 것은 율법에 대한 바리새인들의 열심을 인정하면서도 그들이 율법을 아는 것을 하나의 특권으로 여기고, 율법을 문자적이고 형식적으로 준수하여 위선적인 자기의 의를 주장하는 것을 비판한 것이다.

예수는 율법을 지키는 목적이 인간이 '자기 의'를 실현하기 위함이 아니라 '하나님의 의'를 이루기 위함인 것을 강조한 것이다. 그래서 "너희는 먼저 하느님의 나라와 하느님께서 의롭게 여기시는 것을 구하여라"(마 6:33, 공동번역)라고 한 것이다.

율법을 문자적으로, 기계적으로 지키는 것보다 율법의 문자에 내재된 하나님의 뜻을 발견하는 것도 중요하지만, 그 뜻을 실천하는 것이 더 중요하다. 그러므로 예수는 "하늘에 계신 내 아버지의 뜻을 실천하는 사람이라야 (하늘나라에) 들어간다"(마 7:21)라고 한 것이다. 예수는 성문화된 율법의 문자 배후에 깔려 있는 하나님의 뜻을 밝히며, 이 뜻에 철저히 부합된 실천적인 삶을 요청한 것이다.

3) 예수는 율법의 근본적인 의도를 제기하였다. 율법은 인간을 억압하기 위해 제정한 것인가? 인간의 해방을 위해 제정한 것인가? 예수 시대의 후기 유대교에서 율법이 그 원래의 의도와는 달리 '율법을 모르는

족속들'(요 7:48)을 차별하고 억압하는 가르침으로 전락한 것을 예리하게 지적한 것이다. 그리고 '율법에 내포된 자유롭게 하는 진리'를 구원의 기쁜 소식인 복음으로 드러내어 선포한 것이다. 그래서 요한은 "율법은 모세로 말미암아 주신 것이요 은혜와 진리는 예수 그리스도로 말미암아 온 것이라"(요 1:17) 한 것이다.

야고보는 '자유케 하는 온전한 율법'(약 2:25)을 역설한다. 온전한 율법은 인간을 억압하지 않고 자유롭게 하기 때문이다. 그래서 토마스 아퀴나스도 '억압하는 율법'과 '자유하게 하는 율법'을 구분한 것이다. 바울이 "문자는 사람을 죽이고 성령은 사람을 살립니다"(고후 3:6, 공동번역)라고 한 것도 이런 배경에서 이해된다.

4) 율법의 6반제는 구약의 율법 자체에 대한 반대가 아니라 바리새적 유대교의 율법 해석에 대한 반대라고 보아야 할 것이다. 유대인들은 어떤 율법은 다른 율법보다 더 중요한 것으로 해석하였다. 그래서 예수는 '박하와 회향과 근채의 십일조'를 바치라는 율법은 철저히 지키면서도 '정의와 자비와 신의' 같은 아주 중요한 율법은 대수롭지 않게 여긴다(마 23:23, 공동번역)고 비판한 것이다. 10분의 1세를 바치는 것도 소홀히 해서는 안 되겠지만, 정의와 자비와 신의도 실천해야 한다고 더욱 강조한 것이다.

예수는 모든 율법이 똑같이 중요한 것이 아니며, 율법 중에는 더 중요한 것이 있으니 더 중요한 것을 우선적으로 실천하여야 한다고 가르치신 것이다.

5) 예수가 "율법의 일점일획이라도 반드시 없어지지 아니하고 다

이루리라"(마 5:18; 눅 16:17)는 말씀을 통해 율법의 자구를 극단적으로 고집함에도 불구하고, 이 말씀의 본의는 "율법의 한 자 한 자 배후에 있는 본래의 뜻은 다 이루어야 한다"는 의미로 이해되어야 한다. 율법의 지극히 작은 하나라도 다 하나님의 놀라운 뜻이 함축되어 있으므로 율법을 통해 하나님의 뜻을 깨닫기를 요청한 것이다.

6) 예수는 유대인 지도자들이 "하는 일은 모두 남에게 보이기 위한 것이다. 그래서 이마나 팔에 성구 넣는 갑을 크게 만들어 매달고 다니며 옷단에는 기다란 술을 달고 다닌다"(마 23:5, 공동번역)고 지적하였다. 그래서 예수가 "너희 착한 행실을 보고 하늘에 계신 아버지를 찬양하게 하여라"(마 5:16)라고 한 것은 율법을 지키는 목적이 인간의 칭찬을 받기 위함이 아니라 하나님의 영광을 드러내기 위함임을 분명히 한 것이다.

기도와 구제와 금식을 사람들에게 보이게 하지 말고, 은밀한 가운데 보시는 은밀하신 하나님께 보이기 위하여 행하여야 한다고 가르친 말씀도 이런 배경에서 이해되어야 한다. 인간에게 칭찬을 받으려고 인간에게 보이려고 행한 것이 이미 인간으로부터 상급을 받은 것이며, 하나님에게 보이려고 은밀하게 행한 것은 은밀한 가운데 계시는 하나님께서 반드시 갚아 주신다고 한 것이다.

율법의 제3용법

종교 개혁자들이 율법의 행위로 의롭게 되는 것이 아니라 믿음으로 의롭게 된다고 가르쳤기 때문에 많은 기독교인들이 율법에 대한 오해를 가지고 있다. 루터는 "복음과 율법에 관하여"라는 논문을 통해 복음과 율법을 배타적으로 보는 것을 반대하였다. 루터는 율법의 행위와 인간의 공으로 의롭게 되는 전제와 조건이 되는 것을 반대한 것일 뿐, 복음의 은총에 따라 의롭게 된 신자들의 결과와 과제로써 말씀에 순종해야 하는 행위를 부정한 것은 아니다. 따라서 예수는 무율법주의자나 도덕 폐기론자는 아니다.

루터와 츠빙글리와 칼뱅은 율법의 세 가지 용도를 가르쳤다. 특히 「일치 신조」(1577)는 율법의 세 가지 기능을 다음과 같이 설명한다.

> 율법은 세 가지 이유 때문에 사람에게 주어졌다. ① 무법하고, 불순종하는 사람들을 향하여 외적 훈련을 유지하기 위하여, ② 사람들로 하여금 그들의 죄를 깨닫게 하기 위하여, ③ 거듭났으나 아직도 육체 가운데 거하고 있는 이들로 하여금 그들의 전 생애를 모범적이고 통제할 수 있게 하기 위한 명확한 규범을 주기 위하여.*

그리고 율법의 제3용도는 칭의와 성화의 관계를 새롭게 설정한 주제이다. 루터가 강조한 것처럼 좋은 나무가 좋은 열매를 맺듯이 의로운 행위가 사람을 의롭게 하는 것이 아니라, 믿음으로 의롭게 된 사람이 의로운 행위를 할 수 있다는 것이다. 따라서 의로운 행위는 구원의 조건이나 전제가 아니라, 구원받은 자의 과제와 응답이라고 볼 수 있다. 칼뱅은 하나님의 영이 그 영혼 속에 거하고 주관하시는 신자들에게는 율법이 오히려 하나님의 뜻을 이해할 수 있는 훌륭한 도구라고 하였다. 율법을 통해 주의 뜻에 복종하겠다는 열성과 힘을 얻을 수 있다고 하였다. 이처럼

---

* 지원용 편역, 『신앙고백서』 (서울: 컨콜디아사, 1998), 479-480.

복음 역시 실제로는 새로운 신앙의 규범으로 주어진 것이다.

바울은 '믿음이 율법을 파기'하는 것이 아니라 '율법을 굳게 세우는 것'(롬 2:3)이라고 하였다. 율법의 조문에서 벗어나 그 정신을 바로 세우고 철저히 실천하여 율법의 완성에 이르는 것이 복음이기 때문에 복음을 실천하기 위한 명확한 규범이 요청된다.

VI
안식일은 노동 금지일과 다르다

기원전 587년 예루살렘 성전이 소실되고 이스라엘 백성들이 바벨론의 포로로 잡혀간 이후로 안식일 준수가 더욱 엄격하여졌다. 성전 중심에서 안식일 중심의 종교로 바뀌어 간 것이다. 이즈음 "우리가 안식일을 지키면 안식일이 우리를 지켜준다"는 신앙이 생겨난 것으로 보인다.

기원전 166년 이후 마카베오 왕조 시대에 와서 안식일에는 생존과 직결된 전투도 하지 않았다. 적을 추격하다가도 안식일이 되면 추격을 중지하였다. 이 사실을 간파한 시리아 군대가 안식일을 기해 총공세를 하였고, 마카베오 군대의 참모들은 '안식일을 지킬 것인가? 응전할 것인가?' 논란 끝에 안식일을 지켜 적의 공격에 대하여 군사적 대응 조치를 포기하였다. 그날 1,000명의 유대인이 살해되는 비극을 겪었다(마카베오 상 2:32-38, 공동번역).

안식일은 노동 금지일인가?

유대인들은 "아무 일도 하지 말라"(출 2:10)는 말씀과 "그 날을 더럽히는 사람은 반드시 죽여야 한다"(출 31:14)는 율법을 문자적으로 준수하려고 하였다. 안식일에 해서는 안 되는 일에 관한 세부 규정을 따로 정하는 것이 불가피하였다. 후기 유대교의 랍비들은 안식일에 금지된 일에 관하여 39개의 세부 규정을 따로 정하였다.

> 씨 뿌리는 일, 밭 가는 일, 수확하는 일, 곡식단 묶는 일, 타작하는 일, 키질하는 일, 곡식 고르는 일, 맷돌질, 체질하는 일, 반죽하는 일, 빵 만드는 일, 양털 깎는 일, 표백하는 일, 짐승 털 다듬는 일, 염색하는 일, 물레 돌리는 일, 끈으로 고쳐 매는 일, 바늘귀 꿰는 일, 모직물 직조하는 일, 분류하는 일, 끈 매는 일, 푸는 일, 바느질하는 일, 찢는 일, 사냥하는 일, 짐승을 잡는 일, 가죽 벗기는 일, 고기를 소금에 절이는 일, 가죽을 처리하는 일, 닦는 일, 자르는 일, 글씨 쓰는 일, 지우는 일, 건축하는 일, 허무는 일, 나르는 일, 불 켜는 일, 불 끄는 일, 안식일 전에 시작했던 일을 끝마치는 일, 책을 들고 있는 아이를 안아 주는 일(안식일에 아이를 안아 주는 것은 괜찮지만, 책을 들고 있는 아이를 안아 주는 것은 아이의 손에 들려 있는 책을 이동시키는 일을 하는 것이기 때문이다.)*

신약성서에도 안식일에는 침구를 운반하지 않았고(요 5:10), 환자를 돌보지 않았고(막 3:2), 곡식의 이삭을 따지 않았고(마 12:2), '안식일 거리'(2,000보 정도) 이상을 가지 않았다(행 1:12)는 기록이 있다.

예수 시대의 유대인 역시 안식일의 노동 금지의 규정을 철저히 준수한 것으로 알려져 있다. 안식일 준수에 대해 외부인들은 감탄과 조롱을 동시에 보냈다. 유대인들은 안식일의 금지 사항을 잘 알고 이를 철저히

---

* 노만 페린, 『새로운 신약성서개론』 (천안: 한국신학연구소, 1991), 62.

지키는 것을 마치 무슨 종교적 특권으로 여겼다. 건강상의 이유나 직업상의 이유로 안식일을 지키지 못하거나 안식일의 세부 금지 사항을 잘 몰라 지키지 못하는 "율법을 알지 못하는 무리는 저주받은 자"(요 7:49)로 취급하고, 차별과 적대의 대상으로 여겼다.

요세푸스에 의하면 일부 극단적인 에세네파는 안식일을 일하지 않는 날로 여겨 아무도 없는 한적한 곳에 가서 약 30cm가량의 구덩이를 파고 몸을 옷으로 감싼 후에 파놓은 흙으로 몸을 덮고 구덩이 안에 들어가 편히 누워 있었다고 한다. 그렇게 하는 것이 일을 하지 않는 최선의 방식으로 여긴 것이다.

예수의 입장은 하나님 아버지께서 허락하신 참된 안식을 단지 엄격한 노동 금지의 율법주의로 전락시킨 유대교 지도자들과 부딪히지 않을 수 없었던 것이다.

안식일은 누구를 위해 있는가?

안식일에 배고픈 제자들이 밀 이삭을 잘라 비벼서 먹은 것(막 2:25-26 병행)이 비난의 대상이 되었다. 배고픈 사람이 다른 사람의 밭에서 밀 이삭을 손으로 잘라서 비벼 먹는 것은 율법으로 허용된 일이지만(신 23:25), 안식일에 이삭을 비벼 먹는 것은 추수에 해당하는 노동 행위로서 당시의 안식일 법에 위반된다고 보았기 때문이다.

예수는 안식일에 배가 고파서(결국 죽을 수도 있는) 이삭을 잘라 먹은 것은 안식일 준수 여부의 문제가 아니라, 보다 본질적인 죽고 사는 생명의 문제라고 보았다. 배고픈 사람에게 먹을 것을 주는 것은 안식일에 관한 모든 규정에 우선하는 안식일의 정신이기 때문이다. 그래서 예수는 다윗

이 그의 굶주린 군사들에게 제사장들만이 먹을 수 있는 제단의 진설병(陳設餠)을 먹게 한 구약의 사례(레 24:5-9; 삼상 21:1-7)를 제시한 것이다.

예수는 "안식일이 누구를 위해 있는가?"라는 근원적인 문제를 제기하였다. "사람이 안식일을 위해 있는 것이 아니라, 안식일이 사람을 위하여 있다"(막 2:27)고 선언한다. 안식일의 목적이 주객전도된 것을 비판한 것이다.

타이센과 메르츠는 이 말씀이 인간의 창조(창 1:26-27)와 안식일의 창조(창 2:1-2)의 순서에 근거하여 원칙적으로 인간이 안식일보다 우위에 있음을 주장하는 것 같다고 하였다. 그러나 이것은 창조 순서의 문제가 아니라 창조 목적과 관련된 문제이다. 창조의 궁극적인 목적은 모든 인간과 만물이 하나님의 안식에 참여하는 것이기 때문이다.

예수는 놀랍게도 하나님과 같은 권위를 가지고 "인자는 안식일의 주인"(막 2:28 평행)이라고 선언한다. 안식이란 무엇인가? 편히 쉬는 것이 아닌가? 에세네파처럼 안식일에 하루 종일 먹지도 않고, 화장실에 가지도 않고, 병든 아이를 의사에게 데려가지도 않고, 조그마한 웅덩이에 들어가서 온종일 꼼짝하지 않고 누워 있으면 영혼과 마음과 몸이 참으로 편히 쉴 수 있을까?

예수는 "수고하고 무거운 짐 진 자들아 다 내게로 오라 내가 너희를 쉬게 하리라"(마 11:27)고 하였다. 예수는 자신이 수고하고 무거운 짐 진 자들에게 참된 안식을 주기 위해 이 땅에 왔음을 선언한 것이다. 이런 의미에서 예수는 안식일의 주인이라고 할 수 있는 것이다.

안식일엔 선한 일과 생명을 살리는 일을 하라

신약성서에는 예수가 안식일에 병자를 치유한 일이 세 번 기록되어 있다. 손 마른 자의 치유(막 3:1-6), 열여덟 해 동안이나 꼬부라져 펴지 못하는 여인의 치유(눅 13:10-17), 수종병자의 치유(눅 14:1-6)가 그것이다. 유대 지도자들은 예수가 안식일에 병 고치는 것을 보고 "안식일에 병 고치는 것이 옳은가?"(마 12:10)라는 문제를 제기하였다. 예수는 "안식일에 선을 행하는 것과 악을 행하는 것, 생명을 구하는 것과 죽이는 것, 어느 것이 옳으냐?"(막 3:4)라고 반문하고, "안식일에 선을 행하는 것은 옳다"(마 12:12)고 항변했다.

유대인들은 '안식일에 무슨 일을 하지 말아야 하는지'에 대한 부정적인 관심에 집중하였다. 그러나 예수는 '안식일에는 무슨 일을 해야 하는지' 긍정적인 과제를 반문한 것이다. 유대인들은 하지 않아야 할 일을 따졌지만, 예수는 안식일에 해야 할 적극적인 과제를 제시한 것이다.

안식일에 일하지 말라는 것은 타자에 의한 강제 노동으로서의 일이나 생계유지를 위한 개인적인 일을 금지한 것이지, 하나님의 선한 일이나 이웃을 위해 생명을 살리는 일까지 금한 것이 아님을 밝힌 것이다. 안식일을 '거룩하고 복된 날'(출 20:11)이라고 한 것은 이처럼 생명을 살리는 거룩한 일을 하는 복된 날이라는 뜻으로 해석할 수 있다.

안식일의 전향적 의미

지금도 유대인들은 안식일(Sabbath)에 해서는 안 되는 일 39가지를 지킨다. 유대교인 상점 대부분이 문을 닫고, 대중교통의 운행도 중지된다. 안식일에는 불을 끄거나 켜지 못한다. 그래서 지금도 보수적인 유대인은 안식일에는 전화도 받지 않고, TV도 보지 않는다.

안식일은 무엇을 하는 날인가? 단지 노동 금지의 규칙을 엄격히 지키는 날에 지나지 않는가? 안식일의 본래 의미와 법 정신을 다시 살펴볼 필요가 있다.

1) 우선 하나님의 안식에 참여하는 날이다. 하나님 앞으로 나아가 하나님께 예배드림으로써 하나님과 바르고 편한 사랑의 관계를 맺는 날이다. 이를 통해 하나님과의 관계를 회복하고, 강화하고, 지속하는 것이다.

2) 안식일은 모든 사람이 함께 모여 예배를 드리는 날이다. 남녀노소할 것 없이 주인이나 종이나 손님들도 함께하는 날이다. 그래서 예수는 "예물을 제단에 드리려다 거기서 네 형제에게 원망들을 만한 일이 있는 것이 생각나거든 예물을 제단 앞에 두고 먼저 가서 형제와 화해하고 그 후에 와서 예물을 드려라"(마 5:23-24)라고 하였다. 이웃과 바른 관계를 맺은 후에 하나님과 바른 관계를 맺어야 한다는 뜻이다.

3) 모든 인간이 예외 없이 노동으로부터 편히 쉬는 날이다. 이날에는 가축도 쉬는 날이며, 땅도 쉬어야 한다. **자연과 바른 관계를 맺는 날인 것이다.** 이러한 안식일 정신에서 생겨난 것이 안식년(레 25:5)이다.

너는 육 년 동안 그 밭에 파종하며 육 년 동안 그 포도원을 가꾸어 그 소출을 거둘 것이나 일곱째 해에는 그 땅이 쉬어 안식하게 할지니 여호와께 대한 안식이라(레 25:3-5).

매 7년째에는 땅을 쉬어 안식하게 하고, 씨 뿌리는 일이라든가, 열매를 거두는 일 그리고 만일 휴식 중인 경작지에 자생(自生)의 열매가 생기면 그 땅의 주인이 아니라 빈민의 식물(食物)로 하라고 규정하였다.

본래 토지는 하나님의 소유이므로 토지도 하나님의 안식에 참여해야 한다는 신앙에서 유래한 것이다. 안식년에는 채무(債務)의 탕감도 행해졌다. 자연과의 바른 관계뿐 아니라 물질과의 바른 관계도 회복하고, 강화하고, 지속한 것이다.

4) 안식일은 하나님께 예물을 바치는 날이다. 이를 통해 우리는 물질이 많거나 적거나 하나님이 주신 것으로 여기고 감사하는 물질에 대한 바른 관계를 맺는 날인 것이다.

이러한 안식일과 안식년 정신을 바탕으로 희년 제도가 생겨났다. 일곱 번째 안식년 다음 해로서 50년마다 돌아오는 희년(禧年)도 이러한 정신에서 생겨난 것이다.

> 오십 년째 해를 거룩하게 하여 그 땅에 있는 모든 주민을 위하여 자유를 공포하라. 이 해는 너희에게 희년이니 너희는 각각 자기의 소유지로 돌아가며 각각 자기의 가족에게로 돌아갈지며…(레 25:10).

희년에는 노예를 모두 무조건 해방하도록 하였고, 팔렸던 토지나 가옥은 원소유주에게 무상으로 돌아가게 하였다. 예수가 공생애를 시작하며 가버나움 회당에서 처음으로 읽은 구약의 말씀은 희년에 관한 것이었다. 희년은 모든 사람이 진정 안식을 누릴 수 있도록 '주의 은혜'가 선포되는 해였다.

가난한 자에게 복음을 전하게 하시려고 내게 기름을 부으시고 나를 보내사 포로 된 자에게 자유를, 눈먼 자에게 다시 보게 함을 전파하며, 눌린 자를 자유롭게 하고 주의 은혜의 해를 전파하게 하려 하심이라(눅 4:18-19).

안식일의 본래 의미는 가난한 자, 포로된 자, 눈먼 자, 억눌린 자들이 하나님과 바른 관계, 이웃과 바른 관계, 물질과 바른 관계를 맺으면 참된 자유와 안식을 누릴 수 있다는 것이다. 그렇게 사는 것이 복되고 거룩한 삶이라는 것이다. 그렇게 살면 편할 수 있고, 세상이 알지도 못하고 세상이 주지도 못하는 참된 평화와 안식을 누릴 수 있다는 것이다. 이것이 바로 안식일의 정신이다.

VII
아버지와 두 아들 비유,
가부장적 아버지와 달랐다

3장 1절에서 살펴본 것처럼 신을 아버지로 상징한 사례는 많지만, 하나님을 '아바 아버지'로 호칭한 사례는 예수의 유일하고 전무후무한 가르침이다. 예수는 제자들에게 "나의 아버지는 너희 아버지이니, 너희도 '하늘에 계신 우리 아버지'라고 부르도록" 하였다. 하나님과 제자들 관계가 군신 관계나 주종 관계가 아니라, 친밀한 부자 관계라는 것을 천명한 것이다.

예수는 '아버지와 두 아들에 관한 비유'(눅 15:11-32)에서 당시의 가부장적, 군주적 아버지와 전적으로 다른 아버지 상을 보여줌으로써 '아버지로서의 하나님'이라는 전향적인 신관을 새롭게 가르친 것이다. 본문은 탕자의 비유가 아니라 '전적으로 다른 아버지'의 비유인 이유이다.

둘째 아들의 불순종을 허용한 아버지

둘째 아들을 대하는 아버지의 모습은 당시의 가부장적인 아버지와는 달라도 너무 달랐다. 아들이 살아계신 아버지에게 유산을 요구하는 것은 아버지가 죽기를 바라는 무례한 행위이다. 그러나 아버지는 작은아들의 요구를 거절하지 않고 기꺼이 유산을 미리 나누어 준다. 이러한 아버지의 모습은 당시로서는 상상하기 어렵다. 아버지가 무례한 아들을 징계하는 것은 당시 사회에서는 생소한 일이 아니었다. 매를 아끼면 자녀를 망친다고 믿었기 때문이다.

이 비유에 등장하는 아버지는 다른 아버지처럼 억지로 순종을 요구하지 않았다. 가부장적인 아버지는 자녀의 불순종을 인내하지 못한다. 폭력적인 방식을 통해서라도 자녀를 제압하고 강제적으로라도 순종하도록 강압한다.

이 비유의 등장하는 아버지는 폭군이 아니므로 아들의 불순종을 기꺼이 허용(permission)한다. 아버지가 아들의 의지를 무시하고 강제적으로 복종을 요구한다면 아버지와의 인격적인 관계는 단절될 뿐 아니라 관계 회복의 기회마저 차단될 것이라는 사실을 아버지는 너무나 잘 알고 있었기 때문이다. 아들에게 불복종을 허용함으로써 아들이 스스로 돌이켜 자신의 잘못을 깨닫고 아버지에게 자발적으로 순종할 수 있는 여지를 남겨 둔 것이다. 자발적 순종이 최선이지만, 그것이 안 될 경우 강제적 복종보다는 불순종을 허용하는 것이 자발적 순종에 이르게 하는 최선의 방식이기 때문이다.

둘째 아들은 아버지가 순순히 내어준 재산을 가지고는 아버지를 떠나 먼 나라로 가버린다. 그리고 아버지의 재산을 허랑방탕하게 탕진해버린다(13절). "아버지의 살림을 창녀들과 함께 삼켜 버린"(30절) 것이다. 그는 '그 나라 백성', 즉 이방인들에게 빌붙어 살면서 돼지를 치면서, 돼지 먹이인 쥐엄 열매로 배를 채운다. 유대인들은 "돼지를 치는 자는 저주가 있을" 것으로 여겼다(레 11:7). 유대교의 입장에서는 배교나 다름없는 짓이었다.

둘째 아들은 글자 그대로 불효자요, 재산을 탕진한 자요, 방탕한 자요, 배교자요, 부정한 자가 되고 만다. 둘째 아들은 경제적으로나 율법 적으로나 종교적으로 가장 밑바닥으로 떨어진다. 이러한 절체절명의 상황에서 잊고 지내던 아버지의 집을 떠올린다. 일어나 아버지께로 가서 "내가 하늘과 아버지께 죄를 지었다"고 고백할 결심을 한다. 그리고 자신 은 더 이상 아들 될 자격이 없다는 사실을 깨닫고, 아들이기를 포기한다. 아버지 집의 '풍족한 품꾼 중 한 사람'으로 아버지가 받아줄 것을 기대하며 '스스로 돌이켜'(17절) 귀향의 길에 오른다.

아버지는 이런 아들이 돌아오기를 날마다 기다린 것으로 보인다. 따라서 아버지는 저 멀리서 아들이 오는 것을 먼저 알아볼 수 있었다. 한문의 부자유친(父子有親)의 친(親)을 파자 풀이하면 '나무(木) 위에 서서 (立) 바라본다(見)는 뜻이라고 한다. 집 나간 아들이 돌아오기를 기다리는 이 비유의 아버지의 모습을 연상시킨다. 아버지는 "측은히 여겨 달려가 목을 안고 입을 맞춘다"(20절). '측은히 여기다'라는 동사의 헬라어는 '스 플랑크니조마이'(σπλαγχνίζομαι)인데 '애간장이 탄다'는 뜻이다. 집을 나 간 아들이 돌아오기를 노심초사 기다리는 아버지의 애간장이 타는 사랑 의 심정을 묘사한 것이다. 멀리서 아들을 알아보고 달려가는 노인의 모습을 통해 하나님의 아버지의 모습을 표상한 것이다.

아버지를 만난 아들은 "아버지 내가 하늘과 아버지께 죄를 지었으니 지금부터는 아버지의 아들이라 일컬음을 감당하지 못하겠나이다"(19절) 라고 고백한다. 이어서 아들이 자신의 계획대로 "나를 품꾼의 하나로 보소서"(19절)라는 말을 하기도 전에 아버지는 모든 것을 탕진하고 돌아온 아들을 마치 금의환향한 아들처럼 성대하게 영접한다. 아버지는 아들이 용서를 구할 기회조차 주지 않는다. 아버지는 아무런 질문도 책망도 하지 않았다.

아버지는 초라한 몰골로 신발도 없이 돌아온 아들이 이웃의 비난의 대상이 되기를 원치 않았다. 아들에게 좋은 옷을 입히고, 반지를 끼우고, 신발을 신겨 주었다. 하인이나 종으로 취급되는 것을 원하지 않는다. '제일 좋은 옷'을 입혀 아들의 명예가 회복되었다는 것을 암시한다. 인장 반지가 주어졌다는 것은 작은아들이 가문의 일원으로 지위가 회복되었다는 것을 의미한다. 신발은 그가 자유인으로서의 지위를 가진다는 것을 의미한다. 아들은 더 이상 노예처럼 맨발로 다닐 수 없다는 뜻이다.

아버지는 살진 송아지를 준비한다. 집으로 돌아온 아들을 성대히 영접한 것이다. 이러한 절차를 통해 아버지는 아들을 훈계하거나 책망하지도 않고, 그의 지위와 명예를 모든 사람이 보는 앞에서 공식적으로 회복시킨다.

아버지에게서 가장 중요한 사실은 아들이 재산을 탕진한 것도, 그가 먼 나라에서 방탕하게 산 것도, 이교도들의 돼지치기를 한 종교적 배교 행위도 아니다. 단지 아들이 살아서 돌아왔고, "내가 잃었다가 도로 찾았다"(24절)는 사실만 중요하다. 아버지는 이 사실을 마음껏 즐거워하기 위해 마을 사람들을 불러 모아 잔치를 벌이고, 노래하고 춤을 췄던 것이다. 과연 "이렇게 좋은 아버지가 세상에 어디 있을까?"라는 의문에 공감대를 형성하게 한다. 당시에는 아버지에게 유산을 강요하고 그것을 탕진하고 알거지가 되어 돌아온 불효막심한 아들을 조건 없이 용서하고 받아 주는 아버지는 거의 없기 때문이다.

예수는 이런 세상에 둘도 없는 아버지가 바로 하늘에 계신 우리 아버지라고 암시한다. 세상에 "아버지 하나님과 같은 신이 없다"는 사실을 가르치신 것이다. 따라서 이런 하나님 아버지께 돌아와 하나님과 바른 부자유친의 관계를 회복하라고 교훈한 것이다.

첫째 아들의 비난을 감수하는 아버지

아버지는 둘째 아들의 무례한 재산 분배 요구를 들어주면서 첫째 아들에게도 재산을 분배한다. "아버지가 그 살림을 각각 나눠 준"(12절) 것이다. 이는 첫째 아들에 대한 배려이기도 하다. 재산 분배를 요구하는 둘째 아들의 요구만 들어주고, 아무런 요구를 하지 않았다고 첫째 아들에게는 재산을 분배하지 않는 것은 불공평한 처사이기 때문이다. 당시의 관습대로 큰아들이 아버지 재산의 3분의 2를 상속받고, 둘째가 아버지 재산의 3분의 1을 받았을 것이다.

첫째 아들은 밭에 돌아오다가 동생이 돌아왔고, 아버지가 살진 송아지를 잡고 잔치를 벌이고 있다는 것을 전해 듣고 분노하여 집에 들어가기를 거절한다. 동생 꼴도 보기 싫고, 아버지 태도가 못마땅하였던 것이다.

둘째가 돌아온 것을 이웃에게 알리는 잔치로 분주한 상황에서도 아버지의 마음엔 첫째 아들의 반응에 온통 신경을 집중했다. 첫째를 배려하는 마음이 고스란히 드러난다. 아버지는 잔치 자리를 떠나 밖에 나가 첫째를 만나고, 그의 표정이 밝지 못한 것을 살피고 집에 들어가자고 '권했다'(28절). 가부장적인 권위로 '강요'한 것이 아니라, 잔치의 주인인 아버지가 직접 밖으로 나와 큰아들의 마음이 다치지 않도록 '설득'하며 집으로 들어가자고 권하는 장면 역시 가부장적인 문화가 당연하던 그 시대의 아버지에게서 찾아볼 수 없는 모습이다.

첫째 아들은 아버지를 아버지라 부르지 않고, 동생을 동생이라 말하지 않은 채 "당신의 이 아들"이 "창녀와 함께 지내느라고 아버지의 재산을 다 먹어버린 아들"(30절)이라고 비난한다. 그는 다른 이들 앞에서 아버지를 모욕하는 '다른 종류의 탕자'의 행위를 서슴지 않는다. 더 나아가 "내가 여러 해 아버지를 섬겨('종노릇하다')"라고 표현함으로써 첫째 아들임에도 불구하고 자신을 '종'으로 비하한다. 아버지를 맏아들을 종으로 부리는 못된 아버지로 규정한다.

둘째가 아버지 집에 돌아가 품꾼이나 되자고 마음을 돌이켰지만, 첫째는 자신은 아들이 아니라 아버지의 집의 품꾼이라고 자조한다. 두 아들은 모두 아버지와 부자 관계를 주종 관계로 전도시키는 불효를 저지른 것이다. 아들 됨의 자의식이 결여되어 있음을 보여준다.

맏아들은 가산을 탕진하고 가문의 명예를 더럽힌 동생에게는 살찐 송아지로 잔치를 베풀고, 종처럼 열심히 일한 자기에게는 염소 새끼 한 마리도 내어 주지 않은 아버지의 불공평한 처사를 노골적으로 비난한다. 그러나 맏아들은 당시의 관습에 따라 이미 둘째보다 갑절의 상속을 받았을 것이다. 맏아들의 이치에 닿지 않는 불평과 분노와 비난에도 불구하고 아버지는 그에게로 '나가서'(28절), '아들'이라고 부르면서(31절) "내 것이 다 네 것이로되 이 네 동생은 죽었다가 살았으며 내가 잃었다가 얻었기로 우리가 즐거워하고 기뻐하는 것이 마땅하다"(31-32절)고 말한다.

아버지를 무시하는 두 아들과 실천적 무신론

이 비유를 우리는 하나님을 모른 채 세상에서 허랑방탕하게 살다가 예수를 믿고 하나님께로 돌아온 회심 사건으로 오해한다. 그렇지 않다.

이 두 아들은 아버지와 함께 살던 아들들이다. 다시 말하면 하나님 아버지를 전혀 알지 못한 불신자가 아니다.

두 아들은 모두 아버지와 함께 살면서도 아버지를 아버지로 인정하지 않는 자들이다. 둘째 아들이 살아계신 아버지에게 상속을 요구하는 것은 아버지를 두 번 죽이는 것이다. 아버지가 어서 죽기를 바라며, 아버지의 재산을 강탈하는 것이기 때문이다. 아버지는 안중에 없었다. 오직 아버지의 재산만 차지하면 그만이었다. 아버지가 안중에 없기는 첫째 아들도 마찬가지이다. 재산을 허비한 동생을 환대하는 아버지의 꼴을 참지 못한다. '당신의 이 아들'이라는 비난 속에는 부자 관계와 가족 관계의 친밀함이 들어설 여지가 없다.

이 비유는 아브라함의 자손으로, 하나님의 전인 예루살렘을 중심으로 살아가는 유대인들을 향해 저들이 하나님 아버지와 함께 살아온 하나님의 자녀이면서도 하나님은 안중에도 없는 것을 경고한 것이다.

실천적 무신론이라는 말이 있다. 유신론자가 하나님을 믿노라고 하면서 하나님의 뜻대로 살지 않고 오히려 하나님의 영광을 가리는 경우이다. '주여, 주여 하는 자'는 명목적 유신론자이고, '주여, 주여 하면서 아버지 뜻대로 하지 않는 자'는 실천적 무신론자라는 것이다. 따라서 이 비유는 무신론자가 아니라 유신론자이면서 하나님 아버지의 뜻을 거역한 실천적 무신론자를 탕자로 규정한 것이다.

1960년대에 하이데거의 영향을 받은 '새로운 해석학'이라는 신학 사조가 있었다. 그동안 우리가 성경을 이렇게 저렇게 해석해 왔다. 새로운 해석학에서는 성서 해석자가 성경 본문을 좌지우지할 것이 아니라, 성서 본문이 해석자를 좌우해야 한다고 주장한다. 성경 해석의 주도권이 하나님의 말씀 자체인 성경에 있으므로 본문이 해석자의 실존을 해석해야 한다는 것이다.

그동안은 둘째 아들은 이래서 탕자고, 첫째 아들은 이래서 탕자라고 해석해왔지만, 이제는 본문을 읽으면 우리가 바로 탕자라는 것을 본문이 말하고 있다고 해석해야 한다. 예수를 믿지 않는 불신자나 예수를 믿다가 교회를 떠난 낙심자가 탕자가 아니라, 예수를 믿고 하나님을 아버지라고 고백하면서도 하나님의 뜻대로 살지 못하는 우리가 탕자요 실천적 무신론자가 될 수 있다는 사실을 교훈으로 읽을 수 있어야 한다.

VIII
선한 사마리아인 비유,
전적으로 다른 이웃 개념

누가복음 10장에 나오는 '선한 사마리아인 비유'는 오랫동안 '미역 먹으면 미끄러진다'는 식의 풍유(諷諭), 즉 알레고리로 해석되어 왔다. 아우구스티누스 등의 고전적 해석은 이러한 피상적이고 왜곡된 해석의 전형을 나타내 보여준다.

— 여리고로 내려가는 사람=아담

— 강도들=마귀

— 옷을 벗기는 것=그의 불멸성을 빼앗는 것

— 그를 때리는 것=죄를 짓도록 그를 설득하는 것

— 그를 거의 죽게 한 후 내버린 것=죄를 짓게 하여 영적으로 죽게 했으나 하나님
    을 아는 지식 때문에 아직 반쯤 살아 있는 것을 가리킨다.

— 제사장=구약의 제사장 제도(율법)

— 레위 사람들=구약의 사역자들(예언자들)

— 선한 사마리아 사람=그리스도

— 상처를 싸매는 것=죄를 억제하는 것

— 기름=선한 소망의 위로

— 포도주=활발히 일하라는 권고

— 짐승=그리스도의 몸

— 주막=교회

— 두 데나리온=사랑의 두 계명

— 주막 주인=사도 바울

— 선한 사마리아 사람의 돌아옴=그리스도의 부활

율리허(A. Jülicher)라는 신학자가 『예수의 비유』(Gleichnissen Jesu, 1888)에서 전통적으로 비유를 알레고리(Allegories)로 복잡하게 해석해 온 것을 방법론적인 측면에서 비판하였다. 예수가 가르침의 방식으로 사용한 것은 "많은 비유로 그들이 알아들을 수 있는 대로 말씀을 가르치기"(막 4:33) 위함이었다. 율리허는 예수의 비유는 그의 교훈을 알기 쉽게 전하기 위해 주제를 단순화한 "단 하나의 초점을 갖고 있는 단순한 직유(similitude)"라고 하였다.

예수의 비유는 그 당시 교육 수준이 낮은 평민들에게 복음의 진리를 쉽게 전달하기 위하여 사용한 것이기 때문에 비유의 문자적인 배후에 아우구스티누스가 해설한 것과 같은 심오하고 다양한 교리적인 의미가 내포되었다고 해석할 수 없다. 예수의 비유 역시 전후 문맥에서 예수가 전하려고 한 단순한 교훈을 해석해야 한다.

선한 사마리인의 비유의 전후 구조
① 율법사의 질문(25절): "제가 무엇을 하여야 영생을 얻겠습니까?"

② 예수의 반문(26절): "율법에 무어라 기록되어 있느냐?"

③ 율법사의 대답(27절): "하나님을 사랑하고, 이웃을 사랑하라."

④ 예수의 명령(28절): "그것을 행하라 그리하면 살 것이다."

① 율법사의 질문(29절): "내 이웃이 누구입니까?"

② 예수의 반문(30-36절): "이 세 사람 중 누가 이웃이 되었느냐?"

③ 율법사의 대답(37절): "자비를 베푼 사람입니다."

④ 예수의 명령(37절): "너도 가서 이와 같이 행하라."

율법사는 "내 이웃이 누구냐"라고 물었는데 예수는 "이 사람 중에 누가 이웃이 되었느냐"라고 반문한다. 이웃이냐 아니냐가 중요한 게 아니라 이웃이 되어 주는 것이 더 중요하다는 말씀이다.

이 본문에 대한 설교는 대개 제사장과 레위인은 왜 피해 갔을까에 초점을 두었다. 제사장은 제사 지내는 일이 급해 도와줄 시간이 없어서 그냥 갔고, 레위인은 상처 입은 환자가 부정하고 불결하여서 피해 갔다고 설명한다.

제사장과 레위인은 "이웃을 사랑하라"(레 19:18)라는 율법을 이미 알고 있는 것으로 전제하여야 한다. 늦은 밤에 길을 가다가 누가 쓰러져 있으면 그냥 가는 경우가 많다. 그런데 쓰러져 있는 사람이 어디서 많이 본 사람 같아서 가까이 가 보니 잘 아는 이웃이라면, 아무리 바빠도 아무리 귀찮아도 못 본 척하고 그냥 가지 않을 것이다.

선한 사마리아인 비유의 핵심은 여기에 있다. 제사장이나 레위인도 자기가 잘 아는 이웃이 강도를 만나 쓰러져 있었다면 절대로 그냥 지나가지 않았을 것이다. 그들은 "이웃을 사랑하라"라는 율법을 문자적으로 해석하여 "저 강도 만난 사람은 모르는 사람이고, 나의 이웃이 아니라"라고 생각한 것이다. 그래서 그냥 모른 척하고 지나간 것이다.

강도 만난 자의 이웃이 되어 주라

이 비유의 핵심은 "누가 이웃인가? 이웃의 범위를 어떻게 한정하는가?" 하는 보다 근원적인 의문을 제기한 것으로 해석해야 한다. 1세기의 유대인들은 부정하고 불결하거나 '율법을 모르는 족속들'에 속하는 세리나 창녀나 사마리아인이나 로마인들과는 상종하지 아니하였다. 서로 다른 종교나 인종이나 계층에 속하는 집단 간의 신분의 장벽이 두터운 사회에서는 그 장벽이 사교적 터부에 의해 유지된다. 유대인의 최고의 종교적 의무는 죄인과의 접촉을 피하는 것이었다.

특히 중동 지역에서는 다른 집단에 속한 사람과는 식사나 잔치나 축제에 참여하지 않는 것을 철칙으로 여겼다. 자기네보다 낮은 신분의 사람이나 자기네가 못마땅하게 여기는 사람들과는 비록 예의상으로도 함께 먹고 마시는 일이 없었다. 히브리인들 역시 가족, 부족, 민족을 일종의 집단 인격으로 생각하였다. 자신이 속한 집단에 대한 절대적인 애착과 충성심은 엄격한 차별과 적대로 표출되었다.

이웃과 원수의 구별도 현저하였다. "이웃을 사랑하고 원수를 미워하라는 것"(레 19:18)은 이러한 사회적 현상을 반영하는 명백한 계명이었다. 예수가 이웃뿐 아니라 원수라도 사랑하라고 명한 것(마 5:44)도 바로 이러한 배경에서 이해되어야 한다. 쿰란 종파는 공공연히 "빛의 아들은 사랑하고 어둠의 아들을 미워하라"고 가르쳤다. 그만큼 집단 간의 차별과 혐오가 심했던 것이다.

이방인과 이단적인 사마리아인들은 이웃에 포함될 수 없었다. 이런 까닭에 율법사는 자신의 동족인 유대인만을 사랑함으로써 자신은 의롭다고 생각하였다. 이러한 이웃 개념은 인종적, 성적, 문화적, 계층적인 차별을 극대화하는 요소로 작용하였다. 율법이 가르치는 이웃 사랑은 동일 집단의 범주를 벗어나지 못하는 집단이기주의에 지나지 않았다.

예수는 이러한 차별을 타파하기 위해 이 비유를 통해 이웃의 개념을 확장한 것이다. 이웃이 누구냐를 묻지 말고, 모든 고통당하는 자의 이웃이 되어 주라고 가르치신 것이다. 예수는 이 비유를 통해 이웃이 되어 주는 구체적이고 궁극적인 방법을 그림 언어로 제시한다.

1) 이웃의 고난에 대해 '불쌍히 여기는 마음을 갖는 것'이다. 놀란(A. Nolan)에 의하면 "불쌍히 여겼다"거나 "민망히 여겼다"는 단어는 예수의 병자 치유 기사의 여러 병행구에서 나타난다고 한다. 여기에 사용된 '스플랑크니조마이'(σπλαγχνίζομαι)라는 동사는 '스플랑크논'(σπλαγχνον)이라는 명사에서 파생한 것이다. 이 말은 애, 창자, 내장을 뜻한다. 예수는 병자들의 고통을 자신의 고통처럼 여기는 '애간장이 타는 듯한 사랑의 심정'에서 병자들에게 가까이 가서 그들을 치유한 것이다. 강도를 만나 쓰러진 병자에게도 이 단어가 사용된 것이다. 강도 만나 고난당하는 낯선 이웃에 대하여 애간장이 타는 마음이 있어야 한다는 교훈이다.

2) 이웃에게 가까이 다가가는 것이다. 본문에 의하면 제사장, 레위인과 사마리아인이 똑같이 그 길로 '내려가다가' 강도 만난 자를 똑같이 '보았다'. 제사장과 레위인은 강도 만난 사람을 보고는 피해서 지나가 버렸다(눅 10:31-32, 공동번역). 그런데 그 길을 가던 어떤 사마리아 사람은 그의 옆을 지나다가 그를 보고 가엾은 마음이 들어 가까이 간다. '피하여

지나가는 것'(ἀντιπαρέρχομαι)과 '가까이 다가가는 것'(ἔρχομαι)이 분명한 대조를 이룬다.

3) 이웃 사랑은 이웃을 돕는 구체적인 수단을 제공하는 것이다. 사랑은 말로만 하는 것이 아니다. 자신이 가진 것 중에 기름과 포도주를 상처에 붓고, 싸매어 주었다. 자신의 나귀에 태워 주막까지 데려가고, 필요한 것까지 아낌없이 주었던 것이다.

4) 이웃이 스스로 자기 문제를 해결할 수 있도록 온전히 돌보아 주는 것이다. 강도 만난 자를 주막으로 데려가서 데나리온 둘을 내어 주며 "이 사람을 돌보아 주라 비용이 더 들면 내가 돌아올 때 갚으리라"고 당부한다. 주막 주인에게 온전히 치료받을 수 있도록 추가적인 비용을 지불할 것을 약속하였다. 자신의 문제를 자기 스스로 해결할 수 있도록 온전히 돕는 것이 이웃 사랑의 구체적인 실현인 것이다.

5) 남은 과제는 개인적인 이웃 사랑의 실천을 어떻게 사회화 · 제도화할 것인가 하는 문제이다. 선한 사마리아인처럼 우연히 길을 가다가 강도 만난 자를 보고 불쌍히 여기고 가까이 가서 응급조치하고 끝까지 온전히 도와주는 것도 중요하지만, 이 이웃 사랑의 가르침을 오늘날 사회 속에서 실천하기 위해서는 새로운 관점이 요청되기 때문이다.

오늘날 우리가 사는 세계에는 우리가 만나지 않았지만 그리고 만날 수 없지만 도처에 여러 형태의 강도 만난 자들이 즐비하다. 세계 도처에서 재난당하고 있는 보이지 않는 이웃을 돕기 위해서는 범지구적인 긴급 구조 정책을 확대하고, 낯선 이웃 사랑의 제도화와 세계화가 요청되는 것이다.

재난당한 이웃, '가슴 아픈' 문제냐 '골치 아픈' 문제냐

최근 우리 사회에는 이웃을 사랑하기는커녕 이웃에 대한 적대감을 노골적·집단적·폭력적으로 표현하는 이들이 여기저기서 등장하고 있다. 실제로 세월호 유가족을 자신들의 권익을 침해할 수 있는 거추장스러운 존재로 생각하는 이들이 있다. 그들은 강자 편에 서야 살아남는다고 확신하고 행동한다. 동물 세계에서는 그러한 약육강식의 논리가 어느 정도 통할지 모른다. 인간 사회는 그 반대이다. 약자와 소수자를 우선적으로 배려하는 사회가 선진 사회이다.

심지어 소수의 약자는 사회적 공헌 없이 무임승차하는 해악이라고 과감하게 주장하는 이들도 적지 않다. 이들은 자신들이 늘 강자일 거라는 착각에 빠져 있다. 자신들의 자녀들도 소수의 약자가 될 수 있다는 생각을 못 하고 있다. 그들은 약자들의 고통에 대한 공감 능력이 전혀 없다. 세월호 사건으로 희생된 학생들을 생각하면 가슴이 아파야 할 텐데, 이웃에 대해 '애간장이 타는 마음'이 없기 때문에 그들이 사고 원인을 밝혀 달라고 외치는 소리를 골치 아픈 문제로 생각한다. 세월호 사건을 '골치 아픈' 문제로 보는 사람과 '가슴 아픈' 문제로 보는 사람의 해결 방식은 전적으로 다를 수밖에 없다.

선한 사마리아 사람은 강도 만난 사람을 보자마자 애간장이 타는 마음이 생겼다. 그러나 제사장과 레위인은 골치 아픈 문제라 생각하고 그냥 지나간 것이다. 낯선 이웃이 강도 만난 것을 보고 참 아픈 문제라는 '애간장이 타는 마음'이 생기면, 가까이 가서 구체적으로 도울 수 있는 해결책이 보이고, 그것을 실천할 수 있는 행동이 뒤따르게 된다.

예수께서는 선한 사마리아인의 비유를 통해 "너희도 주변의 재난당한 사람에 대해 애간장이 타는 마음으로 이웃이 되어 주라"라고 가르치셨다. 낯선 이웃도 이웃으로 여기고, 배려하고 도우면서 모든 재난당한 이웃과 바른 관계를 이루라는 교훈인 것이다.

IX
포도원 주인 비유,
고용과 품삯 지급 방식이 달랐다

품꾼을 찾아 나선 주인, 이 비유가 잘못 해석되어 왔다

예수의 여러 천국(하나님의 나라) 비유 가운데 "천국은 마치 품꾼을 얻어 포도원에 들여보내려고 이른 아침에 나간 집 주인과 같다"(마 20:1)는 놀라운 비유가 있다. 포도원 주인은 한 차례가 아니라 다섯 차례에 걸쳐 품꾼을 고용한다. 그리고 아침 일찍 온 일꾼이나 저녁 늦게 온 일꾼이나 노동시간과 상관없이 모두 동일하게 한 데나리온을 일당으로 지급했다는 것이다. 그런데 '하나님의 나라'에 관한 이 중요한 비유가 그동안 아주 잘못 해석되어 왔다.

1) 초대교회는 다섯 차례의 고용 시간이 서로 다른 것에 초점을 두고 해석했다. 오리게네스(A.D. 185~254)는 포도원 주인은 하나님을, 포도원은 교회를, 한 데나리온은 구원을, 품꾼은 하나님의 부르심을 받은 사람으로 보았다. 그는 일을 시작한 시간의 차이에 착안하여 아침 일찍 고용된

일꾼은 아담부터 노아 시대의 사람들, 제3시(오전 9시)에 고용된 일꾼들은 노아 시대부터 아브라함 시대까지 부름을 받은 사람들, 제6시(12시)에 고용된 일꾼들은 예수 시대에 부름받은 사람들, 제9시(오후 3시)에 고용된 일꾼들은 초대교회 시대에 부름받은 사람들, 제11시(오후 5시)에 고용된 일꾼들은 종말의 때에 부름받은 사람들을 가리킨다고 해석하였다.* 그는 또한 각기 다른 시간을 유년기, 청소년기, 청년기, 장년기, 노년기로 해석하기도 하였다. 이레네우스와 아우구스티누스도 이와 비슷한 해석을 하였다. 이 책 3장 8절에서 살펴본 '선한 사마리아인의 비유'처럼 이 비유도 엉뚱하게도 '구원사의 시대 구분'이라는 교리적 알레고리로 해석한 것이다.

2) 종교개혁자들은 이 비유의 초점을 "내 것을 가지고 내 뜻대로 하는 것"(15절)에 두었다. 루터는 포도원 주인이 일꾼들에게 노동시간과 상관없이 자기가 주고 싶은 만큼 품삯을 준 것을 오직 은혜라는 칭의론적 원리로 해석하였다. 구원은 인간의 공로가 아니라 오직 '주인의 뜻대로', 즉 은혜로 주어지는 것이므로 "자신이 남들보다 더 낫다고 자랑하지 못하게 된다"는 것을 가르치는 비유라고 하였다.

한 시간 일하고 한 데나리온을 받은 것은 주인의 은혜라고 할 수는 있지만, 하루 종일 일한 일꾼의 경우 정당한 일당으로 한 데나리온을 받는 것이 은혜라고 할 수는 없다.

3) 현대에 와서 일부 신약학자들조차 "먼저 된 자와 나중 된 자"(16절)

---

* Origen, *Commentary on the Gospel of Matthew*, 15.32.

라는 마태의 편집구에 초점을 두어 이 비유의 핵심을 '나중 된 자가 먼저 되는 종말론적 역전'으로 해석하였다. 그러나 나중 온 자나 먼저 온 자나 모두 동일한 일당을 받았으므로 나중 온 자가 먼저 된 것이 아니다.

4) 저명한 설교자들은 이 비유를 윤리적 신앙적 교훈으로 설교하였다. 이웃에 대한 쓸데없는 관심이나 이웃과 자신을 비교하는 잘못된 생각이 흔히 우리를 불만과 불평 속에 빠지게 한다. 그러므로 자신의 보수에 만족하며 살지 남의 보수와 비교하지 말라는 교훈으로 해석한다. 품삯을 노동의 대가로만 생각하지 말며, 인간에게 노동은 그 자체가 목적이고 신성한 것이며, 일과 보수는 서로 다른 차원의 것으로 구별되어야 한다는 것이다. 고용된 사실에 만족했다면 하루 품삯으로 약속된 한 데나리온을 받았을 때 불평이 아니라 기쁨이 컸을 것이라는 교훈을 얻어야 한다는 것이다.

이러한 도덕적 해석은 매일매일 장터에 나가 가족을 생계의 위협을 느끼며 필사적으로 일자리를 구하려는 일꾼들의 가혹한 현실을 애간장이 타는 마음으로 바라본 예수의 심정과 새로운 대안 제시가 완전히 배제되어 있다.

일자리와 최저생계비를 주라

최근의 성서학자들은 이 비유에 대한 전통적인 해석을 모두 거부한다. 성경의 오독이라는 것이다. 이 비유는 당시의 일용노동자의 처지를 애타게 여긴 예수의 심정에 감정 이입하여 읽혀야 한다.

1) 이 천국 비유에 등장하는 품꾼은 예수 당시에는 가장 가난한 사람들이었다. 품꾼은 하류 계층에 속하는 일용노동자를 칭한다. 소작할 땅조차 없어 정처 없이 '이 땅 저 땅으로' 떠도는 유랑민이 되는 경우가 많았다. 종이나 소작농은 일정한 일자리가 있었고, 최저 생계는 주인이나 고용주가 보장하였으므로 이들보다 더욱 비참한 자는 품꾼들이었다. 품꾼은 노예들과 달리 자유롭기는 하지만, 자신의 노동력 외에는 아무것도 가진 것이 없는 사람들이다.

품꾼들은 하루하루 품팔이를 하면서 살아가야 했다. 이른 새벽 해뜨기 전에 품꾼들이 거래되는 시장터로 가서 일을 구해야 했다. 추수기에는 일자리가 많았지만, 평상시에는 특별한 수요가 없는 한 공치는 날이 많았다. 헤롯이 성전 재건 공사를 위해 약 1만 8천 명의 노동자를 고용했던 것으로 추정된다. 그리고 성전 공사가 완공된 다음에는 대량의 실직 실업자가 발생하였다. 품꾼, 즉 일용노동자는 '하루 벌어서 하루 먹는 삶을 사는 사람들'이었다. 입에 풀칠하기도 바쁜 가난한 품꾼들은 성전세나 십일조를 낼 형편도 되지 못했으므로 율법 학자들은 이들을 경멸하여 '땅의 사람들'이라고 불렀다.

1970년대 전후 라면이 나오기 전만 해도 하루 벌어서 쌀 한 봉지와 연탄 한두 장을 사서 연명하는 사람들이 적지 않았다. 따라서 이 비유는 하루 벌어 하루를 연명하는 이 땅의 가장 가난한 자에 초점을 둔 비유로 이해해야 한다.

2) 이 비유는 일하고 싶은 모든 자에게 일자리를 주라는 교훈을 담고 있다. 포도원 주인은 자신이 직접 수시로, 여러 차례 장터에 나가 일자리를 찾는 사람들을 데려와 일자리를 주었다는 사실을 강조한다. 당시의

포도원 주인과는 전혀 다른 모습을 보여준다. 포도원 주인은 대부분 청지기가 있었고, 청지기는 부재(不在) 지주를 대신하여 일꾼을 고용, 관리, 감독한다. 품꾼들의 원성과 불만도 주인이 아니라 청지기에게 돌아가도록 한다. 그러나 예수의 비유에서는 주인은 직접 품꾼을 고용을 했고(20:2, 3, 5-7), 품꾼들의 고충과 원성도 직접 듣고 직접 응대한다 (20:11-15).

포도원 주인은 하루에 한 차례가 아니라 다섯 차례에 걸쳐 품꾼을 고용한다. 새벽에 하루 종일 일할 일꾼들을 불러들여 놓으면 그들과 함께 하루 일을 마치는 것이 보통이고, 수확량이 많아 하루에 일을 끝낼 수 없을 때에는 여러 날 동안 매일 하루 종일 일한 일꾼을 쓰면 된다. 그런데 이 포도원 주인이 새벽에 한 번 종일 일할 일꾼들을 부른 것이 아니라, 세 시간마다 한 번씩 나가서 일자리를 못 구한 일꾼들을 불러들였다는 점에서 다른 포도원 주인과 다르다. 일꾼 고용의 효용성보다 오후 늦게까지 일자리를 구하지 못한 자들을 배려하려는 의도가 분명하였다.

따라서 이 비유는 일자리가 필요한 모든 가난한 사람에게 일자리를 주라는 가르침이다. 오후 늦게까지 일자리를 얻지 못해 빈손으로 돌아가야 할 가장(家長)과 그를 기다리는 가족을 우선 배려하고, 가난의 문제를 해결하기 위해 실업자를 최소화하고 일자리 창출과 공유를 우선하라는 교훈이다.

3) 노동시간과 관계없이 최저생계비를 주라는 혁명적인 교훈이 포함되어 있다. 포도원 주인은 일한 시간에 상관없이 12시간, 9시간, 6시간, 3시간, 1시간 일한 사람들에게 차별 없이 동일하게 한 데나리온을 주었다. 당시로서는 파격적인 임금 지급 방식이다.

구약성서에도 임금 지불에 관한 율법이 있었다. 이웃을 고용하고 그 품삯을 주지 않는 자에게 화가 있을 것이라고 하였다(렘 22:13). 품삯을 당일에 주고 해가 진 후까지 끌지 말라고 하였다(신 24:15). 이것은 임금 착복과 임금 체불을 금지한 가르침이며, 적게 일한 자나 많이 일한 자나 동일한 일당을 주라는 것은 아니다.

포도원 주인은 제일 늦게 온 사람에게 먼저 일당을 지급하여 아침 일찍 온 사람들이 불평하게 만들었다. 노동시간과 상관없이 일정한 최저 생계비를 주는 것은 당시로는 납득할 수 없는 일이기에 당연히 불평이 있을 것을 예상한 조치로 보인다.

포도원 주인의 임금 지불 방식을 전적으로 달랐다. 노동시간이 적은 이들은 굶어 죽어도 좋단 말인가? 노동의 양과 질에 따른 '임금의 분배'보다 최저의 생계를 보장하기 위한 최저임금제를 제시한 것이다. 노동시간이나 조건에 관계없이 생계에 필요한 임금을 지불하라는 것은 당시의 평균적인 임금 체계를 혁명적으로 뒤바꾼 통찰임에 틀림없다.

4) "천국은 마치 품꾼을 얻어 포도원에 들여보내려고 이른 아침에 나간 집 주인과 같다"(마 20장)는 말로 시작하는 이 비유는 예수의 여러 천국 비유 중에 하나라는 사실에 주목해야 한다. 천국은 죽어서 가는 곳인 줄 아는 이들이 많은데, 이 비유에서는 천국, 즉 하나님의 나라가 '포도원 주인의 사정'과 같다고 하였다. 일하고 싶은 모든 사람에게 일자리를 주고, 일한 시간과 상관없이 최저생계비를 주는 것이 '하나님 나라의 경제 질서'라는 것이다.

예수께서는 다른 하늘나라 비유에서 "무엇을 먹을까 염려하지 말라, 이는 이방인들이 구하는 것이니, 너희는 먼저 그의 나라와 하나님의 의를 구하라"(마 6:25-33)고 말씀하였다. 그러나 그 말씀이 실감 나지 않을 것이다. 많은 사람들에게는 여전히 "나는 뭘 해서 먹고 살까"가 가장 큰 걱정인 것이 현실이기 때문이다.

예수가 2천 년 전에 포도원 품꾼의 비유를 통해 최저생계비와 기본소득제를 제시하였다는 사실이 놀랍다. 최근에는 기본소득제에 관한 논의를 제기하고 있다. 기본소득제가 실현되면 더 이상 "뭘 해서 먹고 살까"라는 기본 생계비 걱정은 하지 않아도 될 것이다. 마찬가지로 하나님의 나라에 경제 질서가 실현되어 일하고 싶은 모든 사람에게 일자리를 주고, 일한 시간과 상관없이 최저생계비를 주게 되면 더 이상 "무엇을 먹을까 무엇을 마실까 염려하지 않아도 될 것"이라는 뜻이 함축되어 있다.

아울러 성경을 어떻게 해석하느냐에 따라 전혀 다른 뜻으로 읽힌다는 점도 지적하려고 한다. 이 비유가 가장 대표적인 예이다. 앞에서 살펴본 것처럼 이레네우스, 오리겐, 아우구스티누스조차도 이 비유를 부름받은 시간으로 해석했다. 루터조차도 공로가 아니라 하나님의 은혜로 구원받는다는 칭의론의 교리로 해석하였다. 수많은 현대 성서학자들도 '나중 된 자가 먼저 되는 종말론적 전환'이라는 현대 신약학의 이론으로 해석했다. 저명한 설교자들은 다른 사람과 비교하며 불평하지 말고 주어진 것으로 감사하고 만족하라는 신앙의 덕목으로 해석했다. 이처럼 성경을 잘못 해석하면 예수의 가르침을 배반할 수 있다는 중요한 교훈을 얻어야 한다.

4차 산업혁명 시대의 일자리 감소와 기본소득제

2천 년 전 예수는 포도원 주인의 비유를 통해 일자리가 없는 사람들에게 일자리를 주고, 모든 사람에게 최저생계비를 주어야 한다는 '하나님의 나라'의 경제 질서의 새로운 대안을 가르쳤다. 우리 시대는 어떠한가? 우리 시대의 저임금, 저숙련, 임시직 노동자는 예수 시대의 일용노동자인 품꾼과 다름없다.

이제 막 도래한 제4차 산업사회 시대는 거대한 자본과 고도의 기술이 결합되어 생산의 3대 요소 중 하나인 노동을 격감시킬 것으로 예상된다. 인공지능과 로봇과 소수의 고급 기술자들이 모든 생산 영역을 담당하는 필연적인 결과로 산업 전반에서 노동 인력이 격감하고, 일자리가 감소하고, 따라서 빈부 격차와 사회 혼란이 불가피할 것이라고 한다. 그래서 제레미 리프킨은 첨단 기계가 인간 노동력을 대체할 미래 사회를 분석한 『노동의 종말』이라는 책을 출판하였다.

자본주의의 위기에 대한 목소리도 높아지고 있다. 신자유주의가 추구하는 무한 경쟁하에서 지난 30년 동안 정규직과 비정규직의 임금 격차가 날로 심해지고, 그나마 현재의 남아 있는 일자리마저 무수하게 사라지게 될 것이다. 따라서 일하고 싶어도 일할 수 없는 현실을 맞게 될 것이 뻔해 보인다.

지금까지 확충해 온 선별적 복지 제도 역시 복지 대상자들을 선별하고 관리하는 비용 부담이 점점 증가하는 비효율성이 제기되고 있다. 단순히 복지 제도 확산으로는 빈곤 문제를 비롯한 일자리 부족으로 파생되는 결혼 기피와 출생률 저조 등 여러 사회적인 문제들의 근원적인 해결이 어렵게 되었다.

그 대안으로 기본소득제라는 것이 논의되어 왔다. 정부가 나서서 고소득층에게 중과세를 하여 재원을 확보하고, 모든 국민에게 부자든 가난하든 일률적으로 기본소득을 나눠주자는 혁신적인 대안으로 제시된 것이다. 최근 우리나라에서도 이러한 기본소득제를 도입해야 한다고 주장하는 이들이 점점 늘어나고 있다.

　예수는 2천 년 전 포도원 주인의 비유를 통해 일자리가 필요한 품꾼을 여러 차례 찾아 나서서 일자리를 주고, 노동시간과 상관없이 최소한의 하루 일당을 주는 것이 '하나님 나라의 경제 질서'라고 가르쳤다. 이 비유를 현대의 관점에서 보면 예수는 인류 역사상 최초로 일자리 창출과 공유를 통한 실업률 최소화와 최저임금제를 직관적으로 주장한 선구자임을 알 수 있다.

예수 생애의
마지막 일주일은
달랐다

I
예루살렘 입성과 남다른 마지막 일주일

성서에 따르면 예수는 서른 살쯤(눅 3:23)에 공생애를 시작하고, 한 번(막 14:1-2) 또는 세 번의 유월절(요 2:13, 6:4, 11:55)을 지냈으므로 그의 공적 활동 기간은 길게 잡아도 고작 3년에 불과하다. 한 인간으로서 예수는 33년의 짧은 생애를 살았다. 마치 순간적으로 빤짝이는 불꽃 같았다. 그러나 '밤하늘의 유성처럼 찬란한 불꽃'이었다.

세례 요한에게서 세례를 받은 예수는 요한의 잡힌 것을 들으시고 공적 활동을 시작하였다. 그는 12제자를 불러 모으고, 갈릴리와 유다 중심으로 본격적인 선교 활동을 하였다. 마태는 예수의 선교 사역을 다음 세 가지로 요약하였다.

> 예수께서 온 갈릴리에 두루 다니사 그들의 회당에서 가르치시며 천국 복음을 전파하시며 백성 중의 모든 병과 모든 약한 것을 고치시니(마 4:23).

그래서 기독교의 선교 사역은 학교를 세우고(teaching), 교회를 세우고(preaching), 병원을 세우는 것(healing)에 집중하였다.

종교 개혁이 진행되는 과정에서 재세례파는 루터가 성서로 돌아가긴 했으나, 로마서의 바울의 칭의론이라는 교리로 돌아간 것을 비판하였다. 재세례파는 재산을 공유하고 필요에 따라 나눠 쓰는 유무상통의 이상적 공동체를 재건하거나, 비폭력 무저항의 사랑의 공동체를 이루거나, 성령의 직접 계시에 의존하는 신령한 공동체로 돌아가려고 하였다.

20세기 초 아돌프 하르낙은『기독교의 본질』이라는 유명한 저서를 통해 바울의 교리나 초대교회의 삶이 아니라 복음서에 나타난 예수의 새로운 가르침으로 돌아갈 것을 주장했다. 하르낙에 의하면 복음의 본질인 예수의 가르침(설교)은 다음 세 가지로 요약할 수 있다고 한다. 첫째는 하나님의 나라와 그의 도래이고, 둘째는 하나님 아버지와 인간 영혼의 무한한 가치이고, 셋째는 보다 고귀한 정의와 사랑의 계명이라고 하였다. 그러나 그 역시 예수의 다양한 가르침과 남다른 삶의 방식을 보지 못했다.

현대에 와서 케제만(Ernst Käsemann)은 역사적 예수의 남다른 통찰과 삶의 모습(life style)을 좀 더 넓게 보았다.

— 모세 율법을 능가하는 권위 주장(마 5:17-18)
— 안식일과 거룩한 의식에 관한 규정으로부터의 자유(막 2:23)
— 치병과 악령 들린 자의 치유(막 5:1-20)
— 성령을 받아 하나님의 뜻을 알게 되었다는 확신(마 12:28)
— 세례 요한과 달리 복음에 의한 하나님의 나라 도래 선포
— 세리와 죄인들과 공동식사를 하는 하나님의 은혜로운 행동
— 기도 끝에 '아멘'을 사용과 하나님의 행위에 전적으로 관여

샌더스(E. P. Sanders)는 좀 다른 관점에서 예수의 삶의 모습을 요약하

였다.

- 예수는 세례자 요한에 의해 세례를 받았다.
- 예수는 설교하고 치유를 한 갈릴리인이었다.
- 예수는 제자들을 부르고, 그 가운데서 열두 명을 택하였다.
- 예수는 그의 활동을 이스라엘에 한정하였다.
- 예수는 성전 논쟁에 참여하였다.
- 예수는 로마 권력에 의해 예루살렘 외곽에서 십자가에 달렸다.
- 그의 죽음 이후 예수의 제자들은 동일한 운동을 계속하였다.

이 두 학자가 주장한 것을 종합하여 보면, 예수는 갈릴리와 유다 지역에서 선교 활동을 할 때는 회당에서 가르치고, 천국 복음을 선포하고, 병자와 약자를 치유하고, 세리와 창녀 같은 차별받는 죄인들을 환대하고 그들과 더불어 식탁 교제를 하고, 성전 논쟁에 참여하여 십자가에 처형된 것으로 요약된다.

예루살렘 입성과 남다른 마지막 일주일

예수의 남다른 진면목이 가장 잘 드러나는 것은 예루살렘 입성을 결단한 이후 일주일 동안에 일어난 모든 일이다. 예수 생애의 최후 일주일 안에 일어난 일들을 대강 추정하여 정리하면 다음과 같다.

- 일요일: 백성들의 환대 속에 예루살렘에 입성한 후 베다니로 돌아옴(막 11:1-11 병행).

— 월요일: 다시 예루살렘 성전으로 가서 성전을 깨끗하게 한 후 베다니로 돌아옴
  (막 11:12-19 병행).

— 화요일: 다시 성전으로 가서 성전 지도자들과 논쟁하고 최후의 교훈을 가르친 후
  (막 11:20-12:44).

  성전 멸망을 예고하고 베다니로 돌아옴(막 13:1-37 병행).

— 수요일: 베다니에서 한 여자가 예수 머리에 향유를 부음(막 14:1-9 병행).

  유다가 예수를 배반하기로 결심하고 대제사장에게 감(막 14:10-11 병행).

— 목요일: 12제자와 마지막 만찬을 나눔(막 14:12-26 병행).

  만찬 후 베드로의 부인을 예고한 후 겟세마네로 가서 기도함(막 14: 32-42 병행).

  예수가 체포되어 유대공회(산헤드린)에서 대제사장 가야바의 재판을 받음(막
  14:43-65 병행).

  베드로가 예수를 모른다고 세 번 부인함(막 14:66-72).

— 금요일: 새벽에 유대 공회가 예수의 재판을 로마 총독 빌라도에게 넘기기로
  결정하고 이송함(막 15:1-5).

  빌라도가 예수를 심문하고 유월절 전례에 따라 바나바를 석방하고 예수를 십자
  가 처형하기로 결정함(막 15:6-15 병행).

  군인들이 예수를 희롱하고 제3시에 십자가에 못 박음(막 15:21-32 병행).

  제9시 예수가 운명함(막 15:33-47).

  "예비일 곧 안식일 전날 저물었을 때" 아리마대 요셉이 예수의 시신을 안장함(막
  15:42-47).

— 토요일: 기록 없음-예수는 무덤에 묻혀 있음.

— 일요일: "안식 후 첫날 매우 일찍이 해 돋을 때" 여인들이 예수의 무덤으로 가서
  빈 무덤을 발견하고 예수의 부활 소식을 들음(막 16:1-11).

  부활하신 예수가 제자들에게 나타나심(막 16:12-13; 눅 24:13-35).

예수는 갈릴리를 떠나 예루살렘으로 가기로 결단하였다. 어린 나귀를 타고 입성하는 예수를 보고 순례객들은 "호산나", 즉 "우리를 지금 구하소서"(Save Us Now)라고 외쳤다. 다음날 예수는 예루살렘 성전에서 장사치를 몰아내고 성전 멸망을 선포한다. 예수의 생애의 절정에 해당하는 이 마지막 한 주간의 활동은 이전의 갈릴리 선교 활동과 너무나 다른 성전 체제에 대한 도전으로 보였던 것이다. 그래서 예수는 성전 지도자들에 의해 체포되어 두 번의 공식 재판을 받았고, 십자가에 처형되고 사흘 만에 부활한 것이다.

예수의 수난 설화

예수의 공생애 마지막 일주일 동안 일어난 일에 관한 복음서의 기록에는 예수가 성전 체제에 도전한 이유를 여러 고난을 받고 죽음에 이르게 되는 내용이 수난 설화라는 양식으로 되어 있다. 펑크(R. Funk)가 비판적으로 재구성한 마가복음을 따른 수난 설화의 목록을 살펴보면 다음과 같다.

마가복음에 따른 수난 설화
- 예루살렘 입성   막 11:1-10
- 열매 없는 무화과나무   막 11:12-14, 20-25
- 성전 정화 사건   막 11:15-19
- 성전 지역에서의 가르침   막 11:27-12:44
- 성전 멸망 선언   막 13:1-37*
- 예수에 대한 음모   막 14:1-2, 43-52

— 향유를 붓다	막 14:3-9
— 유다의 배반	막 14:10-11, 43-52
— 마지막 만찬	막 14:12-21, 22-26
— 베드로의 부인	막 14:27-31
— 겟세마네	막 14:32-42
— 체포	막 14:43-52
— 의회에서의 재판	막 14:53-72
— 빌라도의 재판	막 15:1-5, 6-15
— 조롱과 십자가 처형	막 15:16-20, 21-41
— 매장	막 15:42-47

마태와 누가의 첨가

— 칼 두 자루 사건	눅 22:35-38
— 유다의 죽음	마 27:3-10
— 헤롯 앞에서의 심문	눅 23:6-16
— 무덤의 경비병	마 27:62-66

예수가 예루살렘 성전을 방문한 후 행한 일련의 행동을 그동안에는 성전 정화 활동으로 설명하여 왔다. 성전 정화는 성전을 잘 고치면 쓸 수 있다는 의미이다. 예수는 예루살렘은 '강도의 소굴'(막 11:17)이며, 그곳 종교 지도자들은 '회칠한 무덤'(마 23:27)이라고 하였다. 성전 체제의 근본 모순을 통찰한 예수는 당시의 성전 체제는 더 이상 고칠 수도 없고,

---

* R. Funk(1999)/김준우 역, 『예수에게 솔직히』(서울: 한국기독교연구소), 342.
  펑크는 성전 멸망 선언을 따로 언급하지 않았기에 추가한다.

고쳐도 쓸 수 없을 정도라고 확신한 것으로 보인다. 예수의 의도는 이런 고약한 성전은 하루빨리 멸망하여야 한다는 의미에서 성전 멸망을 선포하였다.

따라서 예수는 '성전 멸망을 선언한 최초의 유대인'이라는 것이 최근의 학자들의 견해이다. 구약의 어느 예언자도 성전의 갱신과 회복을 열망하고 성전을 비판하기는 했지만, 명시적으로 하나님의 전이 멸망할 것이라고 선포하거나 예언한 자는 없었기 때문이다.

예루살렘 성전에서 행한 일련의 언행으로 인해 예수는 체포되었고, 하나님의 집인 성전을 모독한 죄로 유대인의 재판을 받은 후 빌라도의 재판으로 이송되었다. 빌라도는 유월절 사면권을 사용하려 했으나 성전의 기득권을 가진 유대인들이 바나바 대신 예수를 죽이라고 선동하는 바람에 결국 십자가 처형되었다. 예수가 자신의 수난과 죽음을 예고한 대로 이루어진 것이다.

II
진정한 거룩은
성전의 제도적 성별과 다르다

거룩한 시간, 장소, 인간의 위계적 차별

예수 시대의 후기 유대교는 차별의 종교였다. 부정하고 불결한 자들에게는 성전 출입이 차단되었다. 예루살렘 성전은 거룩한 차별의 상징이었다. 성전 내에 분리의 벽이 있어서 정결한 자만이 들어올 수 있었다.

이스라엘 전 지역을 지성소를 중심으로 공간적으로 10단계로 나누어 거룩의 순으로 위계적인 차별을 제도화하였다(*Mi. Kelim* I, 6-9).

거룩한 장소의 위계적 차별
① 지성소
② 성전 본체
③ 번제단과 성전 본체 사이의 제의 처소
④ 사제들의 뜰(예배 장소)
⑤ 이스라엘 남자들의 뜰(참배 장소)

⑥ 이스라엘 여성들과 어린이들의 뜰(참배 장소)

⑦ 헬(hel): 이방인의 출입 금지 계단(난간이 달린 테라스)

⑧ 예루살렘 성전이 있는 (시온) 산

⑨ 예루살렘 도성

⑩ 이스라엘 땅(전 국토)

유대인들에게 성결의 위계적 구조는 공간뿐 아니라 '시간'에도 적용된다. 유대인들의 성스러운 축제에 관련한 절기를 보면 성결의 정도에 따른 시간의 계급화가 매우 정교하게 체계화되어 있음을 알 수 있다.

거룩한 시간의 위계적 차별

① 안식일(Shabbath & Erubin)

② 유월절(Peshaim)

③ 대속죄일(Yoma)

④ 초막절(Sukkoth)

⑤ 출제의 날들(Yom Tob)

⑥ 신년 축제(Rosh ha-Shana)

⑦ 금식의 날들(Taanith)

⑧ 부림절(Megillah)

⑨ 중간 축제의 날들(Moed Katan)

후기 유대교가 정한 거룩함의 차별적 등급은 공간과 시간에 이어 인간에게도 적용된다. 유대인 역시 거룩함의 정도에 따라 11가지 계층 구조로 나뉜다.

거룩한 인물의 위계적 차별

① 제사장

② 레위인

③ 이스라엘 사람

④ 개종자

⑤ 해방된 노예

⑥ 결함이 있는 사제들

⑦ 성전 노예들

⑧ 사생자(私生子)

⑨ 고환에 상처받은 자

⑩ 성기가 없는 자

⑪ 혼혈자

보그(M. Borg)는 당시 유대 종교의 지배적 정서와 패러다임은 성결로 이해되는 거룩성이었다고 한다. 거룩성은 장소와 시간들뿐 아니라 개인들이나 집단들 사이에서 예리한 차별과 경계를 형성하고 있었다. 정한 것과 부정한 것이 구별하는 성결의 체계는 레위기의 '성결 법전'에 자세히 기록되어 있다.

성결법에 따라 가난한 자, 병이 들어 부정하고 불결한 자, 민족을 배반하여 정치적으로 불의한 자로 취급받는 세리, 율법적으로 불의한 자로 여긴 창녀, 율법을 모르는 족속인 이방인, 무할례자인 여성 등은 정결하지 못한 자로 여겨져서 거룩한 성전 출입을 제한당하였다.

예수는 예루살렘 성전 입성하여 '성전 제물로 쓰이는 비둘기' 파는 자들의 의자를 둘러 엎으셨다(막 11:15). "아무나 물건(제사 기물)을 가지고 성전을 드나드는 것을 허락지 아니하였다"(16절). 그리고 성전을 '강도의 소굴'로 만든 것을 비난하면서 "기록된바 내 집은 만민의 기도하는 집이라 칭함을 받으리라"(미래형)는 이사야서 56장 7절을 인용하였다. 이는 성전에 배제된 모든 사람들이 성전에 자유롭게 출입하여 기도할 수 있어야 진정한 성전이라는 의미이다. 예수는 예루살렘 성전 체제는 마치 "하늘나라 문을 가로막고 서서 너희도 들어가지 않고 들어가려는 사람도 못 들어가게 하는"(마 23:13) 모순 덩어리라고 하였다.

예수는 하나님의 나라에서는 성전 제사에서 배제된 세리와 창녀 같은 죄인들이 우선적으로 들어갈 수 있다고 선포했다(마 21:31). 성전 제사와 상관없이 '하나님 나라의 복음을 믿는 자들'에게 구원이 선언되었던 것이다. 놀란(A. Nolan)은 예수가 특별히 관심을 가졌던 자들은 명단을 자세히 나열하였는데, 이들은 대부분은 성전 제사에서 배제된 자들이었다.

> 가난한 사람, 눈먼 사람을 비롯한 각종 장애자와 병자, 굶주리는 사람, 불쌍한 (우는) 사람, 죄인, 창녀, 세리, 마귀 들린(더러운 악령에 사로잡힌) 사람, 박해받는 사람, 억눌린 사람, 묶인 사람, 어려운 일을 하고 무거운 짐을 진 사람, 율법을 모르는 천한 족속, 군중, 보잘것없는 사람, 가장 작은 사람, 맨 끝자리의 사람, 어린아이, 이스라엘 집 안의 길 잃은 양들.

부정하고 불결한 자들은 성전 출입이 차단되었다. 요세푸스는 성전 내의 분리의 벽이 있어서 정결한 자만이 들어올 수 있었다고 한다. 이방인의 뜰과 성전 사이의 난간(hel)에는 "이방인은 거룩한 곳에 들어올 수 없다"라는 경고문을 그리스어와 라틴어로 새긴 돌이 있었다. 바울 역시 이방인의 출입을 차별하는 성전 제도를 몸으로 항거하다 투옥되었다. 유대인이나 이방인, 할례자나 무할례자, 자유인이나 노예를 차별하지 않아야 한다고 확신한 바울은 이방인 드로비모를 데리고 성전의 이방인 경계선을 넘어 들어간 것이 화근이 된 것이었다. 바울이 "그리스인을 데리고 성전에 들어가서 거룩한 곳을 더럽혔다"(행 21:28-29)는 죄목으로 체포되어 결국 로마로 압송된 것이다.

오토(R. Otto)는 『거룩의 개념』(Idea of Holy)이라는 책에서 거룩을 "경이롭고 두려우면서도 황홀함"(Mysterium tremendum et fascinanas)이 뒤섞인 가장 심오하고 복합적인 종교적 체험이라고 정의하였다. 절대적인 신적 존재의 현존을 직면하는 순간 말로 표현할 수 없을 정도로 어마어마하게 경이로움에 압도되는 동시에 피조물인 인간의 무상함과 죄성으로 인한 두려움과 아울러 절대자에 의해 자신이 받아들여지고 있다는 감격과 신적 합일의 황홀함(法悅)이 주는 절대적 평온을 경험한다는 것이다.

오토는 거룩(Numinose)을 카도쉬(kadosch), 하기오스(hagios), 상투스(sanctus), 홀리(holy) 등 어떤 단어로 사용하던, 이 단어는 가장 고귀한 단어이며, 종교적 거룩의 감정은 신의 현존 직면한 인간이 느끼는 "영혼의 가장 근저에서부터 강렬한 전율과 함께 흥분시키고 감동을 주면서 밑바닥부터 잠자고 있는 초월적인 비밀"이라고 하였다. 이러한 감정의 성서적 사례로 이사야와 사도 요한 고백을 든다(사 6:3; 계 4:8). 누미노제는 양면을 가지고 있는데, 그것은 성스러운 실재의 궁극적 신비에 대한 매혹과 두려움이라는 양면성을 지닌 경외(敬畏)의 감정이다. 하나님의 진심으로 공경하고 두려워하는 신앙의 본래적 자리인 것이다.

그럼에도 불구하고 예루살렘의 성전 체제는 거룩이라는 이름으로 제사장, 안식일, 지성소를 중심으로 외적이고 형식적인 차별의 정도를 제도화하였다. 예루살렘의 성전 체제는 겉은 거룩하고 깨끗하게 하게 보였지만, 속은 온갖 탐욕과 악으로 가득 찬 불결한 곳이었던 것이다(마

23:25). 거룩한 하나님이 거하신다는 성전이 가장 불결한 처소가 되고 만 것이다. '평화의 도성'이라는 뜻의 예루살렘에는 진정한 평화가 없었기 때문에 만민이 기도하는 집을 '강도의 소굴'로 만든 예루살렘 성전은 예수의 선언처럼 유대 전쟁으로 인해 완전히 파괴되었다.

III
성전 멸망 선언은 성전 정화와 다르다

하나님과 로마 황제를 겸하여 섬긴 예루살렘 성전

복음서에는 자세히 기록되지 않았지만, 요세푸스의 두 권의 역사서 『유대전쟁사』와 『유대고대사』*를 통해 예수 시대의 예루살렘 성전의 놀라운 실상과 그 역사를 어느 정도 알 수 있다. 기원전 63년 폼페이우스 장군이 예루살렘을 함락시키고 유대 지역을 로마의 식민지에 편입시켰다. 로마의 지배를 받으면서부터 성전 제의에는 매일 두 번씩 어린양 두 마리와 소 한 마리로 '황제와 로마 제국을 위해' 드리는 희생 제사가 추가되었다. 로마 황제에 대한 충성의 표시로 황제를 위한 제사를 드리는 조건으로 유대인들의 성전 제사를 허용한 것이다.

그리스의 식민지에서 로마의 식민지로 권력이 교체되는 시기 이두매 출신의 헤롯 가문이 유대 지역의 실권을 장악하고 헤롯 왕가로 등극하였다. 헤롯은 기원전 19년부터 자신의 영광을 드러내고 백성들의 환심을

---

* 요세푸스, 『요세푸스 I-V』, 성서자료연구원 역 (서울: 달산, 2001).

사기 위해 성전을 배로 확장하여 개축하는 공사를 시작하였다. 성전은 그리스식으로 개축된 것이었다. 성전 주위에는 회랑을 만들고, "혜롯이 아랍에서 가져온 것과 다른 야만국 등에서 빼앗거나 헌납한 약탈물을 전시"하였다.

1) 예루살렘 성전은 여호와 하나님과 로마 황제를 겸하여 섬기는 우상숭배 상징이었다. 무엇보다도 경건한 유대인들을 자극한 것은 성전 회랑 정문에 로마의 태양신과 로마 황제를 상징하는 거대한 '독수리상'을 막대한 비용의 금으로 만들어 세운 것이었다. 이는 종교적으로는 우상숭배를 금지한 제2계명을 어긴 신성모독인 동시에 로마의 식민지 지배를 상징하는 국가적 모욕이었다.

유대 역사가 요세푸스에 의하면 이 "멸망의 가증한 것이 서지 못할 곳에 선 것"(막 13:14)을 보고 기회를 노려온 율법 교사였던 사리파의 아들 유다(Judas ben Saripha)와 마르갈라의 아들 마티아스(Mattias ben Margala)는 혜롯이 병에 들었다는 소식을 듣고 '모욕당한 하나님의 영광을 복수'하기 위해 죽음을 각오하고 젊은이들을 이끌고 독수리상을 끌어내려 산산이 부수어버렸다. 결국 그들은 모두 체포되어 혜롯의 명에 따라 화형에 처했다.

예수 시대의 경건한 유대인들이 로마의 식민지 지배에 항거하였다. 기원후 66년 그들이 유대 전쟁을 일으키고 최초로 한 것은 로마의 황제를 위한 희생 제사를 폐지하고, 성전에 세워진 독수리상을 부수어버린 것이었다. 요세푸스는 "이것은 로마인들과 실제적으로 싸움이 시작되게 한 행위였다"라고 하였다.

2) 헤롯에 의해 재건된 성전은 사치의 상징이었다. 성전은 금으로 화려하게 장식하여 황금빛으로 반짝였다. 성전의 거대한 앞 벽 55평방미터를 금화 두께의 금판을 입히고, 성소와 현관 사이의 벽과 문도 금판을 입혔다. 성소의 탁자와 촛대를 비롯한 기물도 금으로 만들어졌다. 지성소 역시 사면 벽을 금으로 덮었으며, 성전 지붕도 금으로 덮은 다음 새들이 앉지 못하도록 '금 못'을 만들어 꽂았다. 예루살렘 성전에 금이 얼마나 많았던지 기원후 70년 유대 전쟁에서 승리한 로마가 성전의 금을 모두 약탈하자 당사 로마에는 엄청난 공급 과잉으로 금이 이전 가격 절반으로 거래되었다고 한다.

3) 성전은 부패와 경제적인 착취의 상징이었다. 예루살렘 성전은 성전 제사용 희생 제물 거래, 성전세, 환전 차익, 기부금, 십일조, 토지 수입 등으로 돈이 모이게 되자 자연히 높은 이자(高利)로 돈을 빌려주는 대부업을 겸하게 되었다. 성전이 부를 축적하는 수단으로 전락하자 유대교의 많은 가난한 사람들은 성전을 부패와 경제적인 착취의 상징으로 간주하였다. 예수가 성전을 '강도의 소굴'(막 11:17)이라 비난한 이유이기도 하다. 열심당들이 66년 유대 전쟁 초기에 성전을 장악하였을 때 그들의 첫 번째 행동 가운데 하나가 그곳에 보관된 빚 문서를 불태우는 일이었다.

4) 성전은 거룩한 차별의 상징이었다(이 책 4장 2절 참조). 부정하고 불결한 자들은 성전 출입이 차단되었다는 것이다. 요세푸스는 성전 내에 분리의 벽이 있어서 정결한 자만이 들어올 수 있었다고 한다. 그리고 이방인의 뜰과 성전 사이의 난간(hel)에는 "이방인은 거룩한 곳에 들어올 수 없다"는 경고문을 그리스어와 라틴어로 새긴 돌이 있었다. 무엇보다

도 성전 제의를 통해서 치유와 사죄의 구원을 위해 하나님께 기도하기를 절실히 원하는 이들에게 성전 출입이 원천 봉쇄되었다는 것은 심각한 문제가 아닐 수 없다.

고쳐서도 못쓸 성전에 대한 멸망 선언

예수의 공생애 마지막 일주일은 성전에서 이루어진다. 유월절 일주일 전에 나귀를 타고 예루살렘 성전에 입성하여 순례객들의 환호를 받는다. 성전 입성 다음 날 예수께서 다시 성전으로 들어가서 성전 안에서 매매하는 자들을 쫓아내셨다. 성전에서 돈 바꾸는 자들의 상과 비둘기 파는 자들의 의자를 둘러 엎으셨다(막 11:15). "아무나 물건(제사 기물)을 가지고 성전을 드나드는 것을 허락지 아니하였다"(막 11:16). 그리고 대제사장과 서기관들에게 '만민이 기도하는 집'인 성전을 '강도의 소굴'(막 11:17)로 만든 것을 책망하였다. 그러므로 예수의 성전 정화 행위의 일차적 목표는 '하나님의 거룩한 명예'를 회복하기 위한 것이었다.

공관복음서 기자들은 모두 예수가 성전 정화를 한 이튿날 성전을 다시 방문하여 성전 파괴를 선언했다고 기록했다. 이날 성전 지도자들과 논쟁 후 성전을 떠날 때 제자들이 성전의 위용에 대해 "얼마나 (멋진) 돌이며 얼마나 (장엄한) 건물입니까"라고 감탄한다. 이에 예수는 "네가 이 큰 건물을 보느냐 돌 하나도 돌 위에 남지 않고 다 무너뜨려지리라"(막 13:2 병행)고 하였다. 하나님과 로마 황제를 겸하여 섬기는 성전, 순례객들의 호주머니를 털어 부를 축적하는 '강도의 소굴'이 된 성전, 성전에서의 기도가 필요한 가난한 자, 병든 자들의 출입조차 금지하는 성전은 '돌 위에 돌 하나 남지 않게' 멸망할 것이라고 선언한 것이다.

예수가 예루살렘 성전을 방문한 후 행한 일련의 행동을 그동안에는 성전 정화 활동으로 설명하여 왔다. 성전 정화는 성전을 잘 고치면 쓸 수 있다는 의미이다. 성전 체제의 근본적인 모순을 발견한 예수는 당시의 성전 체제는 더 이상 고칠 수도 없고, 고쳐도 쓸 수 없을 정도라고 판단했던 것이다. 예수의 의도는 이런 고약한 성전은 하루빨리 멸망하여야 한다는 것이었다. 이런 의미에서 예수는 과격하게 '성전 멸망을 선언한 최초의 유대인'이라는 것이 최근의 학자들의 견해이다. 구약의 예언자들이 하나님의 전인 성전의 갱신과 회복을 열망하고 성전을 비판하기는 했지만, 그중에 성전의 멸망을 명시적으로 선언한 자는 없었기 때문이다.

예수께서 의도했던 것은 종말이 임박했고, 하나님 나라가 가까이 왔으니 옛 성전이 새 성전으로 교체된다는 것이었다. 예수의 성전 파괴 예언은 40년이 못 되어 역사적 현실이 되었다. 그리고 성전에서의 희생 제사는 폐지되고 도처에 하나님의 교회가 세워진 것이다.

이 교회들이 또다시 예루살렘 성전처럼 하나님과 부를 겸하여 섬기는 일이 없어야 할 터인데….

Ⅳ
최종 판결,
바라바는 풀어주고 예수는 못 박아라

예수의 죽음은 하나의 삶의 방식과 무관한 자연사나 사고사, 자살이나 타살, 전사나 안락사가 아니다. 십자가에 처형된 것이다. 십자가는 형벌로 집행되는 처형이기 때문에 재판이 전제된다. 모든 재판에는 죄명이 있고, 그 죄가 원인이 되어 처형을 받는 것이다. 예수의 십자가 처형도 그의 삶의 방식이 원인이었던 것으로 전제된다.

마가복음에 의하면 예수가 월요일에 성전으로 들어가서 성전 내의 장사치들의 상과 의자를 둘러 엎고 "내 집을 강도의 소굴로 만들어 버렸다"라고 책망하자 "대제사장과 율법 학자들이 이 말씀을 듣고 어떻게 예수를 없애 버릴 방도를 찾고 있었다"(막 11:17-18)고 한다. 다음 날 다시 성전으로 가서 성전 지도자들과 논쟁하고 최후의 교훈을 가르친 후(막 11:20-12:44) "돌 하나도 돌 위에 남지 않고 다 무너질 것이다"라고 성전 멸망을 선언하고 베다니로 돌아온다(막 13:1-37 병행). 그리고 유월절 이틀 전, 즉 목요일에는 대제사장들과 율법 학자들은 "어떻게 속임수를 써서 예수를 죽일까" 궁리하고 있었다(막 14:1).

네 복음서에 의하면 예수는 유대인들에 의해 겟세마네에서 체포되어 안나스의 예비 심문(요 18:19-23)을 받고, 가야바에게 심야 재판을 받는다 (마 14:65 병행). 마태와 마가는 대제사장 가야바(A.D. 18~37)가 '온 공회'(산 헤드린)와 함께 공식 재판의 모든 모양을 갖춘 야간 심문을 열었다고 분명하게 말한다.

대제사장 가야바의 재판과 죄명: 성전과 하나님 모독

예수는 대제사장, 서기관, 장로들이 파송한 무리에게 체포되었다(막 14:43). 대제사장과 온 공회가 그를 율법과 하나님을 모독한 자로 제소한 다(막 14:53-64 병행; 요 18:12-14, 19-24, 공동번역). 당시의 유대인들의 공회인 산헤드린의 의장은 대제사장 가야바였다. 가야바의 집 뜰에서 심문이 시작된다. 재판 시간에 관해서 마가는 다음날 새벽이었다고 하고(막 15:1), 누가는 아침이었다고 한다(눅 22:66).

한 증인이 예수가 성전을 모독함으로써 율법을 범한 죄인임을 주장한 다. 이에 대해서 예수는 침묵한다. 산헤드린 법정에서 침묵은 시인으로 간주되었다. 대제사장의 심문에 대해 예수는 비로소 자신이 그리스도요 하나님의 아들이라고 시인한다. 자신이 하나님의 우편에 인자로 앉아 있을 것과 그 후에 하늘의 구름을 타고 다시 올 것을 언급한다. 대제사장은 예수의 이 발언이 신성모독(blasphemy)에 해당한다고 선언한다. 마가가 전한 재판 내용은 다음과 같다(막 14:58-64).

대제사장 가야바의 재판: 가야바의 뜰

한 증인: 우리가 그의 말을 들으니 손으로 지은 이 성전을 헐고 손으로 짓지 아니한

다른 성전을 사흘 동안 지으리라 하더라.

예수: (침묵)

가야바: 네가 찬송 받을 이의 아들 그리스도냐?

예수: 내가 그니라. 인자가 권능자의 우편에 앉는 것과 하늘 구름을 타고 오는 것을 너희가 보리라.

가야바: 우리가 어찌 더 증인을 요구하리요. 그 신성모독하는 말을 너희가 들었도 다. 너희는 어떻게 생각하느냐?"

(그들이 다 예수를 사형에 해당한 자로 정죄하다.)

대제사장은 예수가 성전을 모독하고, 스스로 하나님의 아들이라 자처하고, 하나님의 우편에 앉을 것이며, 구름을 타고 다시 올 것이라고 말한 것은 신성모독의 죄에 해당한다고 본 것이다.

1) 유대 지도자들에게 가장 불쾌했던 것은 예수가 감히 자신이 하나님의 아들(막 14:61-62; 요 19:7)이라고 주장한 것이었다. 유대인들은 야웨 하나님의 이름을 발설하는 것(Sahn. 7.5)과 하나님을 저주하고, 조롱하고, 경멸하는 것은 신성모독으로 여겼다. 그래서 예수는 "불법자의 동류로 여김을 받았다"(눅 22:37). 여기서 불법자는 하나님을 모독하는 자를 칭한 것이 분명하다(레 24:16).

2) 예수의 성전 비판 역시 유대인들에게는 매우 곤혹스러운 것이었 다. 예수가 성전에서 장사치를 몰아내어 성전을 정화하고(막 11:15-19 병행), 성전 파괴를 예언하고(막 13:1-2 병행), 자신을 '성전보다 큰 이'(요 2:19)라고 주장한 것은 성전을 모독하는 것이었다. 예레미야(26:1-19)는

성전에 대한 비판 역시 사형에 해당하는 중죄라고 하였다. 하나님이 거하시는 성전을 모독하는 것은 하나님을 모독하는 참람한 짓이기에 처형을 피할 수 없었다.

3) 예수가 성전 멸망을 예언하고 자신은 하나님의 아들이라고 주장하여 사형에 해당하는 신성모독의 중죄를 지었다는 것이 산헤드린의 최종 판결이었다. 산헤드린 법조문(Sanh. 7:4)에는 "신성모독은 돌로 쳐 죽인다"고 규정하고 있다. 산헤드린의 관점에서 볼 때 예수는 신성모독의 죄를 지었기 때문에 사형선고를 받은 것이 분명하다.

빌라도의 재판과 죄명: 유대인의 왕을 자칭한 모반자

예수는 분명히 유대인들의 재판을 통해 성전과 하나님을 모독한 자로 정죄를 받았다. 당시의 관습대로라면 로마에 의해 산헤드린에 위임된 종교적 자치권에 따라 예수를 종교 사범(事犯)으로 몰아 최고형에 해당하는 투석형으로 처형할 수 있었다. 노련한 정세 분석가였던 산헤드린 당국자들은 시국이 불안하였으므로 예수를 투석형으로 처형했을 경우 야기될 문제들을 면밀히 검토하였을 것이다.

그 주간에 있었던 예수의 예루살렘 입성 시 백성들이 보여준 환호에 미루어 볼 때, 백성들의 인기와 기대를 한 몸에 받고 있는 예수를 처형하는 것은 혹시라도 백성들의 소요를 불러일으킬 소지가 많았고, 그 과정에서 "민란이라도 일어날 것"(막 14:1)을 우려한 정황이 기록되어 있다. 이로 인해 산헤드린 당국자들이 빌라도 총독에게 그 책임을 추궁당할 것을 염려하였을 것이다. 그러나 대제사장 가야바는 "한 사람이 백성을 위하여 죽는 것이 유익하다"(요 18:14)라고 판단하였다. 끔찍한 결과를 가져올 지도 모르는 위험한 소요를 막기 위해 예수를 희생 제물로 삼은 것이다. 유대 당국자들은 예수의 운명을 결정하는 책임을 로마인들에게 떠맡긴 것이다.

예수를 체포한 이튿날 새벽에 대제사장이 온 공회와 더불어 의논하고 예수를 결박하여 로마 총독 빌라도에게 넘겨주었다. 예수는 빌라도의 법정으로 이송되어 두 번째 재판을 받게 된다.

마가는 예수가 '유대인의 왕'으로 고발되었다고 하였으나 누가는 세 가지 고소 내용을 정확하게 제시한다. "우리 백성을 미혹하고 카이사르에게 세금 바치는 것을 금하며 자칭 왕 그리스도"(눅 23:2)라고 고발하였다. 빌라도의 최종 심문과 예수의 답변은 다음과 같다(막 15:1-15).

로마 총독 빌라도의 재판: 총독 관저

빌라도: 네가 유대인의 왕이냐?

예수: 네 말이 옳도다.

(대제사장이 여러 가지로 고발함.)

예수는 카이사르의 충신이 아니었다. "무릇 자기를 왕이라 하는 자는 카이사르를 반역하는 것"(요 19:12)이라는 사실에 비추어 보면 그렇다. 대제사장들이 여러 가지로 예수를 고발하였지만, 가장 중요한 죄목은 예수가 '유대인의 왕'으로 자처했다는 사실이다. 식민지 지배하에 있는 유대인이 자국민의 왕권을 주장하거나 백성을 선동하여 납세를 거부하는 것은 로마 황제에 의한 식민지 통치 자체를 부정하는 정치적 모반죄에 해당하며, 십자가 처형의 대상이 되었다는 여러 사례가 기록되어 있다.

최종 사면, '바라바는 풀어주고 예수는 못 박아라'

빌라도가 예수를 심문하고 유월절 특사 시행 전에 '바라바는 풀어주고 예수는 처형하라'는 유대인들의 요청에 따라 바라바를 석방하고 예수를 십자가 처형하기로 최종 결정하였다고 한다(막 15:6-15 병행).

빌라도의 특별 사면

빌라도: 아무 대답이 없느냐? 그들이 얼마나 많은 것으로 너를 고발하는가 보라.

예수: (침묵)

백성들: (바라바의 석방을 요구함)

빌라도: 너희가 유대인의 왕이라 하는 이를 내가 어떻게 하랴?

백성들: 그를 십자가에 못 박게 하소서.

빌라도: (바라바를 놓아주고 예수를 채찍질하여 십자가에 못 박히게 넘겨주다.)

예수 시대를 전후하여 십자가형은 민란을 일으킨 모반자에 대한 사형 집행의 한 형태였다. 로마인들은 민란에 가담한 자들을 '강도(lestes)'라 칭했다. 실제로 예수도 민란에 가담한 두 강도(막 15:27)와 함께 십자가에 처형되었다. 그리고 예수와 함께 유월절 특사 대상이 된 바라바 역시 "민란을 꾸미고 그 민란 중에 살인하고 체포된 자"(막 15:17)였다. 십자가형은 잔인한 형태의 형벌임에도 불구하고 고대 세계 도처에서 실시되었다.

불과 5일 전 "호산나, 우리를 구원하소서"라고 외친 군중은 어디로 갔을까? 누가에 의하면 그들이 "마구 우기면서 예수를 십자가에 못 박으라고 큰 소리로 외쳤다"고 한다. 마태는 "바라바는 풀어주고 예수를 처형하소서"라고 외쳤다고 한다. 마가 역시 그들이 소리 질러 예수를 "십자가에 못 박으시오"라고 외쳤다고 전한다.

왜 이런 급변이 일어났을까? 예수를 죽이라고 외친 그들은 누구일까? 마태는 "대제사장과 장로들이 무리를 구슬려서"(마 27:20), 다시 말하면 선동 때문이라고 한다.

예수는 예루살렘 성전 체제에 정면 대결을 하신 것이다. 우상숭배의 본산이요 강도의 소굴이 된 성전을 고쳐서 쓸 수 없다고 생각하신 것이다. 그래서 화요일에 성전에 다시 방문하여 성전 정화가 아니라 성전 멸망을 선포하였다. 이 성전은 "돌 위에 돌 하나 남지 않게 무너질 것"이라고 선언한 것이다. 그리고 "너희 성전은 하느님께 버림을 받아 황폐해지리라"(마 23:38)고 하였다.

당시 성전에는 고위 성직자로서 대제사장과 성전 수배 대장, 24명의 제사장, 7명의 성전 감독, 3명의 경리가 있었다. 300명씩 24개 조로 나눠 제사를 담당하는 7,200명의 일반 사제와 400명씩 24개 조로 구성된 성전 경비병과 청소부 9,600명이 있었다. 그 외에 성전에서는 순례자를 위한 시장, 식당, 여관, 성전 비품 제조를 운영하는 수만 명이 성전 덕분에 먹고살았다. 예수의 성전 멸망 선포는 성전에서 먹고사는 상주인구 55,000명에게 마른하늘에 날벼락 같은 소리였을 것이다.

예수를 처형한 진짜 이유는 여기에 있다. 예수는 예루살렘 성전 멸망을 외친 최초의 예언자이다. 구약의 여러 예언자도 성전 제사를 비판하였지만, 어떤 예언자도 감히 하나님의 전인 예루살렘 성전의 멸망을 선포하지 않았다. 성전을 '강도의 소굴'이라고 폄훼하고, 예루살렘이 곧 멸망한다고 주장하는 예언자를 그냥 살려 둘 수가 없었을 것이다.

예루살렘 성전에서 온갖 부귀와 명예와 기득권을 누리던 고위 성직자들이 예루살렘 성전 덕분에 먹고사는 무수한 사람들을 선동하였다. 무리들로 하여금 "예수를 십자가에 못 박게 하고 바라바는 풀어주라"고 일제히 외치게 한 것이다.

성서학자들은 나귀를 타고 입성하시는 예수를 향해 "호산나 우리를 구원하소서 찬송하리로다 주의 이름으로 오시는 이여"(마 21:9)라고 외친 이들은 예루살렘 성전을 처음 방문하는 순례객들이라고 하였다. 빌라도의 재판정에 "예수를 십자가에 못 박고 바라바를 풀어주라"고 외친 이들은 대제사장들과 서기관들이 선동하여 빌라도의 궁전에 방청객으로 특별히 참석시킨 예루살렘 성전의 부유한 노동자들과 주변 상인들이라고 한다.

사도신경에는 예수가 "빌라도의 고난을 받아 십자가에 달려 죽었다"고 기록되어 있지만, 실제로는 예루살렘 성전에서 자신들의 기득권을 수호하기 위해 고위 성직자들과 예루살렘 성전에서 누리는 부와 기득권을 지키려는 자들에 의해 십자가 처형을 당한 것이다. 사도행전은 이 점을 분명히 하였다.

> 여러분은 일찍이 그를 넘겨 주었고, 빌라도가 그를 놓아 주기로 작정했을 때에도 여러분은 빌라도 앞에서 그것을 거부하였습니다. … 살인자를 놓아 달라고 청하였습니다(행 3:13-14).

지금도 우리 주변에는 기득권을 유지하기 위해 그리고 생계를 보장받기 위해 예수의 가르침을 배반하고 예수를 두 번 죽게 하는 일이 비일비재하다는 사실을 기억해야 할 것이다.

V
죽음을 앞둔 예수의 태도는
소크라테스와 달랐다

예수는 자신의 죽음을 예감했을까?

복음서의 여러 기록으로 보아 예수는 자신의 죽음을 예감했을 뿐
아니라, 의식적으로 자신을 죽음의 길로 내몰았다. 공관복음서에는 예수
가 예루살렘에 입성하기 전에 여러 차례 암시적 수난 예고하였고, 세
번에 걸쳐 명시적으로 자신의 죽음과 부활을 예고한 것을 기록하고 있다
(막 8:31, 9:30, 10:32-34).

예수는 죽음의 위협이 감돌고 있는데도 예루살렘으로 가기를 마다하
지 않았다. 예루살렘으로 가려는 이 결심은 확실히 예수의 생애에서 결정
적인 전환점이었다. 예수는 은신처에 머물러 죽음을 피할 것인가, 은신처
에서 나와 죽음과 대면할 것인가 하는 양자택일에 직면하였으나 과감히
공개적인 예루살렘 입성을 감행함으로써 자신의 죽음을 재촉한 것이다.
그러므로 놀란(A. Nolan)은 "예수가 알고 있으면서도 기꺼이" 자기 죽음을
향해 "나아갔다는 기본 사실은 의심할 나위가 없다"고 하였다.

공관복음서는 예수가 예루살렘 입성 이틀 후(화요일) 성전 뜰에서 논쟁을 하면서 악한 농부의 비유를 말씀하셨다고 한다.

> 어떤 주인이 포도원을 만들어 농부들에게 세를 주고 먼 타국에 갔다가, 추수 때가 되어 소출의 얼마를 받으려고 두 차례나 종을 보냈으나 농부들이 첫 번째 종은 구타하여 보내고, 두 번째 종은 죽였다. 마지막으로 아들을 보냈음에도 불구하고 그 아들이 상속자라 하여 살해했다(막 12:1-12 병행).

이 비유는 예수의 암시적 수난 예고로서 역사적 진정성이 있는 것으로 인정된다.

죽음을 앞둔 예수와 그의 제자들은 소크라테스의 경우와 달랐다

학자들은 죽음을 앞둔 태도에 대한 예수와 소크라테스의 차이에 착안하여 예수가 자신의 죽음을 받아들인 특별한 의미를 밝히려고 하였다.

기원전 399년 소크라테스는 국가의 신(神)들을 믿지 않고, 청년들에게 나쁜 영향을 끼쳤다는 혐의로 멜레토스에 의해 고발되어 사약을 받게 되었다. 죽음이 임박해서 비범한 철인답게 소크라테스는 태연한 자세로 그의 친구들과 영혼의 불멸을 화제 삼아 긴 대화를 나눈다.

이어서 소크라테스는 제자들에게 "나는 죽으러 가고 너희들은 살아 남지만, 우리들 중 누가 더 나은 운명으로 나아갈지는 신께서만 아신다"(*Apology* 40E)고 하였다. 제자들이 "선생님께서 죄 없이 죽으셔야 되겠습니까?"라고 질문한 후 간수를 매수하였으니 도망하자고 권하였다. 그러나 소크라테스는 "그렇다면 너희들은 내가 죄가 있어서 죽어야 좋겠느냐?"고 반문하였다고 한다. 소크라테스는 감옥에서 도주하라는 주변의 권고를 물리치고, 조국과 친구들의 명예를 위하여 자신의 처형을 당당히 수용한 것이다.

소크라테스가 죽기 전에 마지막으로 기도와 감사 예물을 바쳤다. 그리고 크리톤에게 자신이 아스클레피우스 신(神)에게 서원한 예물로서 수탉을 바쳐달라는 마지막 부탁을 남긴다. 이 모든 행위는 자신의 죽음을 담담하게 수용한다는 의지의 표현이었다.

소크라테스는 독배를 들기에 앞서 떨거나 안색 하나 변함없이 눈을 크게 뜨고 시종을 쳐다본다. 그리고 즐겁고 담대하게 그 잔의 마지막 방울까지 모두 마시고 친구들의 눈물을 부조리한 행동으로 꾸짖고 평온을 유지하며 "용감하라"고 격려하였다. 죽음을 받아들이는 그의 이러한 태도는 에피큐러스학파의 태도와 일치하는 것으로서 의로운 자의 고귀한 죽음이요, 자발적인 '좋은 죽음'(euthanasia)의 한 모범(proto-type)으로 후세에 적잖은 영향을 끼친다.

소크라테스는 당당한 의인으로, 죽음을 초월한 현자의 모습으로 죽었다. 그는 쾌활하고 태연하게 그에게 주어진 독배를 마셨다. 이로써 그는 영혼의 위대성을 증명하였으며, 그가 가르친 영혼의 불멸성을 증거하였다. 그에게 있어서 죽음이란 더 높고 더 순수한 삶에의 도약을 의미하였다. 그러므로 그에게는 죽음의 이별이 어렵지 않았다. 이와 같이 소크라테스의 죽음은 의로운 자의 당당하고 고귀한 죽음이요, 하나의 자유의 향연이었다.

예수는 분명히 소크라테스와 다른 태도를 보이며 죽었다. 그의 죽음은 하등의 '아름다운 죽음'이 아니었다. 복음서 기자들이 공공연하게 말하고 있는 것은 예수가 죽음을 앞두고 두려움과 공포심에 사로잡혔다는 사실이다. 겟세마네 동산에서 기도할 때 예수는 자신의 죽음을 예감하고 제자들에게 "심히 놀라시며 슬퍼하사 말씀하시되 내 마음이 심히 고민하여 죽게 되었으니"(막 14:34 병행)라고 하였다. 십자가에 달려서는 숨을 거두기 직전에 발음이 불명료한 소리를 크게 지르며 죽었다(막 15:37). 이러한 전승을 이어받은 히브리서는 예수가 "크게 부르짖고 눈물을 흘리면서"(히 5:7) 죽었다고 전한다. 예수는 이처럼 가장 처절한 경악을 나타내면서 죽었다.

제자들의 태도도 달랐다. 소크라테스의 제자들은 끝까지 스승의 곁을 지켰으나 예수의 제자들은 모두 달아났다. 예수는 제자들과의 마지막 만찬에서 제자들 중에서 가룟 유다처럼 자신을 배반하여 넘겨줄 자도 있고, 베드로처럼 닭이 울기 전에 세 번이나 자신을 부인할 제자들도 있을 것이라고 쓸쓸히 말하였다. 예수가 의도적으로 죽음을 택했든 아니면 그 죽음이 예수의 기대에 어긋난 것이었든, 한 가지 확실한 것은 예수의 죽음이 제자들의 기대를 완전히 무너뜨리는 것이었다는 사실이다. 제자들은 모두 달아나버린다(막 14:50). 제자들은 달아나는 동안 이름 모를 한 사람은 자기 옷을 내버려 두고 벗은 채 도망한다. 이 경우는 실제로 어떤 목격자의 증언 중 하나로 볼 수 있다.

하나님께 버림을 받은 절규

예수는 겟세마네의 기도에서 죽음에 대한 공포를 솔직히 드러냈고, 십자가상에서는 자신을 버리시는 하나님께 "왜 나를 버리셨느냐"(막 15:33-34, 공동번역)고 원망 어린 탄식을 거침없이 토로한다. 예수는 '하나님의 버림을 받고 죽은 것'이다. 이는 시편 22편 1절의 인용이지만, 분노,

절망, 불신앙, 고독의 부르짖음이요 진짜 버림받은 자의 절규이다. 예수는 늘 "내가 혼자 있는 것이 아니라 아버지께서 나와 함께 계시니라"(요 16:32)고 하였지만, 최후의 순간 하나님으로부터 버림받았음 처절하게 고백하며 좌절했다는 것은 아주 놀라운 일이다.

칼뱅은 십자가상에서의 예수의 고통은 육신의 죽음을 앞둔 고통이 아니라 영혼의 죽음을 앞둔 고통으로 해석하였다. 길선주는 예수가 일평생 큰 용기로 일관하다가 죽음 앞에서 약점을 보였으며, 소크라테스와 같은 '의인 열사의 죽음'과 다른 '대죄에 대한 대속적인 죽음'이라고 하였다. 길선주는 예수가 당한 고난은 단지 영적 고난일 뿐 아니라 육체적 고통과 정신적 고통이며 그리고 '우주적 고통'이라고 하였다. 그는 예수의 육체적, 정신적 고통을 열거하고, 각각 12가지를 합하여 '예수의 24수난'이라 하였다. 더 나아가서 길선주는 예수가 십자가에서 절규한 것을 온 인류의 죄악의 총중량과 총 형벌의 총 실체를 한 몸에 짊어진 '우주적 고통' 때문이라고 설명한다.

> 예수는 십자가상에서, 사망(死亡)의 총체(總體)와 죄악의 총량(總量)을 짊어 지시고, 사망(死亡)과 죄로 말미암아 아버지에게 버림받으시는 우주적 고통 (宇宙的 苦痛)으로써 "엘리 엘리 라마 사박다니"라고 큰 탄성(歎聲)의 영찬(詠 讚)과 기도를 발하신 것이다.*

몰트만 역시 예수가 당한 "고통 중의 고통은 하나님으로부터 버림받음으로부터 오는 고통"이라고 하였다. 편집사적 연구에 따르면 예수의

---

* 길선주, "십자가 상의 주의 7언(제4) 엘리 엘리 라마 사박다니", 『길선주 목사 설교 및 약전집: 한국신앙저작집 1』, 139.

죽음에 대한 최초의 전승 양식은 "그는 죽었다"는 사망 양식(dying formular)과 "하나님이 그를 내어 주었다"는 양도 양식(surrender formular)으로 대별된다. 예수가 배반당하고 넘겨져서 죽을 때에 하나님 자신이 그리스도를 십자가에 달려 죽도록 "내어 주었다"(paradidomi)는 사실이 반복적으로 언급되고 있다. 그리고 '내어 주심'은 더욱 강경하게 '버림받음'(갈 2:20; 엡 5:2)과 '멸시당함'(막 9:12)으로 묘사된다. 예수는 늘 "내가 혼자 있는 것이 아니라 아버지께서 나와 함께 계시니라"(요 16:32)고 하였으며, 아바 (아빠), 곧 사랑하는 아버지라고 부른 하나님을 향한 예수의 마지막 말이 "나의 하나님 왜 나를 버리셨나이까?"(마 27:46; 막 15:34)였다는 것은 실로 충격적이다. 만일 이 무서운 말이 정말 말해지지 않았거나 예수의 죽음의 외침 속에서 들을 수 없었다면, 예수의 죽음이 하나님의 버림받은 사건이라는 고백이 초대교회의 신앙에서 뿌리를 내릴 수 없었을 것이다. 그래서 비교적 후대에 기록된 히브리서조차도 "그는 하나님으로부터 멀리 떨어져서 모두를 위하여 죽음을 당하였다"(2:9)는 기억을 전하고 있다.

그러므로 몰트만은 십자가상에서의 예수의 절규에서 볼 수 있듯이 "십자가 사건은 내어 주는 아버지와 버림받은 아들 사이의 사건"이라고 하였다.

> 십자가에서 아버지와 아들은 아들의 버림받은 상태 속에서 가장 깊이 분리되어 있으며, 이와 동시에 아들의 내어줌 속에서 가장 깊이 하나로 결합되어 있다.*

---

* J. Moltmann(1991)/김균진·김명용 역,『예수 그리스도의 길』(서울: 대한기독교서회), 257.

이처럼 예수는 소크라테스처럼 '의로운 순교자'로 죽은 것이 아니라, 하나님의 버림을 받고 '저주받은 죄인'으로 죽었다는 것이다.

하나님 아버지에 대한 순종의 극치

겟세마네 기도에 관한 복음서의 기록을 보면 예수가 자신의 죽음을 예상하고, 심각하고 고통스러운 번민 끝에 자신의 죽음을 하나님의 뜻으로 받아들이고 순순히 복종하기로 결단하였다고 한다.

> 이 때가 자기에게서 지나가기를 구하여 가라사대 아바 아버지여 아버지께는 모든 것이 가능하오니 이 잔을 내게서 옮기시옵소서. 그러나 나의 원대로 마옵시고 아버지의 원대로 하옵소서(막 14:35-36 병행).

그렇다면 예수가 겟세마네 기도를 통해 깨달은 하나님의 뜻이 무엇일까? 당시의 무수한 열심당처럼 조국과 민족을 위해 자신을 목숨을 아낌없이 내어 놓는 자기희생이요 순교였을까? 아니면 슈바이처가 말한 것처럼 그가 선포한 하나님 나라의 임박한 종말이 지연되자 이를 앞당기기 위해 십자가의 죽음을 자처한 것일까? 만약 그러한 죽음이었다면 예수도 당당하게 죽을 수 있었을 것이다. 예수가 죽음 앞에서 그토록 놀라고 슬퍼하고 고민한 이유는 분명히 다른 데에 있을 것이다.

겟세마네 기도에서 예수가 순종하기로 작정한 하나님의 뜻에 대한 대답의 실마리는 예수가 십자가상에서 "나의 하나님이여 어찌하여 나를 버리셨나이까?"라고 외친 말씀에서 찾아볼 수 있다. 겟세마네 기도를 통해 우리가 유추해 볼 수 있는 것은 예수가 예상치 못한 하나님의 놀라운 뜻을 발견하고 전율했다는 사실이다. 그것은 세상 모든 인류의 구원을 위하여 사랑하는 아들 예수를 버리려는 것이 하나님의 뜻이라는 사실이다.

기독교인들은 세상 사람들이 모두 나를 버리고, 나를 몰라준다 할지라도 하나님이 나의 속사정을 다 아시고, 하나님이 끝까지 나를 버리지 않으실 것이라는 믿음이 있는 한 모든 고통을 견디고 인내하며 하나님의 뜻에 순종할 수 있는 것이다.

그러나 예수의 경우는 달랐다. 겟세마네의 기도 가운데서 엿볼 수 있는 것은 하나님은 독생자 예수를 영원히 버리기로 작정하신 것이고, 예수는 "나를 영원히 버리려는 것이 아버지의 뜻이라면 아버지의 뜻대로 하십시오"라고 결단한 것이라고 생각된다. 예수에게는 사실 두려워할 고통이 없었다고 보아야 한다. 그에게 남아 있는 유일한 고통은 하나님으로부터 버림받는 고통뿐이었다. 그것이 그에게 남은 유일한 '고난의 잔'이었을 것이다. 그러나 예수는 하나님으로부터 버림받는 '고난의 잔'을 거두어 달라고 기도하면서도 그것이 하나님의 뜻이라면 아버지의 뜻대로 하시라고 결단한 것이다. 하나님 아버지로부터 영원히 버림받기로 결단한 것이다. 그러니 두렵고 떨리고 근심이 되어 죽을 지경이 아닐 수 없었을 것이다.

실제로 예수는 체포되고, 재판을 받고, 조롱을 당한 후 십자가에 달리게 되었다. 절체절명의 마지막 순간 예수는 자신이 실제로 하나님으로부터 버림받게 되었다는 사실을 뼈저리게 자각하게 된다. 그래서 십자가상에서 하나님을 향한 예수의 마지막 말이 "하나님 정말 나를 버리시는군요"라는 무섭고 두려운 절규였던 것이다.

성서는 예수의 죽음을 아버지 하나님에 대한 완전한 순종으로 설명한다. 하나님에 대한 사랑의 극치는 하나님의 뜻에 대한 순종의 극치로 드러난다. 아브라함의 경우처럼 독자 이삭을 번제로 드리라고 했을 때는 그 명령이 인정상으로나 도의상 있을 수 없는 명령이지만 그럼에도 불구하고 하나님의 명령이었으므로 무조건 순종하여 믿음의 조상이 되었다.

그러나 예수에게 주어진 하나님의 명령은 아브라함의 경우보다 더욱 극단적인 것이다. 신학적 상상력을 동원해 보면, 하나님은 아마도 예수에게 "너를 영원히 버리는 것이 나의 뜻"이라고 했을지 모른다. 이에 대해 예수는 그것이 진정 하나님의 뜻이라면 "내 뜻대로 마옵시고 아버지의 뜻대로 하옵소서"라고 응답했을 것이다. 하나님의 뜻에 순종하는 것이 하나님으로부터 버림받는 것이라는 이 놀라운 역설적인 순종이 바로 하나님에 대한 예수의 사랑과 순종의 극치인 것이다.

바울은 예수의 순종과 아담의 불순종을 대비하여 예수의 순종의 구원론적 의미를 제시한다.

> 한 사람의 순종치 아니함으로 많은 사람이 죄인 된 것같이 한 사람의 순종하심으로 많은 사람이 의인이 되리라(롬 5:19).

히브리서는 더 나아가서 하나님의 뜻에 따라 죽기까지 온전히 순종한 것이 모든 순종하는 자들에게 영원한 구원을 주시는 근거가 되었다고 한다.

> 그가 아들이시라도 받으신 고난으로 순종함을 배워서 온전하게 되었은즉 자기를 순종하는 모든 자에게 영원한 구원의 근원이 되시고(히 5:8-9).

인류에 대한 사랑의 극치

이웃에 대한 가장 큰 사랑은 자신의 모든 소유를 내어놓는 것이다. "내 것을 네가 다 가져라"라는 사랑이다. 이보다 큰 사랑은 이웃을 위하여 자기 목숨을 내어놓는 것이다. 예수도 생전에 "친구를 위하여 자기 목숨을 버리면 이에 더 큰 사랑이 없다"(요 15:13)고 하였다. "너 대신 내가 죽어 주겠다"는 것보다 더 큰 사랑이 없다는 뜻이다.

그러나 이보다 더 큰 사랑이 여기에 있다. 그것은 너 대신 내가 하나님의 영벌을 받겠다는 사랑이다. "너 대신 내가 지옥에라도 가겠다"는 사랑이다. 예수가 십자가를 통하여 보여준 사랑은 바로 단순히 대신 죽겠다는 사랑이 아니라 모든 죄를 대신 지고 지옥에라도 대신 가겠다는 사랑이다. 온 인류의 죄를 친히 담당하시고, 하나님의 영원한 버림을 받고, 저주의 지옥 형벌을 짊어지신 것이다. 몸서리치도록 두렵고 떨리는 전율적인 사랑이다. 예수는 이 사랑을 실천한 것이다. 그러기 때문에 예수 당시의 수만 명의 십자가의 죽음과 예수의 죽음 사이에는 '무한한 질적 차이'가 있는 것이다.

이러한 사랑의 흔적은 모세와 바울에게서 드러난다. 모세는 이스라엘 백성을 용서를 받을 수 있다면 자신의 이름을 주의 기록하신 책에서 지워도 좋다고 했고(출 32:31-32), 바울은 자기 형제를 위하여 자신이 저주를 받아 그리스도에게서 끊어져도 좋겠다고 하였다(롬 9:1-3).

그러나 모세와 바울에게는 실제로 그런 일이 일어나지 않았다. 오직 예수만이 인류를 사랑하사 인류의 죄와 저주를 대신 짊어지시고, 하나님께 버린 바 되시고, 지옥 형벌을 대신 감당하셨다.

그래서 히브리서는 예수가 음부에 버림을 당했으나 '음부에 버림이 되지 않고 육신의 썩음을 당하지 않은 것'(행 2:31)은 하나님이 예수를 다시 살리셨기 때문이라고 가르친다. 이 전승을 계승한 사도신경에는 예수께서 실제로 '음부에 내려 가신'(descensus ad inferos) 것으로 고백하고 있다.

하이델베르크 요리문답(44문)은 "음부에 내려 가시사"라는 말이 첨가된 뜻은 "가장 큰 시험 중에서도 나로 하여금 나의 주 그리스도께서 십자가 위에서와 그전에 그의 영혼으로 당하신 말할 수 없는 고통과 아픔과 공포로 말미암아 나를 지옥의 고통과 괴로움에서 구속하셨음을 확신하게 하기 위함이다"라고 진술하였다.

예수는 하나님을 사랑하고 이웃을 사랑하는 것이 율법과 선지자의 가르침의 골자(마 22:39-40)라고 하였다. 예수의 십자가 죽음은 이러한 하나님의 사랑과 이웃 사랑의 극치를 몸소 실현한 유일회적인 사건이다. 하나님을 사랑하사 하나님께서 그를 영원히 버리기로 하신 것이 하나님의 뜻이기에 순종한 것이다. 그리고 인류를 사랑하사 그 죄와 저주를 대신 지고 지옥으로 가는 것도 마다하시지 않은 것이다. 그래서 예수의 십자가는 그 당시의 수만 명의 십자가와 질적으로 다른 것이다.

바울은 "우리가 아직 죄인 되었을 때에 그리스도께서 우리를 위하여 죽으심으로 하나님께서 우리에게 대한 자기의 사랑을 확증"(롬 5:8)하였다고 하였다. 예수 그리스도의 십자가는 예수를 통해 나타내 보이신 우리를 향한 하나님의 사랑의 확증이기 때문이다.

VI

십자가에 달리신 하나님은
무감정의 신과 다르다

예수 시대를 전후하여 로마 당국에 의해 십자가에 처형된 사람은 수만 명에 이른다. 한꺼번에 2,000명 또는 5,000명이 처형되기도 하였다. 예수와 함께 '민란에 가담한 다른 두 사람'도 십자가에 처형되었다. 그런데 그 많은 십자가 처형자 중에 왜 하필 예수의 십자가의 죽음만이 그토록 중요한 의미를 지닌 것일까?

예수의 십자가는 그의 역사적 사역의 결과일 뿐만 아니라 하나님의 아들로서의 죽음이다. 어쩌다가 한 나사렛의 젊은이가 십자가에 처형된 것이 아니다. 하나님께서 그의 사랑하는 독생하신 아들에게 죽음을 허락하지 않고는 예수의 십자가 처형은 일어날 수 없는 일이기 때문이다.

예수는 십자가상에서 하나님의 아들인 자신이 하나님으로 버림받았다고 절규하였다.

제구시(오후3시)쯤에 예수께서 크게 소리 질러 이르시되 엘리 엘리 라마 사박다니 하시니 이는 곧 나의 하나님, 나의 하나님, 어찌하여 나를 버리셨나이까(마

27:45-46).

하나님으로부터 '버림받음'은 하나님으로부터의 '내어 주심'으로 이해되었다. 바울은 하나님께서 "자기 아들을 아끼지 아니하시고 우리 모든 사람을 위하여 내주신 것"(롬 8:32)이라고 하였다. '내어 주다'로 번역된 그리스어 '파라디도미'(pharadidomi)는 하나님께 그의 아들 예수 그리스도를 십자가에 달려 죽도록 '내어 준 것'을 강조한 용어이다. 가룟 유다가 예수를 "팔아 내어 주었지만"(눅 22:48), 오히려 그런 인간을 위해 하나님께서는 아들을 십자가의 죽음으로 '내어 주셨다'는 사실이다.

하나님은 왜 예수를 죽게 하였는가?

예수의 죽음에 대한 최초의 전승 양식은 "그는 죽었다"는 사망 양식과 "하나님이 그를 내어 주었다"는 양도 양식으로 대별된다. 예수가 배반당하고 넘겨져서 죽을 때에 하나님 자신이 그리스도를 십자가에 달려 죽도록 "내어 주었다"는 사실이 반복적으로 언급되고 있는데, 이는 적극적으로 "그의 아들을 버리셨다"는 의미이다. 하나님께서 "세상을 이처럼 사랑하사 독생자를 내어 주셨기" 때문이다.

우리는 하나님이 왜 예수를 십자가에 처형되도록 허용하고 내어 주셨는지를 물어야 한다. 전통적으로 십자가의 죽음을 예수의 죽음으로만 이해되었다. 성자 예수의 십자가의 죽음에서 성부 하나님의 죽음은 배제되었다. 그러나 기독교의 신비는 하나님이 인간이 되신 분이 예수라는 성육신 신앙에서 비롯된다. 십자가의 죽음은 하나님이 인간이 되신 분의 죽음이어야 하므로 여기서 '성부의 수난'이라는 신학적 문제가 제기된다.

삼위일체 하나님은 무감정의 신과 다르다

하나님께서 예수와 함께 고난받고 죽을 수 있다는 말인가? 그리스의 신관에 따르면 신과 인간의 차이는 "육신을 가지고 고난과 죽음을 겪느냐" 여부로 판가름 난다. 그리스-로마의 신들은 육신이 없기 때문에 땀도 흘리지 않는다. 피도 눈물도 없는 무감정한 것(apathos)이 신의 본질이므로 육신을 가지고 고난과 죽음을 당하는 존재는 더 이상 신이 될 수 없다. 신은 고통당하지도 죽지도 않기 때문에 인간의 고통과 죽임에 대해 공감하지 못한다.

성서의 하나님은 다르다. 구약성서에서 야웨 하나님은 인간의 고난에 공감하는 아픔을 아는 존재이다. 하나님은 이집트에서 종살이하는 "우리의 고통과 신고와 압제를 하감하시는"(신 26:7) 신이며, 범죄한 이스라엘 백성을 징계하면서도 "가엾은 생각에 아파"(렘 31:20)하며, 이스라엘 백성을 대신하여 "우리의 병을 앓아 주시고, 우리가 받을 고통을 겪어 주시는"(사 53:4) 분으로 묘사된다. 하나님은 무한하신 사랑의 감정을 지니신 신이기 때문에 그가 사랑하는 인간들의 아픔에 공감하는 하나님(God of Pathos)이다.

성서의 하나님은 "이 세상을 이처럼 사랑하사"(요 3:16) 인간이 되셨고, 많은 고난을 받으시고 심지어 십자가에 달려 죽기까지 하신 것이다. 이처럼 "그리스도께서 우리를 위하여 죽으심으로 하나님께서 우리에 대한 자기의 사랑을 확증하신"(롬 5:8) 것이다. 가장 큰 사랑은 자신의 목숨까지 내어 주고, 기꺼이 대신 죽을 수 있는 사랑이기 때문이다.

그래서 몰트만(J. Moltmann)은 고대 그리스의 무감정하고 '몰인정한 신'(god of apathos)과 이스라엘의 '공감의 하나님'(God of pathos)을 구분하고, 십자가상에서의 성자 아들의 죽음은 동시에 성부 아버지의 죽음이라는 성부 수난설을 수용한다. 하나님은 삼위일체로 존재하시기 때문에 아버지와 아들의 죽음은 또한 성령의 죽음이기도 하다.

그러나 그 죽음의 방식이 동일한 것은 아니다. 예수의 죽음이 곧 동일한 형식을 가진 하나님의 죽음은 아니다. 십자가는 성부 하나님 죽음(Death of God)과 성자의 하나님 안에서의 죽음(Death in God)인 동시에 하나님의 영이요 그리스도 영이신 성령의 죽음(Death with God)이라는 삼위일체적 성격을 갖는다.

1) 그리스도 안에 계신 하나님(고후 5:19)은 고통당하고 죽어 가는 예수 안에 함께 계신다. 아들이 자신의 '주검(Sterben)의 고통'을 당할 때, 아버지는 사랑하는 '아들의 죽음(Tod)을 지켜보아야 하는 고통'을 당하신다. 여기서 아버지가 당하는 고통은 아들의 고통만큼 큰 것이다. 사랑하는 아들이 죽어 가는 것을 무력하게 바라보아야 하는 아버지의 고통은 부성의 죽음으로 보아야 한다. 아버지는 아들의 죽음 안에서 '부성의 죽음'(the death of his Fatherhood)을 겪은 것이다. 헤겔의 용어로 표현하면 십자가상에서의 성부 하나님의 부성의 죽음은 '대자적(對自的) 죽음'이라면, 성자 예수의 순종적 죽음은 '즉자적(卽自的) 죽음'에 해당한다.

2) 성자 하나님은 사랑하는 아버지에게 버림받고 내어 주신 바 되어 실제로 죽임을 당한다. 그래서 그는 소크라테스와는 달리 죽음을 앞두고 "떨고 낙담하고"(막 14:34 병행), "크게 부르짖고 눈물을 흘리면서"(히 5:7) 그리고 발음이 불명료한 소리를 크게 지르며 죽은 것이다(막 15:37). 예수는 가시관을 쓰고, 손과 발에 못이 박힌 채로 십자가에서 처형되었다.

'즉자적 죽음'을 당하신 것이다.

십자가에 달리신 하나님은 하나님 없이, 하나님을 버린 모든 인간에 대해 그들의 하나님 아버지가 되기 위해 자기의 부성(父性)을 버린다. 같은 방식, 동일한 의지로 아들은 인간성을 상실한 비인간을 참인간이라 부르기 위해 자기 자신을 비인간화시켜 그들과 동일시함으로써 자기를 버리셨다.

3) 이 십자가의 정황에서 아버지의 영이요, 아들의 영인 성령은 아버지와 아들의 희생의 영이요, 사랑의 영으로서 생명을 살리는 영으로 이해될 수밖에 없다.

> 또한 사랑하는 아버지와 사랑하는 아들 사이에 일어난 이 사건의 생동성을 이해하게 된다. 아들은 그의 사랑 가운데에서 아버지로부터 버림받은 상태에서 죽음의 고통을 당한다. 아버지와 아들 사이에 일어난 사건으로부터 생성되는 것은 아버지와 아들의 희생의 성령이라고 이해될 수밖에 없다. 즉, 버림받은 인간들에게 사랑을 선사하는 성령, 죽은 것을 살게 하는 성령이라 이해될 수밖에 없다.*

십자가의 사건에서 성령은 무엇이며, 어떤 역할을 하는가? 성령은 바로 이러한 '아버지와 아들의 포기'라는 자기 버림의 영이며, 이 자기 포기는 적극적 고난으로서, 사랑을 버린 자를 사랑하며, 죽은 자에게 생명을 가져다주는 창조적 사랑의 힘이다. 이 사랑은 버림받은 인간, 고통당하는 인간, 죽음에 처한 인간들에게 새로운 삶의 가능성과 힘을 선사하는 절대적이며 무차별적이고 무조건적 사랑이다.

---

* 위르겐 몰트만, 『예수 그리스도의 길』(서울: 대한기독교서회, 1991), 258.

이처럼 삼위일체로 역사하시는 하나님께서 인간이 되어 십자가에서 죽으신 것이다. 십자가의 정황에서 '성자의 주검'은 동시에 형태를 달리하는 부성으로서 '성부의 죽음'이요 또한 자기희생적 사랑의 영으로서 '성령의 죽음'이기 때문이다.

예수 버림받음의 구원론적 의미

그 당시 십자가에 처형된 사람들의 수를 헤아릴 수 없는데 왜 예수의 십자가 죽음만이 특별한 의미를 지니는 것일까? 유대인과 로마인은 어떤 죄목으로 예수를 죽였는가? 예수는 겟세마네에서 체포되어 유대인의 산헤드린 재판에서 율법과 성전을 모독하고, 결과적으로 '하나님 모독하는 자'(막 14:53-64 병행)로 판결을 받는다. 그는 '하나님 없는 자들로 간주되는 자들 중의 한 사람'(눅 22:37)으로 유죄판결을 받았다. 이처럼 예수가 율법 없는 자와 하나님 없는 자의 대리자로 죽었기 때문에 역설적이게도 '모든 무율법자와 무신론자의 구원자'가 될 수 있는 것이다.

유대인들은 예수를 종교범으로 투석형에 처할 경우 예상되는 원성을 면하기 위해 로마 총독 빌라도의 법정에 정치범으로 고발하였다. 빌라도의 재판에서는 '유대인의 왕'(눅 23:2 병행)이라는 죄명으로 모반자를 처형하는 십자가형에 명한 것이다. 모반은 정치적인 억압을 당하는 자들이 삶의 모든 영역에서 총체적 고난의 악순환을 극복하려는 항쟁이다. 예수는 정치적으로 고난당하고 억압당하는 자들의 그리스도가 되기 위하여 정치적으로 억압받고, 억울하게 고통당하는 자들을 모두 대신하여 십자가에 처형된 것이다. 그리하여 '모든 고난당하는 자들의 구세주'가 되실 수 있는 것이다.

VII
하나님이 다시 살리신 예수의 부활은
일시적 소생과 다르다

초기 기독교의 일관된 부활 신앙

모든 종교는 예외 없이 인간의 죽음을 극복하는 것을 하나의 궁극적 과제로 제기하고, 죽음 이후의 상태에 대해 다양하게 가르치고 있다. 그리하여 영혼불멸설, 윤회설, 환생설, 승천설, 노이불사(老而不死) 등이 전해지고 있다. 그러나 이와 달리 성서는 '죽은 자의 부활'을 가르친다.

1) 부활에 관한 최초의 전승

예수의 부활에 대한 전승이 그가 죽은 지 25년쯤 된 기원후 55~56년 경 "내가 전해 받은 것 중에 제일 중요한 것을 너희에게 전한다"는 부활에 관한 최초의 기록이 고린도전서 15장에 나온다.

  — 죽으셨다: 성서의 기록대로 우리 죄를 위하여
  — 무덤에 묻히셨다

— 다시 살아났다: 성서의 기록대로 사흘 만에

— 나타났다: 목격자 목록

이어서 모든 믿는 자의 부활을 고백(15:22)하고 있다.

2) 복음서의 빈 무덤 전승

복음서 기자들은 모두 예수가 죽어 무덤에 안장된 후 그 무덤을 방문한 여인들에 의해 그 무덤이 빈 것이 발견되었다고 기록하고 있다. 대체로 마가복음서의 기록을 마태와 누가가 의존하고 있는 것으로 알려져 있다. 예수의 시체가 닫힌 무덤 속에 그대로 있었다면 부활의 소식이 예루살렘에 퍼져나갈 수 없었을 것이다. 예루살렘에 널리 퍼진 예수의 부활 소식은 빈 무덤 없이는 생각할 수 없다.

3) 신약성서의 현현 전승

예수의 부활과 관련된 선포 중에 가장 오래된 것은 부활한 예수가 '나타나 보이셨다'는 현현(顯現) 전승이다. 십자가에 달려 죽은 후 무덤에 묻혀 있던 예수가 다시 살아나 '나타나 보이셨다'는 사실이다. '나타나 보이셨다'는 단어는 '그가 보였다, 그가 보여졌다, 그가 자신을 보여주었다'는 뜻으로 예수의 부활 이후 현현을 표현하는 특수 용어이다. 바울은 여기서 부활을 목격한 사람들의 명단에 게바라 불리는 베드로, 12제자, 500형제, 야고보, 모든 사도(행 1:3)와 자신을 포함시켰다. 그러나 이외에도 막달라 마리아(막 16:9; 요 20:18), 여인들(마 28:9; 눅 24:10), 엠마오로 가는 두 제자 글로바와 누가(막 16:12; 눅 24:13-35)에게 부활한 예수가 나타나 보이셨다.

당시 유대교에서 흔히 순교자의 무덤을 만들고 그들을 경배했으나 예수에 관해서는 그러하지 않았다. 처음부터 무덤이 비어 있었고, 예수에게는 무덤이 무의미했다고 주장한다. 세례 요한에 대해서 일부 민중들이 엘리야의 환생으로 환대했고, 많은 추종자들을 끌어모았으나 그가 죽은 후 아무 일도 일어나지 않았고, 그의 제자들은 흩어지고 세례 운동은 종식되었다.

이와 달리 십자가에 처형되어 죽은 예수는 부활한 후 제자들에게 나타나 보이셨고, 이 '현현 사건'으로 인해 제자들이 다시 모였고, 예수 운동은 지금까지 이어지고 있다. '빈 무덤 사건'과 '현현 사건'은 부활 사건을 방증하는 핵심적인 요소로 전승되었다. 무덤만 비었고 부활한 모습으로 현현하지 않았거나 현현 사건이 있었지만 무덤이 비어 있지 않았다면 부활 그 자체가 성립하지 않기 때문이다. 이 두 사건이 결합된 전승은 예수의 부활 사건을 여타의 다양한 부활 신화와 차별이 되는 특이점이다.

부활은 시체 도적설, 재매장설, 가사 소생설 등과 다르다

기원후 30년 즈음에 나사렛 예수가 십자가에 처형되었다는 사실에 대해서는 대체로 그 역사성을 인정하지만, 그 예수가 죽은 지 3일 만에 부활하였다는 사실에 대해서는 여러 반론이 제기되었다. 그리하여 시체 도적설, 재매장설, 가사 소생설, 대리 처형설, 전설설, 환상설, 재생 신화설, 영적 부활설 등이 끊임없이 제기되어 왔다. 그러나 부활에 관한 전승과 부활에 대한 신앙은 신약성서의 복음서, 역사서, 서신, 계시록 등 전반에 걸쳐 일관되게 기록되어 있다.

현대에 와서는 부활의 역사성에 대한 회의가 여러 방식으로 제기되었다. 트뢸치(E. Troeltsch)는 예수 그리스도의 부활 사건은 역사적으로 유일회적인 사건이기 때문에 그 확실성을 역사적 개연성이나 원인-결과론적 상호작용의 추론이나 존재의 유비로 검증할 수 없다고 하였다. 반복되는 사건을 증명하는 것은 용이하지만, 동정녀 탄생이나 부활과 같은 유일회적인 사건은 반복되는 사례가 없기 때문에 관찰이나 실험을 통한 증명이 불가능한 것이다. 다만 역사적 부활 체험은 다양한 형태로 표현되고 전승되었다면, 그 체험과 표현 배후의 원초적인 사건의 역사성을 새롭게 접근할 수 있다고 본 것이다.

부활 사건의 역사적 정황증거

모어랜드(J. P. Moreland)는 부활 체험의 주관적 증거를 보완할 객관적 정황증거 이론을 도입하였다. 현대에 와서 실체적 진실을 검증하는 법정에서 채택되는 증거는 여러 가지이다. 현장의 물적 증거, 목격자의 증거, 기록상의 증거들 그리고 '정황증거'도 법적 증거로 채택된다. 예수의 부활의 경우 빈 무덤이 일종의 '현장의 물적 증거'가 될 수 있겠지만, 빈 무덤에 대한 일부 목격자의 증언으로만 예수의 부활을 증거하기에 충분하지 못하다. 부활하신 예수의 현현에 대한 '많은 목격자의 증언'과 복음서에 나타나는 '부활에 대한 기록된 증거'들이 있지만, 이 역시 부활 사건이 있은 후 적어도 25년 이후의 기록들이다. 그러나 다른 대안으로 부활의 역사성을 검증할 만큼 충분한 다음과 같은 '역사적 정황증거'를 제시할 수 있다.

1) 제자들은 죽기까지 부활을 증거하였다

예수가 십자가에 못 박히자 그의 제자들은 낙담했고, 절망에 빠졌다. 제자들의 불신과 완고함(막 16:14), 의심(마 28:17), 비웃음(눅 24:11, 24:24 참조), 체념(눅 24:21) 그리고 불안과 경악(눅 24:37; 요한 20:24-29 참조)에 빠진 것을 숨김없이 보도하고 있다. 그래서 예수가 십자가에서 처형되자 제자들은 뿔뿔이 흩어졌다. 예수 운동은 거의 멈춰 서고 말았다. 그런데 반전이 일어난 것이다. 제자들은 부활한 예수가 나타나 보였고, 그들과 이야기했고, 식사를 나눴다고 주장했다.

샌더스(E. Sanders)는 "부활이 없었다면, 예수의 제자들은 세례 요한의 제자들보다 더 오래 지속될 수 없었을 것"이라고 하였다. 그러나 예수의 제자들은 세례 요한의 추종자들과 달랐다. 이 부활한 예수를 만난 경험은 실망과 공포 때문에 살기 위하여 예루살렘에서 갈릴리로 도주한 엉터리 제자들을 변화시켜 예루살렘으로 되돌아와 그리스도의 부활을 전하려고 목숨을 건 사도로 만들었던 것이다.

2) 회의론자들의 회심이다

많은 사람은 성서에 나타난 부활의 목격자 명단에 반기독교인들은 없다고 지적하였다. 예수의 부활은 우호적인 추종자들만의 주장이라고 일축한다. 그러나 추종자들도 부활한 예수를 보거나 듣고도 "믿지 아니하였다"(막 16:11 등)는 기록이 여러 번 등장한다.

그리고 회의론자인 도마는 부활하신 예수를 만난 다음 예수를 "나의 주님 나의 하나님"(요 20:28)이라고 고백하였다. 반대론자인 사울은 예수의 부활을 주장하는 자를 색출하여 처단하러 가는 길에 부활한 예수를 만난 후 부활한 예수를 온 천하에 증거하기 위해 일생을 바쳤으며 "예수의 부활이 없다면 우리의 믿음은 헛된 것"(고전 15:14)이라고 선언하였다.

3) 핵심 사회 구조의 변화이다

예수가 죽은 지 40여 일 후 만 명에 가까운 유대인들(행 1:15, 2:41, 4:4)이 예수가 새로운 종교의 창시자라고 확신한다. 이들은 '회당에서 추방'(요 9:22)되는 불이익을 감수하면서도 유대교와 결별하고 지배 계층과 마찰을 일으켰다. 그들이 사회적으로나 신학적으로 매우 중요하다고 배워왔던 유대교의 핵심적인 가치나 제도를 모두 바꾸거나 포기해 버렸다는 사실이다.

(1) 예수의 추종자들은 더 이상 희생 제사를 드리지 않았다. 유대인들은 아브라함과 모세 시대 이후로 죄를 용서받고자 하는 사람은 매년 성전에서 동물 희생 제사를 드려야 한다고 배웠다. 그러면 하나님께서 그들의 죄를 그 동물에게 전가시키기 때문에 제사를 드린 사람은 죄를 용서받게 되고, 하나님과 바른 관계를 누리게 된다는 것이다.

그러나 갑자기 나사렛에서 온 한 목수가 죽고 나서 그를 따르는 유대인들은 더 이상 성전에서의 희생 제사를 드리지 않았다. 스데반은 성전 제사의 폐지를 공개적으로 선언하여 투석형을 당하기도 하였다(행 7:54).

(2) 율법을 복음으로 대체하였다. 유대인들은 하나님께서 모세를 통해서 주신 율법을 지킬 것을 강조했다. 유대인의 관점에서 볼 때, 그것은 이방 나라들로부터 자신을 구별시키는 방법이었다.

그러나 예수가 죽은 지 얼마 지나지 않아 그를 따르던 유대인들은 모세의 율법을 지키는 것만으로는 자신들의 공동체 멤버가 될 수 없다고 주장하기 시작했다. 그리하여 전격적으로 율법을 복음으로 대체한 것이다. 예수 그리스도가 복음의 시작(막 1:1)이라고 고백한 것이다.

(3) 안식일을 주일로 대체했다. 유대인들은 매주 토요일이 되면 종교적 행위 외에는 아무 일도 하지 않음으로 안식일을 철저하게 지켰다. 그럼으로써 하나님과 올바른 관계를 누릴 수 있고, 가족의 구원을 보장받을 수 있으며, 민족과 바른 관계를 맺을 수 있다고 믿었다. 유대인들은 "우리가 안식일을 지키면 안식일이 우리를 지켜준다"고 믿어 왔다.

그러나 예수가 죽은 후 갑자기 1,500년 동안 이어져 온 안식일 준수 전통이 바뀌었다. 그리스도인들은 안식일 대신 예수가 부활한 날인 일요일을 주일로 지킨 것이다.

(4) 유일신 신앙을 포기하고 예수를 하나님으로 고백했다. 유대인들의 대중적 신앙의 핵심은 쉐마라고 불리는 "우리 하나님 여호와는 오직 유일하신 여호와이시니"(신 6:4)라는 유일신에 대한 고백이었다. 그리스도인들은 유일신론을 가르치면서도 아버지와 아들과 성령이 하나라고 가르쳤다. 예수를 하나님으로 고백하는 것은 전통적인 일신론을 부정하는 것이 되고 만다. 인간을 신으로 믿는 것은 유대인들이 보기에는 신성모독 중에 신성모독이었다. 그래서 예수가 하나님처럼 말하고 행동한다는 이유로 신성모독의 죄인으로 처형하였다.

그럼에도 불구하고 얼마 지나지 않아 그 유대인들 중에서 예수를 추종하는 자들이 예수를 하나님으로 경배하기 시작한 것이다. 특히 예수의 부활에 회의를 가졌던 도마는 부활하신 예수를 목격한 후 예수에 대해 명시적으로 "나의 주 나의 하나님"(요 20:28)이라고 고백했다.

(5) 십자가에서 무력하게 죽은 예수를 메시아로 고백했다. 유대인들은 로마 군대를 몰아내고 이스라엘을 회복할 메시아, 즉 정치 지도자로서 '승리와 영광의 메시아'를 오랫동안 간절히 대망하였다. 그래서 십자가에 달린 예수를 조롱하여 "네가 이 백성의 구세주(메시아)라면 너 자신의

목숨이라도 구해 보라"고 하였다.

그러나 기독교인들은 저주로 여겨진 십자가에 무력하게 처형된 예수야말로 진정한 메시아라고 고백한 것이다. 그래서 베드로는 유대인들에게 "너희가 십자가 못 박아 죽인 이 예수를 하나님이 주와 그리스도가 되게 하셨다"(행 3:36)고 선언하였다.

(6) 성찬과 세례의 제정이다. 이상한 것은 처음 예수를 따르던 사람들은 그의 가르침이나 인격을 찬양하기 위해서 모이지 않았다는 사실이다. 그들이 주기적으로 모여서 성찬을 나눴던 단 한 가지 이유는 예수가 많은 사람이 보는 앞에서 끔찍하고 굴욕적인 방법으로 죽임당했음을 기억하기 위해서였다.

타이센과 메르츠도 예수가 성전 제의의 종말론적 변혁을 추구하였으며, 옛 성전 제의를 종식시키고 새로운 제의를 창시하였는데, 그것이 바로 세례와 성찬이라고 하였다. 할례와 성전 제의를 통해 자신들이 하나님의 택하신 백성이라는 자부심에 젖어 있던 일부 유대인들이 세례와 성찬이라는 새로운 의식에 참여하게 된 것이다.

(7) 교회의 출현이다. 교회가 생겨난 것은 예수가 돌아가신 직후였고, 생겨난 지 20년이 채 되기도 전에 로마 황실까지 들어갔을 정도로 급속하게 성장했다는 데는 의심의 여지가 없다. 신약성서는 예수의 부활을 통해 교회가 세워진 것임을 분명히 하고 있다(요 2:13-22).

회당과 성전이 서서히 교회로 대체된 것이다. 사도 바울의 시대에 교회는 스스로를 새 성전(고전 3:16; 고후 6:16 참조), 즉 '그리스도의 몸'(고전 12:27)이라고 이해하였다. 그뿐만 아니라 교회는 수많은 경쟁 사상과 종교들을 물리치고 로마 제국 전체를 압도했다. 기독교는 로마에 의해 국교로 정하여졌으나 로마 제국이 멸망한 후에도 여전히 유럽 세계를 지배하는 종교가 되었다.

(8) 부활 신앙을 통한 신자들의 삶의 변화이다. 마지막으로 중요한 것은 부활한 그리스도를 만나는 사건이 지금도 계속해서 일어나고 있다는 사실이다. 세계 각국의 다양한 문화 속에 살고 있는 다양한 배경과 다양한 개성을 가진 사람들이 부활한 그리스도를 만나고 있다. 그들 모두는 자신의 인생에서 가장 중요한 사건은 예수 그리스도가 자신의 삶을 변화시킨 사건이라고 증언한다.

이러한 예수의 죽음 이후의 역사적 정황들은 부활 사건의 역사적 실체성에 대한 법적 정황증거로 채택되기에 충분하다는 것이다.

예수의 부활은 하나님이 그를 살리신 삼위일체 사건

예수의 존재에 있어서 결정적인 사건은 성육신과 십자가의 죽음과 부활이다. 이 책 1장 3절에서 다룬 것처럼 동정녀 탄생은 어쩌다가 처녀가 아이를 낳은 것이 아니라, 하나님이 우리와 함께 하시기 위해(imma-nuel) 성령의 잉태한 것이 나타나 나사렛 예수라는 전적으로 새로운 인간이 태어나신 성육신의 삼위일체 사건이라고 하였다. 마찬가지로 4장 7절에서 살펴본 것처럼 예수라는 젊은이가 어쩌다가 십자가에 처형된 것이 아니다. 하나님이 죽은 예수를 다시 살리시고, 예수가 죽음의 권세를 이기시고, 성령이 부활의 새 생명을 주신 삼위일체 사건이다.

하나님께서 그의 절대적 부성을 포기하고, 그를 죽임을 당하도록 내어 주셨으며, 예수는 실제로 죽임을 당하였고, 성령은 삼위일체 하나님의 사랑을 확증하기 위해 사랑하는 이를 위해 스스로를 포기하고 희생하는 사랑의 영이라고 하였다. 성육신과 십자가 사건이 삼위일체의 사건이렇듯이 부활 역시 십자가에 달려 죽은 한 나사렛의 젊은이가 우연히 어쩌다가 다시 살아난 사건이 아니다.

1) 하나님이 그를 다시 살림

성육신 사건에서 하나님이 인간이 되시기로 하신 것처럼, 십자가 사건에서 하나님이 예수를 내어 주신 것처럼 부활에 관한 최초의 증언 중 하나는 "유대인이 십자가에 달리신 예수를 하나님께서 다시 살리셨다"는 것이다.

신약성서는 예수를 이 땅에 오게 하신 이도 하나님이요, 예수가 십자가 달려 죽도록 내어 주신 이도 하나님이며 그리고 이 하나님께서 예수를 죽은 자 가운데서 살리셨다고 증언한다. "하나님이 예수를 죽은 사람들 가운데서 살리셨다"(행 5:30 등)는 것은 부활의 공식 문구이며, 부활 전승에 관한 최초의 핵심이다. 신약성서에 의하면 부활한 주 예수 그리스도와의 만남은 언제나 하나님과의 만남, 즉 하나님 체험이라는 특징을 띠고 있다.

2) 예수가 죽음의 권세를 이기심

부활은 하나님이 예수를 다시 살리셨으므로 그가 단지 수동적으로 살아난 사건이 아니다. 예수가 죽어 장사 지낸 바 되었으나 '마지막으로 물리치실 원수인 죽음'에 예수가 적극 '대항하여 다시 살아나셨다'. 부활은 예수가 친히 죽임당함으로 죽음의 권세를 '굴복시키시고 이기신 승리의 사건'(고전 15:25)이다.

"승리가 죽음을 삼켜 버렸다. 죽음아, 네 승리는 어디 갔느냐? 죽음아, 네 독침은

어디 있느냐?" 한 성서 말씀이 이루어질 것입니다(고전 15:54-56, 공동번역).

부활을 지칭하는 그리스어 '아나스타시스'는 어원적으로는 '대항하여 일어나다'(마 13:8; 행 5:37)를 뜻한다. 아나스타시스는 '대항하여(ana 또는 ex, 영어의 against) 일어나는 것(stasis)'을 의미한다. 독일어 부활(Auferstehung)은 봉기(Aufstehen)와 어원이 같으며, 마찬가지로 영어에서도 부활(resurrection)은 봉기(insurrection)와 같은 어원을 가진다. 예수는 모든 원수 중에 "마지막으로 물리치실 원수인 죽음"을 "굴복시키시고 이기시고는 모든 것을 당신 발아래 굴복시켰다"(고전 15:25)고 선언한다(고전 15:25-28, 공동번역). 헤겔은 이를 '죽음의 죽임'이라는 의미에서 '부정의 부정'이라고 개념화하였다.

예수 그리스도가 가져다주는 구원은 일차적으로 인간을 지배하는 마지막 권세자인 죽음의 세력과 죽음에 대한 두려움으로부터의 해방이다. 히브리서 저자는 말한다.

죽음을 통해 예수는 죽음의 세력을 쥐고 있는 자, 곧 악마를 파멸시키고, 죽음의 공포 때문에 한평생 노예로 얽매여 있는 사람들을 해방시키셨습니다(히 2:14-15, 공동번역).

예수 그리스도가 가져다주는 구원은 일차적으로 인간을 지배하는 마지막 권세자인 죄의 권세와 죽음의 세력과 죽음에 대한 두려움으로부터의 해방이요 구원이다. 부활은 전적으로 그리스도를 통한 구원의 사건이 된다. 그래서 "이 예수를 우리의 주와 그리스도와 하나님의 아들이 되게 하셨다"(행 5:31)고 고백한 것이다.

3) 성령이 새 생명을 주심

예수의 부활은 죽은 자의 단순한 소생이 아니다. 죽은 예수가 죽기 이전의 육체로 복귀한 것이 아니다. 예수 그리스도는 육체로는 죽임을 당하였지만, 영으로는 살리심을 받으신 분이다(벧전 3:18). 성부 하나님이 십자가에 달려 죽은 예수를 다시 살리셨고, 성자 예수는 죽음의 권세를 대항하여 부활하셨으며, '새 생명을 주시는 성령'(life giving Spirit)은 그에서 영원한 새 생명을 주신 것이다. 예수는 신령한 몸으로 부활의 첫 열매가 되셨다. 이를 믿는 자들에게도 영원한 생명에 대한 소망이 주어진 것이다.

예수의 부활 사건은 하나님께서 다시 살리시고, 예수께서 죽음의 권세를 이기시고, 성령께서 영원한 새 생명을 주시는 삼위일체 사건이며, 부활 신앙은 삼위일체 하나님에 대한 신앙인 것이다.

예수는
유대교의 4대 종파와
달랐다

I
예수는 은둔 공동체 에세네파와 달랐다

예수와 후기 유대교의 여러 종파들

예수 시대의 유대교는 아주 다양하였다. 요세푸스는 유대교 내에 사두개파, 바리새파, 에세네파, 열심당으로 불리는 4대 학파가 있었다고 하였다.

유대교가 4대 학파로 그 분파성을 구체적으로 드러낸 것은 이스라엘 종교사에서 비교적 후대에 등장하는 특이한 현상이다. 이러한 분화에는 포로 후기의 상황이 크게 작용하였다. 바벨론 포로에서 돌아온 일부 이스라엘 백성은 에스라와 느헤미야를 통해 성전을 재건하였으나 다윗 왕정을 회복하는 데는 실패하였다.

기원전 330년 그리스의 지배를 받는 과정에서 기원전 167년 시리아 총독 안티오코스 4세 에피파네스가 유대교를 혹독하게 탄압하였다. 이에 기원전 167년 마카베오가 독립항쟁을 일으켜 하스몬 왕가를 회복하였으나 자체의 권력 암투가 이어졌고, 기원전 63년에는 로마의 지배를 받게 되었다. 이러한 격동의 상황에서 유대인들은 그들의 속한 사회적 계층과 종교적 신념에 따라 정치적인 문제와 종교적인 문제에 대한 타협적이거나 비타협적인 자세를 취함으로써 분파적인 종파를 형성하게 된 것이다. 4대 종파는 당시의 종교적, 정치적, 경제적 상황에 대한 유대인들의 4가지 종교적 대안으로 형성된 것이라고 볼 수 있다.

예수와 그의 후계자들은 구약성서 등 유대교의 일부 요소를 수용하였으나 유대교와의 근본적인 차별성을 강조하는 쪽으로 나아갔다. 자신들을 유대교의 새로운 일파로 자리매김하지 않고, 유대교와 전적으로 다른 새로운 종교의 창시로 여겼다.

초기 기독교인들은 예수를 "그리스도요 하나님의 아들"이라 고백함으로써 예루살렘에서 큰 박해를 받아 유다와 사마리아와 다메섹으로 쫓겨 갔으며(행 8:4), 후에는 회당에서 축출당하는 것(요 9:22)을 감수하여야 했다. 예수가 동시대의 4대 종파와 달랐다는 것은 예수의 대안이 달랐다는 의미가 된다. 따라서 예수의 대안과 유대교 4대 종파의 대안을 비교, 검토하여 그 공통점과 차이점이 분석하는 것은 예수의 가르침의 의미를 이해하는 데에 있어서 불가피하게 거쳐야 할 과정이 아닐 수 없다.

예수는 속세를 떠난 에세네파와 달랐다

에세네(Essenoi)는 히브리어 '하시딤'(경건한 자, 마카베오 하 2:42 등)의 동의어인 '하쎄'라는 아람어에 기원한 것이라고 한다. 에세네파는 성서에는 기록되어 있지 않지만, 요세푸스의 기록과 고고학적 발굴을 통해 알려졌다.

1947년 키르벳 쿰란 지역에서 항아리에 보관된 사해 사본(Dead Sea Scroll)이라 불리는 고대 문서가 발견되었다. 그 지역에서 강당, 식당,

찬장, 도기 공장, 작업장, 수도시설, 욕실, 공동묘지 등을 갖춘 기원전 2세기부터 기원후 68년까지 400명 정도가 거주 가능한 주거지가 발굴되었다. 요세푸스는 예수 당대의 에세네파의 숫자가 4,000명 정도라고 했다. 그중에 400명 정도의 핵심적인 무리가 쿰란 지역에는 거주한 것으로 추정하고, 이들을 에세네파에 속하는 쿰란 공동체라고 한다.

요세푸스에 의하면 대제사장 야키모스가 죽은 후 7년 동안 후계자가 없었고 기원전 152년 마카베오 가문의 요나단(B.C. 160~142)이 정권을 장악하자 대제사장으로 임명되었다고 한다. 역사 기록에 사라진 이 시기의 사두개 가문의 익명의 대제사장이 바로 쿰란문서에 자주 등장하는 '의의 교사'인 '그 제사장'으로 추정된다. 그가 요나단에 의해 축출되자 추종자들을 이끌고 150년경 광야로 피하여 에세네 공동체를 결성했으며, 약 50년 후에 쿰란 공동체가 생겨났을 것으로 추산한다.

에세네파는 제사장 가문의 사람들이었으므로 비합법적인 대제사장이 관할하는 예루살렘 성전 제사 자체를 거부하였다. 그리고 이처럼 부패한 성전 공동체의 대안으로 광야의 새로운 은둔 공동체인 쿰란 공동체를 결성하고, 자신들의 공동체가 바로 종말론적 구원의 공동체인 것을 주장한 것이다.

복음서에는 사두개파, 바리새파, 열심당은 언급되어 있으나 에세네파에 대해서 침묵하고 있다. 그러나 에세네파의 쿰란 공동체가 알려지자 광야에서 회개의 세례를 선포한 세례 요한이나 예수가 공적인 활동을 하기 전에 에세네파에 소속하거나 어떤 교류를 가진 것이 아닌가 하는 문제가 제기되었다. 쿰란 문서가 복음서의 기록과 초대 기독교 형성에 많은 영향을 끼친 것은 부인할 수 없다. 쿰란 문서에 나타나 있는 메시아 사상, 묵시 사상, 선택된 공동체 사상, 의의 교사를 중심으로 한 철저한 구별된 생활, 선악 및 빛과 어두움의 이원론 등은 신약성서와 유사한 내용들이기 때문이다. 그럼에도 불구하고 예수와 에세네파는 달라도 너무 달랐다.

1) 에세네파는 '고결한 수도 생활로 널리 알려진' 배타적인 은둔 공동체였다. 이 공동체는 자발적으로 생겨난 것이 아니라, '그 의의 교사' 또는 '그 제사장'이라 불리는 뛰어난 지도자에 의해 결성된 특수한 공동체이다. 의의 교사야말로 '토라에 합당하게 올바른 것을 가리키는 유일한 참된 교사'라는 것은 그를 가르치는 칭호가 정관사로 표기된 것으로도 확인할 수 있다. 의의 교사는 막강한 지도력을 발휘하였다. 새로운 은둔 공동체의 영적 지도자요, 하나님의 계시의 중개자이며, 성서 해석의 전권을 가진 자이며, 동시에 선인과 악인을 판단하는 최후의 재판관이라고 가르친다.

쿰란 문서에 따르면 에세네파들은 예루살렘의 '사악한 제사장'들은 "쓸모없는 성읍을 피로 건설하고 순전히 자신의 영광을 위하여 거짓 공동체를 세우고", "자기들의 기준에 맞추어 (제멋대로) 제사를 드리는" "배신자들"이라고 비난하였다. 그래서 그들은 '사악한 제사장들'에 의해 집행되는 예루살렘 성전 제사를 불결한 것으로 여겨 성전에서의 동물 희생 제사와 여기에 참여하는 것을 거부하였다. 그 대신 그들 공동체에서 시행하는 기도, 예배, 성결 의식, 율법 공부, 거룩한 식사, 안식일만을 거룩한 제의로 주장했다.

그들은 세속에 물들지 않으려고 자신들만을 위한 은둔의 생활을 영위하였다. 공동체 외부의 사람들로부터 선물을 받거나 그들과 함께 식사를 하는 것도 금지하였다. 이런 이유로 예루살렘을 떠나 광야에서 그들만의 은둔 공동체를 형성하게 된 것이다.

그러나 예수는 '나사렛 사람'으로 불리었으며, 광야의 은둔자는 아니었다. 예수는 광야에서의 40일간의 시험 기간 외에는 도시나 시골의 저잣거리를 떠나지 않았다. 사도들 역시 유대인의 일상생활 혹은 일반 대중들에게서 떠나는 일은 없었다. 이 도시, 저 도시를 순례하는 유랑 전도 활동을 하기도 했지만, 광야의 은둔자들은 아니었다.

예수 공동체는 외형적인 삶의 형식에 있어서 세속의 삶과 크게 구별되지 않았던 것으로 보인다. 예수 공동체는 세속 안에 머물러 있으면서 겉으로 보기에 평범한, 그러나 내용에 있어서는 세속의 삶과 엄격히 구별되는 삶을 살면서 하나님 나라의 기쁜 소식을 선포하였다.

2) 에세네파 쿰란 공동체는 선악 이원론에 입각하여 자신들만을 새로운 의의 공동체로 여겼다. 그들은 빛과 어두움, 진리와 거짓을 이원론적으로 구분하였다. 쿰란 공동체는 자신들만이 하나님의 부르심과 은총에 의한 '계약의 백성'으로 '빛의 아들들'이라고 생각했다. 그 외의 사람들은 '어두움의 아들들'이라는 입장을 취하였다. 그래서 빛의 아들이 사탄의 군대인 어둠의 아들들을 섬멸하게 될 큰 전쟁을 예비하고 있었다. 쿰란 문서 중 전쟁 교범에는 군대의 조직과 무장 및 전투 방식과 전략에 대한 상세한 지침이 등장한다. 이들이 섬멸하여야 할 어둠의 아들들 가운데 첫째가 로마인들이었을 것이다. 필로와 요세푸스는 에세네파가 평화주의자라고 묘사하였으나 에세네파는 그들을 축출한 '악한 제사장'에 대한 복수의 희망이 가득 차 있었으며, 실제로 기원후 66~70년에 있었던 유대 전쟁의 지도자 가운데 한 사람으로서 에세네파의 요한이 등장한다.

그러나 예수는 의인을 부르러 온 것이 아니라 죄인을 부르러 왔다고 하였다. 예수는 죄인과 더불어 먹고 마시는 무차별적인 교제의 삶을 마다하지 않았다. 어떤 사람도 차별하거나 적대하지 않았다. 예수는 친히 개방적인 친교의 본을 보여주었다. 예수의 가르침 중에는 전투 지침과 같은 것은 전무하였고, 이방인에게도 호의적이었던 것이다.

3) 에세네파는 요세푸스의 지적처럼 '미래사를 예언하는 자'들이었다. 이들 문서에 다양한 시한부 종말론적 언급이 등장한다. 예루살렘 성전의 부패를 역사의 마지막 대심판의 징조로 보고, 메시아의 출현과 새 예루살렘의 성전 회복을 기대하였다. 한 문서에는 마지막 전쟁의 7년째 되는 해에 희생 제의가 다시금 회복될 것으로 기대하고 있었다. 요세푸스는 "그들의 예언이 거의 틀린 적이 없을 정도였다"고 하였으나 역사적으로는 그들의 시한부 종말론은 빗나가고 말았다.

예수도 임박한 종말을 선포하였으나 시한부 종말을 못 박은 것은 아니다. "여기 서 있는 사람들 중에는 죽기 전에 하나님의 나라가 권능을 떨치며 오는 것을 볼 사람도 있다"(막 9:1)고 하였지만, 이는 우주적 전쟁과 최후의 심판이 이뤄지는 묵시적 종말의 개념으로 한정할 수 없다. 예수가 선포한 하나님의 나라는 아주 다의적인 상징이기 때문이다. 그리고 예수는 임박한 종말의 날이 언제 임할지 "그 날과 그 때는 아무도 모른다"(막 13:32)고 단언하였다.

4) 쿰란 공동체의 지도자들은 마지막 날이 오면 하나님은 예루살렘 성전에 거하지 않으시며 '사람의 성전'에 계실 것이라고 해석했다. '사람의 성전'은 사람으로 이룬 성전인 바로 그들의 공동체를 가리킨다. 쿰란

찬송 시편에는 종말에나 나타나는 구원 상태가 지금 현재에 실현된 것으로 주장한다. '불의한 시대'가 끝나고 '의로운 시대'가 도래할 것이라는 전통적인 묵시 문학의 시간적 종말이 '불의한 영역'에 대립되는 '의인들의 영역'으로 대체되는 공간적 종말을 주장한 것이다. 자신들의 공동체를 종말과 동일시되는 현재에 있어서 유일무이한 구원의 장(場)으로 파악한 것이다. 그들은 자신의 공동체를 하나님께서 예비하신 종말의 구원 공동체로 믿었던 것이다.

그러나 예수가 선포한 하나님의 나라는 어떤 특수한 공동체와 일치될 수 없는 것임에 분명하다. 예수가 선포한 하나님 나라의 도래는 전적으로 묵시적인 것도, 전적으로 현세적인 것도 아니었다. 하나님의 나라는 하늘에서뿐만 아니라 이 땅에서도 이루어지는 것이라고 가르쳤다(마 6:9-10).

에세네파는 예루살렘 성소와 제의의 종말론적 회복만을 기다렸고, 열심당 유대 왕조의 현세적, 정치적 재건만을 우선하였다. 그러나 예수가 선포한 하나님의 나라는 몰트만이 잘 정리한 것처럼 통치의 영역에 있어서 세계 안과 세계 밖을 중재하며, 체제의 초월과 체제 내의 변혁을 중재한다. 하나님의 나라는 순전히 영적인 것도, 순전히 세상적인 것도 아니다. 양자를 포함하는 것이라고 볼 수 있다.

5) 에세네파는 여러 면에서 비의적(秘儀的), 밀교적(密敎的) 공동체였다. '의의 교사'를 통해 하나님으로부터 계시된 지식은 오직 공동체에 입회한 사람들만이 알 수 있다고 하였다. 에세네파 문서에는 『비밀의 책』(The Book of Mysteries)과 주술 문서들도 포함되어 있다. 2년간의 시험 기간을 통과한 후 공동체 식사에 참여하기 위해서 여러 가지 맹세를

해야 했다. 그중에는 "공동체 내의 비밀은 죽는 한이 있어도 발설하지 않겠다"는 내용이 포함되어 있는 것으로 보아 이들이 비밀 결사체였음을 알 수 있다. 비밀을 누설한 큰 죄를 범한 자는 추방되었으며, 추방된 자는 비참한 최후를 맞이하였다고 한다.

에세네파는 자신들의 교리를 비밀스럽게 간직하기 위해 다른 이들에게 가르치거나 논쟁하는 것도 금지하였다. "이런 이유로 예수 전승에는 바리새파와의 논쟁은 있어도 에세네파와의 논쟁은 찾아볼 수 없다"고 한다.

그러나 예수는 갈릴리와 이방의 여러 마을의 회당과 거리에서, 예루살렘 성전의 공개된 자리에서 복음을 선포하였다. 예수는 "모든 유대인들이 모이는 회당과 성전에서 항상 가르쳤고 은밀하게는 아무것도 말하지 아니하였다"(요 18:20)고 하였다. 초대교회의 베드로, 스데반, 바울의 설교는 예루살렘 성전과 같은 공개적인 장소에서 공개적으로 선포된 것이다. 초대교회는 예수의 공개적인 가르침을 에세네파의 '비밀 전승'과 구별하여 '사도 전승'으로 지칭하였다.

6) 에세네파의 영혼에 관한 교리는 이중 영혼설과 영혼불멸설이었다. 하나님이 태초에 이 세상을 빛과 어두움으로 창조하셨으므로 이 세상에는 '진리의 영과 악마의 영'이 있다고 하였다. 에세네파는 "육체는 부패하고 또 그 구성 요소가 언젠가는 사라질 물질로 되어 있지만, 영혼은 영원하며 결코 사라지지 않는다"고 믿었다. 선한 영혼은 고통이 없는 곳으로 가고, 악한 영혼은 고통스러운 동굴로 떨어진다고 가르쳤다. 요세푸스는 이 같은 교리는 그리스인들의 '영혼 불멸 사상'과 유사하다고 하였다. 영지주의나 영육 이원론적 사상의 영향이 컸음을 알 수 있다.

그러나 예수 공동체는 몸의 부활을 믿고 가르쳤다. 예수는 십자가에 달려 죽으신 자이며, 하나님이 그의 죽은 몸을 다시 살리어 부활의 첫 열매가 되게 한 것이다. 에세네파는 죽은 자의 몸의 부활을 믿지 않은 것이 확실하며, 이 점에서 예수 운동과는 결정적으로 다른 길로 간 것이다.

7) 에세네 공동체는 정결례와 공동 식사를 제의적 의식으로 준수하였다. 바리새파는 손과 발을 씻었지만, 쿰란 공동체는 매일 흰옷을 갈아입고 두 번 목욕을 하였다. 이러한 제의적 성격을 띤 정결 목욕은 공동체에 가입한 지 적어도 1년 이상이 된 사람에게만 허용하였다.

그들은 정기적으로 금식하였다. 쓸데없이 먹는 것도 금지되었다. 고기와 술을 배급받아 배고픔을 해소하는 데에 필요한 양의 음식만 먹었다. 요세푸스에 의하면 에세네파는 근검절약에 있어서도 타의 추종을 불허할 정도로 "찢어져 누더기가 되거나 오래되어 닳아 해지기 전에는 외투와 신발을 바꾸지 못한다"고 가르쳤다. 공동 식사 때에는 흰옷을 입었다. 필요하지 않은 말, 농담도 금지되었다. 큰 소리로 웃는 것도 금지되었다.

그러나 예수는 정결 의식이나 먹고 마시는 문제에 있어서 매우 자유로웠으며, "입에 들어가는 사람을 더럽게 하는 것이 아니라 입에서 나오는 그것이 사람을 더럽게 하는 것"(마 15:11)이라는 분명한 입장을 통해 에세네파의 한계를 지적하였다. 예수와 그의 제자들은 금식을 하지 않는다고 비난을 받았으며, 예수는 심지어 '먹고 마시기를 탐하는 자'로 비난받았다. 예수는 모든 고대 종교가 메여 있던 음식에 대한 종교적 금기를 타파함으로써 음식에 관해 남다르게 가르쳤다.

예수는 자신만의 의로움을 유지하기 위해 세속의 더러움을 피하지 않았다. 오히려 의롭고 깨끗한 사람보다 불의하고 죄 많은 사람들과 더불어 먹고 마셨다. 에세네파는 '세리와 죄인'들을 피해 광야로 은둔했으나 예수는 '세리와 죄인의 친구'(마 11:19)가 되기 위해 속세 한복판에서 그들과 더불어 먹고 마셨다.

8) 에세네파 쿰란 공동체는 엄격한 금욕 공동체였다. 요세푸스는 "그들은 쾌락을 악으로 간주하여 기피하고, 대신 절제와 감정의 억제를 귀중한 것으로 본다"고 하였다. 공동체에 참여하기를 원하는 자들에게는 1년 과정의 훈련과 엄격한 심사와 동시에 까다로운 생활 규범을 부여하여 그들의 정체성을 유지하려고 하였다.

입단하는 사람은 입단식 때에 모세의 율법을 엄격히 지키기로 맹세하였으며, 모든 소유를 공유하는 규칙을 지켜야 하였다. 이런 엄격함은 안식일 준수에도 그대로 반영되어 바리새파보다 더 엄격하게 안식일을 지켰다. 바리새파는 '안식일의 여행 거리'(Sabbath mile)를 2000엘렌(약 1,000m)으로 제한한 반면에 쿰란 문서는 반으로 줄여 1000엘렌 이내로 제한하였다. 에세네파는 안식일에 불을 피우는 것, 그릇을 옮기는 것, 용변을 보는 것도 금지하였다. 미리 파놓은 구덩이에 들어가 파낸 흙을 몸 위에 덮은 후 안식일 동안 꼼짝하지 않고 편히 누워 있었다고 한다.

그러나 예수는 달랐다. 예수는 엄격한 율법주의자나 철저한 금욕주의자가 아니었다. 율법으로부터 자유하였다. 예수는 "너희가 이렇게 들었으나 나는 이렇게 말한다"는 6가지 반명제를 통해 율법의 정신과 내용을 새롭게 선포하기도 하였다. 안식일에 관해서도 예수는 전혀 달랐다. 안식일은 단지 노동 금지일이 아니라 "선한 일과 생명을 살리는 일을 하는 날"(막 3:4; 눅 6:9; 마 12:12)이며, "안식일은 사람을 위하여 있는 것이요 사람이 안식일을 위하여 있는 것이 아니다"(막 2:27)라며, "인자는 안식일의 주인"(막 2:28; 눅 6:4)이라고 하였다.

9) 필로와 요세푸스는 에세네파 사람들이 모든 것을 공유하고 어떠한 사유재산도 갖고 있지 않은 것을 한결같이 칭찬하였다.

그들은 부(富)에 대해서도 그리 마음을 쏟지 않는다. 그들의 공동소유 생활은 참 높이 살만하다. 그들 중에는 동료들에 비해 지나치게 많은 재산을 가진 사람은 찾아 볼 수 없다. 그들의 법에 따르면 새로운 구성원이 들어오면 그의 재산은 모두 그 파(sect)에다가 바쳐야 한다(요세푸스, 『유대 전쟁사』 2.8:3.).

이 점은 사도행전에 나오는 초대교회의 모습에나 비교될 수 있다(행 2:42-47, 4:42-47). 그러나 예수는 부자를 비판한 적은 있으나 부 자체를 경멸하지는 않았다. 예수는 달란트 비유(마 25:25-28)에서 재산을 땅에 묻어 두는 것보다는 이자를 받아서라도 이윤을 남기는 것을 나은 것으로 가르쳤다. 생산의 효율성과 부의 미덕을 가르친 것이다.

10) 쿰란 공동체는 재산을 공유하면서도 공동체 내에서의 계층 구조에 따라 신분의 차별을 엄격히 하였다. 사독 후손인 제사장이 가장 윗자리에 있었고, 그 아래에 레위인, 평신도 출신의 수도사, 그 아래에 수도사 지망생 순이었다. 공동체에 입단하기 위하여 2~3년의 시험 기간을 거친 다음 상위급 수도사들이 입단 여부를 결정하였다. 이러한 위계질서는 사제적 집단의 영향을 받은 까닭이라고 한다.

에세네파는 상급자에 대한 철저한 복종을 요구하였다. 구제와 동정을 제외하고는 "무슨 일이든지 그들은 우두머리의 명령이 없이는 하지 않았다." 어둠의 자녀들과 싸우기 위하여 공동체는 엄격한 계급제도와 질서가 필요하다고 본 것이다.

> "그들은 수련 기간에 따라서 4등급으로 나누어졌다. 나중에 들어온 사람은 먼저 들어온 사람들보다 낮게 취급당했기 때문에 고참자가 아랫사람과 접촉이 되면 꼭 목욕을 했다. 또한 외부인과 접촉해도 마찬가지였다"(요세푸스, 『유대 전쟁사』 2. 8:10.).

그러나 예수는 달랐다. 예수를 추종했던 자들에게서는 계급적인 위계의 흔적이 전혀 나타나지 않는다. 예수는 윗자리를 좋아하는 자를 오히려 꾸짖는다(마 23:6). 상급자와 하급자의 질서가 예수에게는 거꾸로 나타난다. 즉, 위에 있는 자가 아래에 있는 자를 섬겨야 한다. "너희 사이에서 높은 사람이 되고자 하는 사람은 남을 섬기는 사람이 되어야 하고 으뜸이 되고자 하는 사람은 종이 되어야 한다"(마 20:26-27). 예수께서 주와 스승으로 그의 제자들의 발을 씻기셨다는 이야기는 에세네파의 계급 질서와 전혀 다른 면모이다.

11) 쿰란 공동체는 공동체의 규범을 위반했을 경우 엄격한 물리적인 처벌을 받았다. 예를 들면 제사장 중 한 명에게 화를 내면 1년, 동료에게 태만한 모습을 보이면 3개월, 회중의 회의(일반 모임) 도중 잠을 잔 것에 대한 벌칙은 10일, 침 뱉는 행위는 30일, 발가벗고 다니면 6개월, 자신의 소유를 거짓 신고하면 1년 동안 제명하였다. 그 기간에는 음식물 배급을 1/4로 줄였다. 이는 겨우 목숨만을 부지할 정도였다.

예수 운동도 엄격하였지만, 어떤 잘못에 대하여 어떤 벌을 주어야 할지 정한 바가 없었다. 예수는 하나님의 뜻에 대한 자발적 복종을 요구할 뿐이었다. 예수의 제자 공동체에는 특별한 수련 기간이나 입단식이나 입단의 맹세나 규칙적인 영성 훈련이나 긴 기도의 시간이 없었다. 예배 의식의 성격을 가진 식사나 목욕이 없었고, 특별히 구별되는 복장도 없었다.

그러나 예수는 달랐다. 예수의 공동체는 어떤 규칙이나 규약을 만들지 않았다. 예수 운동은 모든 강제성을 배제하고 상호 간의 관계에서 주목할 만한 자발성을 보여주었다. 이 자발성은 강력한 동기를 부여하는 힘으로 작용했던 것으로 보인다.

12) 에세네파는 '결혼에 대해서는 부정적인 입장'이었다. 독신으로서 결혼하지 않고 여자 없이 살아간다고 언급한 것으로 보아 성인 남자를 제외한 여자와 어린이는 정회원이 될 수 없었던 것이 분명하다. 에세네파는 성인 남성 유대인 공동체였으며, 선천적으로 결함이 있는 사람은 들어오지 못하게 규례로 정했다.

> "육체가 더럽혀진 자들, 곧 발이나 손이 마비된 자들, 지체 장애인들, 시각 장애인들, 청각 장애인들, 농아자들 또는 자신의 신체에 눈에 보일 정도의 흠을 가진 자들이나 회중 가운데에 네 몸을 똑바로 가누지 못하는 노인들 등이 그렇다"(『사해 사본』 1, 152).

그러나 예수의 경우는 유대인 남성 성인 중심의 배타성은 배제되었다. 예수의 추종자와 후원자 중에는 많은 여성이 포함되어 있으며, 우물가의 사마리아 여인과의 대화(요 4:4 이하)에서 보여주듯이 여성을 환대했으며, 부활의 첫 목격자들도 여성이었다. 어린이에 대한 태도 역시 마찬가지이다. 어린이를 환대했으며, 어린아이와 같아야 천국에 들어간다고 하였다(마 18:3). 예수는 쿰란 공동체가 배제한 모든 사람들이 '복음의 공동체'에 들어오게 하여 구원의 대상이 될 수 있도록 만든 것이다. 예수는 많은 병자와 장애자들을 고쳐 주었고, "그들은 이스라엘의 하나님을 찬양하였다"(마 15:29-31). '하나님을 찬양하였다'는 것은 예배에 참석했다는 뜻이다.

예수의 언행에 비추어 볼 때 에세네파는 폐쇄성의 한계를 잘 드러내 보여준다. 은둔적이고, 계급 차별적이고, 밀의적이고, 종말론적인 이 에세네 종파는 유대 전쟁(A.D. 66~70년) 기간에 로마의 침공을 받아 그 공동체가 완전히 파괴되고 역사에서 사라지게 된 것이다.

II
예수는 권력 지향의 사두개파와 달랐다

사두개인(Sadducees)이라는 명칭은 다윗 시대의 대제사장 사독(Zadok)의 후손을 지칭한다. 헤롯이 로마의 지원을 받아 왕이 된 후(B.C. 37) 사두개파로 구성된 산헤드린을 해산하고 그들을 살해하였다. 기원후 6년 로마의 총독정치가 시작되면서 산헤드린이 재건되고 로마인들이 그들에게 종교적 자치를 허용한 이후 사두개파 사람들은 '정복자들과 완전히 야합'하였다.

예수 시대에도 '대제사장과 그 파'를 가리켜 사두개파라 지칭하였다. 제사장과 성전 경비대장이 사두개파로 등장한다(행 4:1-5, 5:17). 대제사장은 대부분이 사두개파가 맡았으며, 산헤드린의 구성원도 대부분이 이들이었음을 암시한다.

사두개파는 유대의 종교 및 정치의 최고 지도자인 대제사장을 지지하였으며, 기원전 2세기에서 예루살렘이 멸망한 기원후 70년에 이르는 기간에 제사장직의 특권을 유지하려 했던 귀족 계급이었다. 따라서 종교적으로는 보수적이었으나 아주 정치적 색채가 강했으며, 비교적 소수였다. 교양도 있었으므로 그리스 문화에 대하여 개방적이고 세속적이었다.

이처럼 사두개파는 지도 계층의 제사장들과 세력 있는 가문으로 이루어진 소수의 친외세 권력층을 통칭하는 용어다.

1) 사두개파는 거만하고 배타적이며 권력 지향적인 소수의 귀족층으로서 매우 정치적인 성향을 지녔다. 요세푸스는 그들 대부분은 "최상류층에 속하는 사람들"로서 "부유에 대해서는 자신이 있는 사람들"이라고 하였다. 그들은 성전 중심의 기득권을 수호하며 현상 유지하려는 보수적 현실주의자이다. 그들의 권위는 제의적인 데서 비롯되었으며, 성전의 범주를 벗어나지 못했다. 그들은 일반 백성들과 거의 접촉하지 않았으며, 그들에게 영향을 행사하지도 않았다. 그래서 백성의 지지를 받지 못했다.

예수는 사두개파와 달랐다. 예수는 권력의 중심부에서 소외된 갈릴리 변방 나사렛 출신의 가난한 목공이었다. "나사렛에서 무슨 선한 것이 나오겠느냐?"(요 1:40)는 당시의 금언은 예수와 그의 추종자들의 신분이 조롱받는 변방의 민중들이었음을 드러낸다. 예수의 제자나 추종자들도 주변부 인물들로서 사두개파는 하나도 없었다.

사두개파는 권력 지향적이었으나 예수는 섬김 지향적이었다. 사두개파는 식민지 외세와 결탁하여 권력을 지향하고 행사하는 귀족층으로서 백성을 섬겨야 한다는 계약 공동체의 정치적 이상과는 거리가 먼 사람들이었다. 그래서 예수는 "이방인들의 통치자로 자처하는 사람들은 백성을 강제로 지배하고 또 높은 사람들은 백성을 권력으로 내리누른다. 그러나 너희는 그래서는 안 된다"(막 10:42, 공동번역)고 하였다. 그리고 누구든지 높은 사람이 되고자 하는 사람은 남을 섬기는 사람이 되어야 하고, 으뜸이 되고자 하는 사람은 모든 사람의 종이 되어야 한다고 하였다.

2) 사두개파는 성전 중심의 기득권을 수호하기 위해 반민족 친외세적인 태도도 서슴지 않았다. 시리아 총독 안티오코스 4세 에피파네스 치하에서 그리스화를 지지했으며, 뒤이어 하스몬 왕조와 헤롯 왕조에도 협조하였다. 이어서 로마의 식민지 총독과도 완전히 결탁하여 로마의 질서에 순응하였다. 그러나 자신들의 정치적 반대 세력에 대하여 냉정하였다. 그들은 성전에 성전 경비대를 두고, 이들을 권력 수행의 도구로 삼았다. 현상 유지를 통해 현실적인 기득권을 수호하려 했던 사두개파는 기존 질서를 변혁하려는 마카베오의 독립항쟁이나 예수 운동에 대하여 가혹하였다. 사두개파는 현세의 귀족 신분에 만족하고 있었기 때문에 내세의 신비에 대해 무관심하였다고 한다.

그러나 예수는 부패한 기득권을 비판하고, 혁신을 외쳤다. '새 술을 새 부대에 담기' 위해 율법, 안식일, 성전과 성전 제사에 대한 기존의 태도를 전향적으로 새롭게 설정하였다. 예수는 역사상 어떤 종교 지도자보다도 체제 변혁적이었으므로 후기 유대교의 모든 체제를 다 바꾸어 새로운 기독교 체제로 만들 수 있는 원동력을 제공한 새로운 대안 종교의 창시자였던 것이다. 이런 의미에서 보그는 예수를 '전복적 지혜의 교사'라 하였다.

3) 사두개파는 종교적으로도 엄격한 보수주의자였다. 그들은 성문화(成文化)된 "율법이 규정하고 있는 것 외에는 그 어떤 것도 준수하지 않았다"고 한다. 모세 오경만을 경전으로 인정하였다. 그들은 제사장의 전통을 앞세워 구약성서의 예언자적, 개혁적 전통을 무시했고, 예언서를 하찮게 여겼다. 율법만을 인정하고 선조들의 구전 전승을 부인하는 경전 원칙을 고수하였다. 모세의 전통을 고수하여 예배 의식의 개선이나 교리

적 개혁도 반대하였다.

그러나 예수는 공생애를 시작하면서 첫 번째 행한 일이 가버나움 회당에서 이사야서를 낭독한 것이다. 마태복음 5장에서 "옛사람이 말한 바를 들었으나 나는 이렇게 말한다"고 한 6반제(反題)가 시사하듯 율법의 문자에 메이지 않고 자유롭게 새로운 해석을 시도하였다.

4) 사두개파는 단지 오경에 언급되어 있지 않다는 이유로 부활을 부인했다. 그러나 예수는 사두개파의 부활에 대한 반론을 일일이 비판하였으며, 거지 나사로의 비유(눅 16:20) 등에서 내세의 삶과 지옥의 형벌에 대하여 자세히 가르쳤다. 생전에 자신의 부활을 세 번이나 예고하였고, 죽은 지 사흘 만에 부활한 것이다. 예수의 부활이 기독교 신앙의 핵심으로 자리 잡게 되었다(고전 15:14).

5) 사두개파는 천사들이나 영들도 믿지 않았다(행 23:8). 영혼의 불멸을 믿지 않았을 뿐만 아니라, 하데스(Hades)에서의 심판과 형벌도 믿지 않았다. "영혼은 몸과 함께 죽는다"고 생각했다. 요세푸스는 그들이 운명의 지배나 세상사나 인간사에 대한 신의 중재까지 부인했기 때문이라고 한다. 자신의 운명을 자신이 개척할 수 있다고 믿는 인간의 무한한 자유의지를 주장하는 자유주의자요 인본주의자로 묘사되고 있다.

그러나 예수는 철저히 영의 사람, 하나님의 사람으로 등장한다. 성령이 충만하여 그의 공적 생애를 시작하였다. 그는 자신의 뜻보다 하나님의 뜻을 우선시하여 절체절명의 순간에도 "내 뜻대로 마시옵고 아버지를 뜻대로 하실 것"을 간청했다.

6) 사두개파는 귀족 출신의 제사장 가문이었으므로 그들에게는 자신의 제사장적 특권의 유지 및 쟁탈이 민족적 자존이나 종교적 신앙보다 우선되었다. 물론 이러한 특권에는 성전 예배의 주도라는 종교적 이해관계와 이스라엘 본래의 제사장적 신정 정치의 구현이라는 정치적 이해관계가 밀접하게 결부되어 있었다.

사두개파는 교양 있는 지식층이었으며, 외국 문물에 대하여 개방적인 태도를 취하였다. 권력의 중심부를 맴도는 극소수의 정치적인 인물로서 백성들의 환심을 사지 못했다. 따라서 예수의 선구자인 세례 요한이 사두개파를 '독사의 자식'이라고 꾸짖었으며(마 3:7), 예수는 '사두개파의 누룩', 즉 그들의 거짓된 가르침을 조심하라고 경고하기도 하였다(마 16:12).

사두개파는 로마의 식민지 지배가 그들의 제사장적 특권을 침해하지 않는 한 타협하였다. 사두개파의 이러한 입장은 열심당과 바리새파의 반감 대상이 되었다. 기원후 66년 로마를 대항하는 유대 전쟁이 일어나자 로마의 권력에 타협했던 사두개파가 일차적인 공격 대상이 되었고, 예루살렘 성전이 멸망하자 그들은 역사에서 사라지게 되었다.

III

예수는 정교분리의 바리새파와 달랐다

바리새(parush, perish)는 구별된 자라는 뜻이다. 바리새파는 그 기원에서 보면 마카베오 독립운동에 참여했던 '하시딤'(Hasidim), 즉 '경건한자'(마카베오 하 2:42 등)들의 후예들이다. 그들이 기원전 3세기 그리스의 시리아 총독 안티오코스 4세 에피파네스에 의한 유대교 탄압에 대항하여 마카베오 독립운동에 참여한 것은 순전히 조상들의 신앙 유전을 지키기 위한 종교적인 이유 때문이었다.

마카베오 가문이 하스몬 왕조를 세웠으나 그들은 권력 유지와 쟁탈의 정치적인 관심만큼 율법 준수와 제의 집행에 대한 종교적인 열정을 보여주지 못했다. 바리새파는 하스몬 왕가의 종교적 태도에 반대한 분리파인 페루쉼(pherushim)에서 기원하였다. 헤롯이 정권을 잡은 후 산헤드린을 해산하고 사독 가문에서 종신제로 계승되었던 대제사장직을 자기 마음대로 아무나 임면(任免)하였다. 이로 인해 바리새파의 정치적 영향력은 급감하였고, 그들의 정치적 좌절감은 일반인들에 대한 종교적 영향력을 강화하려는 방향으로 나아가게 되었다.

기원전 4년 헤롯이 죽은 후 유대가 셋으로 나눠지고 그나마 이름뿐인 헤롯의 세 아들의 실정이 계속되자 바리새파는 허구적인 정치적 독립을 실제적인 종교적 자율로 바꾸려고 시도하였다. 산헤드린의 바리새파 지도자들은 50명의 대표를 로마에 보내어 로마 황제 아우구스투스에게 유대 지역을 차라리 시리아에 합병하여 시리아 주재 로마 총독의 통치를 받게 해줄 것을 청원하였다. 로마에 거주하던 8,000여 명의 유대인들도 이에 동조하였다.

바리새파는 다시 한번 정교분리에 입각하여 정치적 독립을 포기하는 대신 산헤드린을 중심으로 한 종교적인 자치권을 확보하려는 대타협을 시도한 것이다. 기원후 30년부터 입장을 바꾸어 완전히 종교적 독립을 위해 유대 민족주의 운동에 편승하였다. 일부 바리새파는 60년대부터는 열심당과 함께 유대 독립 전쟁에 앞장서기도 하였다. 열심당의 민족주의 는 정치적 관점에서 비롯된 것이라면, 바리새파의 민족주의는 철저하게 종교적 관점에 출발한 것이었다.

바벨론 포로 후에 널리 보급된 회당이 예수 시대에는 바리새파의 거점 이 되었다. 회당의 지도자들은 자연히 율법에 능한 랍비이거나 율법 학자 였다. 서기관과 회당장의 대다수는 바리새파 사람들이었으며, 회당과 각종 랍비 학교를 장악하고 있었기 때문에 그 영향력은 훨씬 막강하였다.

바리새파들이 종교적 영향력을 행사하면서 율법을 지키지 않는 부정 한 자들인 '땅의 사람들'과 차별하여 자신들을 '거룩한 자'로 여겼다. 바리새파에는 소수의 제사장도 있었지만, 도시와 시골에 사는 농민들, 상인들, 수공업자들이 대부분이었고, 요세푸스는 그 수가 6,000명 정도 라고 하였다.

복음서에는 예수와 바리새파 사이의 여러 논쟁이 있었음을 전해준 다. 예수 운동과 바리새파 사람들 사이에서 계속되는 갈등은 마가복음의 묘사에 잘 나타나 있다. 마가는 갈릴리에서부터 예수를 감시하고, 비난하고, 마침내 시험하고, 예수에게 올가미를 씌워 예수를 파멸시키려고 기도하는 예루살렘 권위자 자신들, 고위 사제들, 원로들, 서기관들에게 예수를 넘겨주는 장면에서 바리새인들과 예수 사이의 갈등이 극에 달한 장면을 묘사한다.

1) 유대인들의 지배적 에토스는 '사제들의 왕국과 거룩한 민족'(벧후 2:9, 공동번역)이라는 표상에서 드러난다. 바리새파는 이러한 에토스에 충실하였다. '제사장 나라와 거룩한 백성'(출 19:6)이라는 긍지를 더 높여 주는 것은 '예루살렘 성전'이었다. 예루살렘 성전은 우주와 세계의 중심 축으로 여겨졌다. 성전을 화려하게 꾸미고, 성전 제사와 성전 순례에 온갖 정성을 다하였다.

그러나 예수 시대의 예루살렘 성전은 종교적으로는 위계적 성별을 제도화하고, 거룩이라는 이름으로 차별을 극대화하였다. 종교적 군림과 경제적 착취의 온상이기도 하였다. 예수는 이러한 성전 체제의 근본적인 모순을 직시하고, 성전을 정화하고, 성전의 파괴를 예언하여 하나님의 전을 모독한 자라는 죄명으로 산헤드린의 재판을 받고 십자가 처형된 것이다.

2) 바리새파의 지배적 에토스나 문화적 패러다임은 정결로 이해되는 거룩성이었다. 거룩성은 장소, 사물, 시간뿐 아니라 개인들이나 집단들 사이에 예리한 경계를 형성하고 있는 정결 체계로 규정된 사회적 구조를 탄생시켰다(이 책 4장 2절 참조).

바리새파는 부정하고 불의하여 거룩하지 못한 사람으로 여겨지는 모든 죄인들과의 모든 접촉을 피하였다. 세리와 창녀들도 죄인에 속하였다. 질병은 죄의 결과로 생각되었기 때문에 병자와 장애자도 죄인으로 분류되었다. 율법을 모르는 무할례자인 이방인들도 거룩하지 못한 자로 간주되었다. 이러한 죄인들과 바리새파 사람들이 한 식탁에 앉아 음식을 나눈다는 것은 불가능하였다(막 2:14-17). 바리새파에 속하지 않은 자들과 상종하지 않는 것을 그들의 종교적 의무로 여겼다. 정결에 관한 계명을 보다 철저히 지키기 위하여 그들은 자기들끼리 함께 모여 식사를 하였다.

그러나 예수는 바리새파와 달리 "내가 의인을 부르러 온 것이 아니요 죄인을 부르러 왔노라"(마 9:13)고 반박하였다. 죄인으로 취급받는 '세리와 창녀'가 하나님의 나라에 먼저 들어간다(마 21:3)는 예수의 선언은 신성모독에 해당하는 것이었으므로 당시의 민중을 경악하게 하고, 바리새인들을 격분하게 하기에 족한 파격적인 발언이었다.

3) 거룩이라는 말은 '정결하여 구분된다'는 뜻이다. "내가 거룩하니 너희도 거룩하라"(레 19:2)는 명령을 문자적으로 준수한 바리새파는 거룩하지 못하다고 생각되는 외부 세계로부터 자신을 구분하기 위해 '거룩한 차별성'을 체계화하였다. 거룩을 강조한 바리새파의 율법적, 형식적 경건은 정치적 의도를 내포하고 있었다. 이방의 정치적, 문화적 침투에 맞서 유대의 정체성을 지키기 위한 방어적인 전략이었기 때문이다. 이러한 방어적 전략은 동시에 차별과 적대의 전략이기도 하였다.

그러나 예수는 달랐다. 예수는 바리새파의 경건성이 지니는 이 엄청난 모순을 직시하고, 예리하게 비판하고, 새로운 대안을 제시했다. 예수는 "하나님이 거룩하니 너희도 거룩하라"는 명제를 "하나님이 자비로우신 것처럼 너희도 자비하라"(눅 6:36)는 명제로 대체한 것이다. 거룩의 이름으로 차별하였던 대상을 자비의 이름으로 포용하라고 가르친 것이다. '거룩한 차별성의 패러다임'을 '거룩한 무차별의 자비심의 패러다임'으로 전환시킬 것을 역설한 것이다. 진정한 경건과 거룩은 이러한 차별과 적대를 해소하는 데서 드러나는 것이기 때문이라는 것이 예수의 대안이었다.

4) 바리새파는 일상생활에서도 정결 의식을 강조하였다. 부정한 것과 접촉하거나 신체에서 부정한 것이 유출된 사람은 종교적 정결을 상실하였으므로 정결의 목욕을 하거나 일정한 기간을 기다려야 했다. 그러므로 그들은 식사 기도를 드리는 손을 정결케 하기 위하여 식사할 때마다 손을 씻었다(막 7:3 이하).

그들은 사람의 정결뿐 아니라 식사에 사용하는 그릇의 정결도 유의하였다. 쥐가 접시로 지나가거나 생선 뼈 하나가 그릇에 떨어져도 부정하다고 생각하였다. 잔과 접시도 정결하게 유지되어야 했다(마 23:25 이하).

바리새인들과 서기관들은 예수의 제자들이 떡을 먹을 때 손을 씻지 아니하는 것도 시비하였다(마 15:1-12; 막 7:1-23). 이에 대해 예수는 "입에 들어가는 것이 사람을 더럽게 하는 것이 아니라 입에서 나오는 그것이 사람을 더럽게 하는 것"(마 15:11)이라고 함으로써 그들의 말문을 막았다.

5) 바리새파는 율법주의적 엄격주의의 특징을 지니고 있었다. 요세푸스는 바리새파는 만사를 하나님의 섭리라고 돌리면서도 "인간의 의지는 악을 행할 수도 있고, 선을 행할 수도 있는 것"이라고 믿는 자들로 묘사한다. 그들은 다른 사람의 무거운 짐을 날라 준다든지, 남의 집 장작을 쪼개어 주는 등 선한 일을 행하면 그들의 죄가 상쇄되고 의를 얻게

된다고 믿었다. 그들의 도덕적 행위에는 그에 상응하는 보상이 주어진다는 정태적인 율법주의자들이라고 할 수 있다.

예수는 바리새인들의 이러한 언행 불일치를 분명히 파악하고 통렬히 비판하였다. 예수에 의하면 그들은 무거운 짐을 꾸려 남의 어깨에 메워주고 자기들은 손가락 하나 까딱하려 하지 않는 자들처럼 다른 사람들에게 율법을 가르치지만, 자신은 율법을 지키지 않는 자들이다(마 23:2-3, 공동번역).

6) 바리새파는 모세의 율법 외에도 율법에 대한 조상의 해석까지도 전승하면서 문자적으로 엄격하게 지키려는 종교적 열정을 가지고 있었다. 요세푸스도 "바리새파는 모세의 율법에 기록되어 있지는 않지만, 선조들이 만들어 놓은 규정(유전)을 백성에게 지키게 하였다"고 증언한다. 이러한 '장로들의 유전'(막 7:3)은 모세, 여호수아, 예언자를 거쳐 회당의 지도자들에게 전수된 것으로서 그 권위를 인정한 것이다. 그러나 일상생활에 바쁜 일반 서민은 이 모든 율법을 알고, 이를 지키는 것이 불가능하였을 것이다. 그래서 '율법을 모르는 족속'과 '율법을 지키지 못하는 무율법자들'을 양산하였다.

예수는 바리새인들이 율법을 아는 것을 하나의 특권으로 여기고, 겉으로 꾸미기를 좋아하는 외식(外飾)하는 자들로 묘사한다. "그들이 하는 일은 모두 남에게 보이기 위한 것이다. 그래서 이마나 팔에 성구 넣는 갑을 크게 만들어 매달고 다니며 옷단에는 기다란 술을 달고 다닌다"(마 23:5-6, 공동번역)라고 지적하였다. 그리고 윗자리에 앉기를 즐기면 대접을 받기를 바라는 위선적인 인물로 비판한다.

7) 바리새인은 십일조 계명을 글자 그대로 지키고자 하였다. 레위인이 먹고살 수 있도록 모든 소득의 십분의 일을 바쳐야 한다는 십일조 계명을 글자 그대로 지키고자 하였다. 그래서 바리새인들은 땅에서 나는 소산물은 물론, 돈을 주고 사는 물건의 십분의 일도 바쳐야 하며, 조미료와 채소의 십분의 일도 바쳐야 한다고 주장하였다.

십일조의 규정을 정확하게 지키기 위하여 그들은 상호 간에 물건을 사고팔았다. "저는 일주일에 두 번이나 단식하고 모든 수입의 십분의 일을 바칩니다"(눅 18:12, 공동번역)라는 바리새파의 기도는 이러한 태도를 반영한다.

그러나 예수는 바리새인들은 율법을 문자적으로 준수할 뿐만 아니라 율법의 보다 중요한 정신을 망각하고 있음을 비판한다. 그들은 마치 하루살이는 걸러내고 약대는 삼키는 것처럼 우선순위를 반전시킨 어리석은 자들이다.

> 화 있을진저 외식하는 서기관들과 바리새인들이여! 너희가 박하와 회향과 근채의 십일조를 드리되 율법의 더 중한 바 의(義)와 인(仁)과 신(信)은 버렸도다. 그러나 이것도 행하고 저것도 버리지 말아야 할지니라(마 23:23).

8) 바리새인들은 매주 두 번, 곧 월요일과 목요일에 자발적으로 금식하였고, 구제금을 희사하였으며, 하루에 세 번씩 기도의 시간을 지켰다. 길을 가다가 기도 시간이 되면 길가에서 몸을 예루살렘 성전 쪽으로 돌리고 기도하였다.

요한의 제자나 자신들처럼 자주 금식하고 기도하지 않는 것을 바리새인들이 비난하였으나 예수는 "혼인집 손님들이 신랑과 함께 있을 때 너희가 그 손님으로 금식하게 할 수 있느냐?"(눅 5:33)라고 반문하였다.

바리새인에 대한 또 다른 비판은 그들의 겉과 속이 다른 거짓과 위선이다. 그들은 '회칠한 무덤'(마 23:27)처럼 철저히 겉으로만 꾸미는 외식(外飾)하는 자들로 규탄되었다.

> **화 있을진저 외식하는 서기관들과 바리새인들이여 잔과 대접의 겉은 깨끗이 하되 그 안에는 탐욕과 방탕으로 가득하게 하는도다(마 23:25; 눅 11:39).**

9) 예수와 바리새파의 큰 논쟁 중 하나는 안식일 준수에 관한 것이었다. 안식일 논쟁은 안식일에 밀 이삭을 잘라 먹을 수 있느냐는 것과 안식일에 병자를 고칠 수 있느냐는 것으로 집약된다. 예수의 제자들이 시장하여 안식일에 밀 이삭을 잘라 먹은 것(마 12:1; 눅 6:1)과 안식일에 예수께서 밀밭 사이로 지나갈 때 제자들이 길을 열며 밀 이삭을 자른 것(막 2:23)을 두고 바리새인들이 예수께 안식일에 하지 못할 일을 한다고 비난하였다.

안식일에 대한 이들의 태도에서 구전을 중시한 그들의 종교적 의식을 엿볼 수 있다. 안식일을 노동 금지일로 엄격하게 지킨 바리새파는 구전에 의거하여 '노동에 해당하는 것'으로 규정한 39개 항목을 문자적으로 지켰다. 이러한 구전에 따라 노동으로 규정된 안식일에 밀 이삭을 비벼 먹는 일, 안식일에 병자를 고치는 일 등에 대하여 예수와 논쟁을 벌이기도 하였다.

앞에서 자세히 다룬 것(이 책 3장 5절)처럼 예수는 "안식일은 사람을 위하여 있는 것이요 사람이 안식일을 위하여 있는 것이 아니다"(막 2:27)하였고, "인자는 안식일의 주인"(막 2:28; 눅 6:4)이라고 하였다.

안식일에 예수가 회당에서 손 마른 자(마 12:8-9; 막 3:6; 눅 6:6)를 고쳤을 때 바리새인들이 헤롯당과 함께 예수를 죽이려고 모의하기도 하였다. 바리새파의 한 지도자 집에서 안식일에 식사하는 동안 고창병(蠱脹病 또는 수종병자)에 걸린 자를 치유한 다음 바리새인들에게 "너희 중 누가 그 아들이나 소나 우물에 빠졌으면 안식일에라도 곧 끌어내지 않겠느냐?"(눅 14:5)라고 반문하였다. 예수가 "안식일에 선을 행하는 것과 악을 행하는 것, 생명을 구하는 것과 죽이는 것, 어느 것이 옳으냐?"(막 3:4; 눅 6:9; 마 12:12)라고 반문하니 바리새인들이 오히려 잠잠하였다.

10) 바리새파 사람들은 페르시아와 조로아스터교의 영향을 받아 천사론, 악마론, 종말론, 예정론, 영혼 불멸과 육체의 구원, 선악 간의 상급 등을 신봉하였다는 점에서 종교적인 열정이 강한 것으로 볼 수 있다. 그들은 이 역사를 하나님이 지배한다고 믿었다. 지금은 비록 이방인의 지배를 받고 있지만, 때가 되면 하나님의 은혜와 섭리로 메시아가 도래하고, 다윗의 왕국이 땅 위에 영광스럽게 재건되고, 성전 예배도 회복되리라고 믿었다.

그러나 바리새파는 정치적인 문제와 종교적인 문제를 철저히 분리시켰다. 그들은 종교적인 삶이 손상되지 않는 한 본질적으로 비정치적인 운동을 전개하였다. 이런 까닭에 바리새파는 오늘날 정교분리주의와 상통한다. 열심당이 정치적인 의를 강조한 반면 바리새파는 율법적인 의를 강조하였다고 볼 수 있다.

예수는 바리새파의 이러한 모순을 명확히 지적하였다. 이들은 예전의 선지자와 의인을 칭송한다고 하면서 현재의 선지자와 의인은 박해하는 (정치적 의미에서) 불의한 자들이라고 비판한 것이다.

화 있을진저 외식하는 서기관들과 바리새인들이여. 너희는 선지자들의 무덤을 쌓고 의인들의 비석을 꾸미며 가로되 만일 우리가 조상 때 있었다면 우리는 저희가 선지자의 피를 흘리는데 참예하지 아니하였으리라 하니 그러면 너희가 선지자를 죽인 자의 자손 됨을 스스로 증거함이로다(마 23:13-31).

마태복음 23장은 적어도 예수의 추종자들이 바리새인들의 통상적인 권위를 더 이상 인정하지 않았다는 점을 드러낸다. 예수는 바리새파를 격렬하게 비판하였으므로 바리새인들이 결국 예수를 제거하기로 모의하고(요 11:47), 체포 명령을 내리고(요 11:57), 체포하여(요 18:3) 빌라도의 법정으로 이송하고, 십자가 처형을 받도록 한 장본인들이다. 예수의 추종자들을 유대 회당에서 축출시킨 자들도 바리새인들이었다(요 12:42).

이런 배경에서 보면 예수의 처형 이후 열렬한 바리새파인 사울이 이미 팔레스타인의 경계를 넘어 뿔뿔이 흩어진 예수 운동을 박해하는데 정열적으로 뛰어들었다는 것은 놀랄 일이 아니다(갈 1:13-14; 행 8:1-3).

IV
예수는 무력 항쟁의 열심당원과 달랐다

요세푸스가 제4의 학파라고 부른 열심당(또는 열혈당, Zealot)은 기원후 66~70년 사이에 로마에 항거하여 유대 독립을 위해 무력 전쟁을 주도한 의혈단과 같은 '열혈 구국 투사'들이다.

열심당은 오직 야웨 하나님만이 이스라엘의 참된 주권자이시며, 그분만이 성지 예루살렘의 참된 주인이시며, 그들이 사는 땅은 하나님께서 영구적으로 그들에게 주신 약속의 땅이라고 확신했다. 이교도들이 그 땅을 차지하여 권력을 행사하고 성전을 간섭하는 것에 대하여 방관하거나 협조하거나 타협하는 것 자체가 불신앙이며, 유대인이기를 포기하는 것으로 보았다. 열심당은 유대인이라면 누구든지 하나님을 위하여 필요하다면 무력을 행사해서라도 그들의 땅에서 이교도의 세력을 몰아내고 하나님의 주권과 유대인의 왕권과 그들에게 약속된 땅을 회복하여야 한다고 믿었다.

요세푸스는 갈릴리 사람 유다(행 5:37 참조)가 '열심당의 창시자'라고 하였다. 아켈라우스왕 때 구레뇨(Qurinius) 총독이 납세 부과를 위한 인구 조사를 명하자 유다가 나서서 이는 유대인을 노예로 전락시키려는 사악한 정책이므로 이에 대항하여 싸울 것을 촉구하였기 때문이다. 이 반란에 가담한 사람들은 '모두 비천한 계급 출신들'이었고, 갈릴리 유다가 체계적인 저항 조직을 결성한 것은 아니지만 이후에 일어난 많은 저항 집단의 이데올로기적 토대를 제공한 것은 사실이다.

기원후 53년 네로 황제가 즉위한 때부터 시카리파(Sicarii)라고 불린 집단이 등장하였다. 그들은 옷 속에 짧은 단도를 품고, 군중 속에 섞여서 로마에 협력하는 적대자를 살해하는 자객들이었다(행 21:38). 이들은 열심당과 합세하여 먼저 부유하고 권력이 있는 저명한 유대인들과 제사장 계급 및 왕족을 공격했다.

요세푸스의 기록을 살펴보면 예수가 출생한 이후 유대 전쟁이 발발하기 전까지, 즉 기원전 4년에서 기원후 65년 사이에도 이미 7번에 걸쳐 로마에 항거한 농민 봉기가 있었다고 한다. 기원후 66년 유대 전쟁이 일으킨 열심당은 성전에서 로마 군인을 몰아내고, 황제를 상징하는 독수리 신상을 부수고, 채무 증서 보관소를 불태우고, 제비뽑기에 의해 새로운 대제사장을 선출하고, 새로운 화폐를 주조하였다. 유대 왕국을 재건하기 위한 대안 정부(alternative government)를 조직한 것이다.

열심당들은 정치적인 정의를 실현하려는 실천적 변혁주의자이며, 이방인들의 식민지 정책에 대항한 무장 독립군이라고 할 수 있다. 이들은 바리새파의 정교분리나 사두개파의 정치적 타협이나 에세네파의 정치적 무관심을 모두 비판하였다. 그래서 그들은 '소극적 저항에서 적극적인 테러리즘으로, 순교를 각오한 무장투쟁으로' 나아간 것이다.

17세기의 라이마루스(Hermann S. Reimarus) 이래로 몇몇 학자들은 예수가 당시 유대교 4대 종파 가운데 열심당과의 유사성이 가장 많다는 주장을 제기하였다. 몰트만에 의하면 예수와 열심당 사이에 여러 공통점이 있음에도 불구하고 그 차이점이 분명히 드러난다고 하였다.

예수와 열심당의 공통점

예수와 열심당의 공통점으로 볼 수 있는 요소들을 정리하면 다음과 같다.

1) 복음서 자료에는 예수의 바리새파에 대한 논박은 발견되나 열심당에 대한 논박은 좀처럼 발견되지 않는다. 예수는 열심당이 전형적으로 사용한 용어를 사용하여 헤롯을 여우라 칭했다(눅 13:32).

몰트만은 예수의 제자 중에 열심당이 있었던 것으로 보아 열심당에 대해서는 호의적이었다고 한다. 예수의 제자 중 한 사람이 열심당 시몬(막 3:18; 눅 6:15)이었다. 열심당 시몬 외에 바요나 시몬 베드로도 열심당일 가능성이 있다.

2) 예수의 예루살렘 입성과 성전 정화는 제자들과 유대 주민 및 로마 당국자들에게는 열심당의 시위적인 행위로 보였을 가능성이 크다. 일부 학자들은 예수 자신의 성전 정화(막 11:15 이하) 역시 열심당의 기습적인 시위 형태와 유사하다고 주장한다.

그러나 예수의 성전 정화에 따른 후속 조치가 없었고, 제자들이 함께 가담하지 않은 점 등으로 보아 열심당의 기습 시위와는 현저한 차이를 보인다. 성전 입성이나 성전 정화는 열심당의 기습적인 시위가 아니라 예수의 성전 정화와 심판에 대한 예언자적 상징적 행위로 해석하기도 한다.

3) 예수는 열심당처럼 하나님의 나라를 선포하였다. 예수의 제자들도 열심당의 궁극적인 목표인 '이스라엘 나라의 회복'을 위해서는 폭력적인 수단을 꺼리지 않았다.

예수도 어떤 점에서 폭력을 상대화하였다. 그는 "내가 세상에 화평을 주러 온 것이 아니라 검을 주러 왔다"(눅 12:51)고 한 적이 있다. 최후 만찬 후 제자들에게 "검 없는 자는 겉옷을 팔아 검을 사라"(눅 22:36)고도 하였다. 예수가 열심당처럼 무장을 독려하였으며, 실제로 겟세마네 동산에서 예수가 체포될 때 베드로가 이 칼을 사용하여 성전 경비병 말고의 귀를 자른 것(요 18:10)은 열심당의 폭력적인 행동 양식을 반영한다는 주장이다.

그러나 이 말씀도 무력을 행사하라는 직접적인 전략적 지침이 아니라 예수를 따르는 소명에 수반되는 갈등을 예비하라는 은유적인 표현으로 해석되어야 한다. 그리고 예수는 폭력에 대해서는 여러 다양한 입장을 표명하였다. "칼을 쓰는 자는 칼로 망한다"(마 26:25)라는 말씀이나 "오른뺨을 치면 왼뺨을 내어 놓으라"(마 5:40)라는 말씀은 폭력에 대한 분명한 거부이기 때문이다.

4) 예수는 '나사렛 예수 유대인의 왕'(INRI)이라는 정치적인 죄명에 부과되었다. 율법을 어긴 일반 종교 사범과는 달리 투석형이 아닌 정치범의 처형 방식인 '십자가형'을 당하였다는 점이다. 민란에 가담한 두 '강도'(마 15:7), 즉 열심당과 함께 로마의 식민 통치에 항거하는 모반자를 뜻하는 '유대인의 왕'이라는 죄명으로 처형된 것이다. 그러나 예수가 정치범으로 십자가에 처형된 것은 유대인의 모략과 빌라도의 오판에 의한 것이라는 주장도 제기된다.

예수와 열심당의 차이점

예수와 열심당 사이에 이러한 유사점 못지않게 많은 차이점도 분명히 드러난다.

1) 열심당은 다가오는 하나님의 나라를 로마의 식민지 통치를 종식시키고 유대 왕국을 재건하는 것으로 성취하려고 하였다. 열심당의 하나님 나라는 대중적으로 선출된 성직자 정치(hierocracy)를 확립하는 것이었다. 그래서 그들은 유대 전쟁 기간 중 예루살렘을 점령한 후 제비를 뽑아 제사장을 선출함으로써 사독 계열의 지도력과 제비뽑기에 근거한 다윗 왕국의 전통을 회복하려는 것이었다.

그러나 예수가 선포한 하나님의 나라는 '거룩한 백성의 제사장 나라'라는 성직자 통치나 제비를 뽑아 왕을 세우는 옛 이상적인 다윗 시대의 제왕적 통치를 회복하는 것과는 달랐다. 예수는 복음을 통해 하나님의 뜻과 하나님의 의가 이루어지는 하나님이 아버지로서 다스리는 나라를 성취하려고 하였다.

2) 열심당은 철저한 유대 민족주의자들이었다. 그들은 이방인 적대자나 율법 위반자를 처형하거나 율법 없는 자의 추방을 통해 이스라엘의 민족적 정화를 주장하였다.

그러나 예수는 열심당의 편협한 국수주의를 거부하였다. 예수는 로마의 백부장의 하인과 수로보니게 여인과 같은 이방인을 치유하였다. 이방인들의 도시인 두로와 시돈과 데가볼리에 가서도 전도하였다. 예수는 이방인 치유와 이방인 선교를 배제하지 않았다. 그의 치유와 선교 대상은 유대인과 이방인의 경계를 넘어서는 것이었다.

3) 열심당 역시 엄격한 율법주의자들이었다. 그들도 '자기 의'를 이루려는 열정에 있어서는 바리새파와 다름이 없었다. 바리새파 사람들이 율법적인 의를 이루려고 매진하였다면, 열심당은 정치적인 의를 실천하려는 열정에 목숨을 걸었다. 따라서 바리새파 입장에서는 창녀가 가장 대표적인 반율법적인 죄인이었고, 열심당의 입장에서는 세리가 식민지 경제 수탈의 앞잡이였으므로 가장 반민족적인 죄인이었다.

그러나 예수는 자기 의를 주장하는 율법주의를 더 근본적으로 비판하였다. 예수에 의하면 하나님의 의는 인간의 자기 의와 달라서 정치적 죄인이나 율법적인 죄인을 모두 의롭게 하는 것이다. 따라서 "세리와 창녀가 하나님의 나라에 먼저 들어간다"고 하였다. 예수는 바리새파의 율법적 복종과 열심당의 정치적 복종 그 자체를 비판한 것이 아니라, 더 근본적으로 양자가 공통적으로 추구하는 자기 의를 맹신하는 율법주의를 비판한 것이다.

4) 예수의 제자 중에는 과거의 열심당 출신도 있었지만, 열심당의 불구대천인 세리 마태도 있었다. 예수는 반민족주의자요 자기 백성을 세금으로 수탈하여 부자가 된 세리장 삭개오(눅 19:2)도 환대하였다. 그의 집에도 구원이 임할 것이라고 선포하였다. 세리는 로마 식민지 지배 세력에 협력함으로써 바리새파와 열심당의 저주의 대상이 되었다. 예수는 죄인으로 취급되는 '세리의 친구'(마 11:19)로 비난받으면서도 세리들을 환대하고, 식탁 교제를 나누었다.

5) 열심당은 로마의 인구조사와 과세 정책에 반대하면서 촉발되었다. 그러나 예수는 '카이사르에게 바치는 세금'에 대해 "카이사르의 것은 카이사르에게, 하나님의 것은 하나님에게"(막 12:17)라고 명확한 확답을 회피하였다. 이 구절을 어떻게 해석하든 열심당이 투쟁적인 상황에서 백성들의 인기를 얻고 있는 예수를 자기편으로 끌어들이기 위해 듣고 싶어 했던 대답이 아니었던 것이 분명하다.

6) 보른캄(Günther Bornkamm)을 비롯한 여러 학자들은 예수가 "세례 요한 때부터 지금까지 하늘나라는 폭력을 당하고 있다. 폭력을 사용하는 자들이 하늘나라를 점령하려고 한다"(마 11:12, 공동번역)라고 한 말씀은 열심당의 하나님 나라 운동의 폭력적 수단 사용에 대한 분명하고도 예리한 거부일 것으로 본다.

무엇보다도 폭력에 대한 예수의 태도는 열심당과 전적으로 달랐던 것으로 이해된다. 예수는 로마에 대한 항쟁을 '거룩한 전쟁'으로 미화하고, 폭력적인 투쟁을 선동하지 않았다. 예수는 폭력의 악순환을 거부하였다. 그들을 억압하는 원수를 사랑하고, 박해하는 자를 위해 기도하라고 가르쳤다. "칼을 쓰는 자는 칼로 망한다"(마 26:52)고 하였다. 예수의 가르침의 기본 맥락은 사랑과 평화와 공의였다. 예수는 실천적 평화주의자였으며, 원칙적으로나 전술적으로나 폭력주의자는 아니었다.

로마의 식민지주의의 구조적 폭력 및 유대 왕국 자체의 제도적 폭력에 대한 열심당의 대응은 시위, 약탈, 테러 등의 저항과 항의, 협박, 투옥, 실종과 고문, 처형 등의 억압을 거쳐 마지막 단계는 반란으로 이어졌고, 결국은 폭력의 악순환을 가져왔다. 그리고 이러한 폭력적 방식이 극대화되어 기원후 66년경에 유대 전쟁이 일어났지만, 결국 로마의 더욱 잔인한 진압 폭력에 의해 유대는 멸망하고 말았다.

그러나 예수 운동은 새로운 평화 운동으로 유대 멸망 이후에도 하나님 나라 운동의 명맥을 세계화하여 오늘날까지 이어져 온 것이다.

예수는 유대교 4대 종파와 달랐다

예수 시대의 후기 유대교의 4대 종파의 태도는 저마다 중대한 취약점을 지니고 있었다. 유대교 내에서도 서로 갈등 관계에 놓여 있다고 볼 수 있다. 중요한 사안에 대해 대립적이고 적대적인 태도를 보였다. 뵈젠과 타이센 그리고 메르츠가 구체적으로 유대교 4대 종파의 차이를 도식화한 것을 종합하여 재작성하면 다음과 같다.

예수와 유대교 4대 종파의 비교

사두개파	에세네파	바리새파	열심당
사독 계열의 제사장 계급 후손	기원전 2세기 세속화된 성전 제사장 측에 반대한 하시딤에서 기원	하스몬 왕가의 종교적 태도에 반대한 분리파 페루쉼에서 기원	기원후 6년 갈릴리 유대의 조세 거부 로마 항쟁에서 기원
내세 및 부활 부정	영혼 불명 사상	의로운 이의 부활	의로운 이의 부활
메시아 대망 없음	묵시적 메시아 기대	승리의 메시아 대망	정치적 메시아 희망
하나님 나라에 대해 무관심	묵시적 하나님 나라의 도래 기대	율법 준수를 통한 하나님 나라 촉진	유대 왕국을 회복할 하나님의 나라 쟁취
오경 준수 원칙	독자적 비밀 문헌 준수	경전(구약)과 구두 전승 철저히 준수	경전(구약) 준수 원칙
상류층	특수층	하류층에 근접	하류층 및 중산층
권력 지향의 모순 노출	공동체의 이상 추구	종교적 권위와 형식 강요	정치적 변혁을 지향
정치적 현상 유지	정치적 무관심	정교분리 원칙	정치적 무력 항쟁
소수 권력 지향 집단	배타적 은둔 공동체	배타적 경건주의자	독립 무장 집단

많은 학자는 예수가 유대교에서 출발하였으나 당시의 유대교의 4대 종파 중 어느 파에도 속하지 않는 독자성과 차별성을 보인다는 점을 강조하였다. 한스 큉은 예수는 통상적인 규범을 깨뜨렸으나 유대교의 어떤 종파에도 편입되지 않는 다음과 같은 인물로 묘사한다.

> "정치적 종교적 기성 권력체제와 충돌했으나(사제도 신학자도 아니었다) 그렇다 고 정치적 혁명가도 아니었다(오히려 폭력 포기의 설교자였다). 외면적이거나 내면적인 떠남(탈속)의 주창자도 아니었고(금욕고행자나 쿰란 수도자가 아니었 다), 경건한 결의론자도 아니었다('계명에의 기쁨'으로 충만한 바리사이파가 아니 었다)"(한스 큉, 『그리스도교』, 69).

글로버(T. R. Glover)는 "기독교인들은 다른 종교의 신자들보다 한 걸음 앞서 생각하고 앞서 살다가 앞서 죽었다"고 하였다. 이는 예수가 그처럼 앞서 생각하고 앞서 살다가 앞서 죽었기 때문이다. 분명히 예수는 그의 언행을 통해 종교적으로나 정치적으로나 경제적으로 갈등이 극에 달한 상황에서 시대에 앞서가는 새로운 종교적 대안을 제시한 것이다.

그의 삶과 가르침은 모든 면에서 유대교의 4대 종파와 달랐다. 한스 큉은 예수는 세계 4대 종교의 대표자 모세와 무함마드, 붓다와 공자와도 분명하게 다르다고 하였다.

> "이 나사렛 사람은 인도의 신비주의 전통과 중국의 깨달음의 전통의 위대한 대표자들(붓다와 공자 등)과 다를 뿐 아니라, 근동 셈족에서 기원하는 다른 두 종교의 대표자들(모세와 무함마드)과도 다르다."

이런 관점에서 예수 그리스도를 바로 보면 그가 다른 종교의 창시자보다 훨씬 고유하고 전적으로 다른 앞선 생각과 새로운 대안을 가지고 살고 죽은 분인 것을 확인할 수 있는 것이다. 그래서 예수의 동시대의 선각자 세례 요한도 예수를 가리켜 이렇게 외친 것이다.

"이 사람을 보라"(Ecce Homo, 요 1:29).

V
하나님처럼 말하고 행동하신 예수

예수는 과연 하나님인가?

예수가 하나님이라는 것은 부활 이후 초대교회의 예수 신격화에 따른 교리로 고백된 것이 아닌가? 그래서 니케아(A.D. 325), 칼케돈(A.D. 451) 회의를 거치면서 예수가 참 하나님이고 참 인간이라는 양성론 교리가 형성된 것이 아닌가?

칼케돈 신조 1,500주년이 되는 1951년 많은 학자가 참여하여 "역사적 예수가 어떻게 하나님의 아들로 등장하고, 하나님으로 고백되었는가" 하는 문제를 다룬 3권의 저서를 출판하였다.

예수가 '하나님의 아들'이면서 동시에 '하나님'이라는 것이 기독교 신앙의 본질이라는 것이 확인되었다. 세계기독교교회협의회(WCC) 헌장에서도 "예수 그리스도를 하나님과 구세주"로 고백한다. 신약성서는 적어도 네 번에 걸쳐 명시적으로 '예수를 하나님'이라고 고백하고 있기 때문이다.

① 나의 주님이시요 나의 하나님이시니이다(요 20:28).

② 그는 만물 위에 계셔서 세세에 찬양을 받으실 하나님이시니라(롬 9:5).

③ 우리 크신 하나님 구주 예수 그리스도의 영광이 나타나심이라(딛 2:13).

④ 그는 참 하나님이요 영생이시라(요일 5:20).

최근에 와서 신학자들은 예수께서 부활하시기 이전 공생애 동안의 여러 언행을 통해 그가 하나님처럼 말하고 행동한 여러 사례를 재확인하게 되었다.

하나님을 나의 아버지로 호칭하다

예수는 하나님을 '나의 아버지'라고 선포한 최초의 인물이라는 것이 요아킴 예레미아스를 비롯한 여러 학자들의 주장이다. 물론 신을 아버지로 상징한 표현은 고대 종교에서 등장하지만, 하나님을 아버지로, 그것도 유아적인 표현인 '아바'(Abba)로 기도 중에 호칭한 것은 유대교 전통에도 없는 예수에 의한 전무후무한 사례라고 하였다. 제자들에게 "나의 아버지가 바로 너희의 아버지"이므로 너희가 기도할 때 "하늘에 계신 우리 아버지"에게 기도하라고 가르쳤다.

하나님을 아버지로 부르며 스스로 하나님의 아들이라 칭하고, 하나님 아버지의 나라를 선포한 하나님의 사람 나사렛 예수는 제자들에게 아주 강한 인상을 주었기 때문에 베드로는 자연스럽게 "당신은 그리스도요 살아 계신 하나님의 아들입니다"(마 16:16 평행)라고 고백할 수 있었던 것이다.

하나님처럼 죄를 사하다

예수는 하나님과 같은 권위와 권능을 가지고 가르쳤고, 하나님처럼 죄 사함의 권세를 주장했다. 그가 가르치는 내용은 하나님만이 선포할 수 있는 내용이 포함되었다. 예수는 많은 병자를 치유하면서 "네 죄가 사해졌다"고 사죄 선언을 하여 유대 지도자들을 분노하게 하고, 유대인들을 경악하게 하였다. 심지어 사죄 선언을 시비하는 유대인들에게 "인자는 땅에서 죄 사하게 하는 권세를 가지고 있다"(막 2:10; 눅 5:24)는 사실을 스스로 확인하여 주었다.

유대인들은 지금도 그러하지만 당시에도 죄를 사하는 권세는 오직 하나님에게만 있는 것으로 확신하였다. 예수 역시 유대교의 이러한 전통에서 자랐음에도 불구하고 하나님과 동등하게 죄 사함의 권세를 가졌다고 주장하였고, 동시에 다른 사람들도 그렇게 이해했던 것이다.

하나님처럼 말하다

예수는 그의 말의 권위를 드러내기 위해 "진실로 내가 네게 말한다"는 어구를 여러 번 사용하였다. 이 독특한 '아멘 양식'(Amen Formula)은 예언자들은 '메신저 양식'(Messenger Formula), 즉 "야웨가 이렇게 말했다"와 유비되는 양식이다. 예수는 이처럼 하나님과 같은 권위를 가지고 하나님이 말씀하시듯이 "나는 너희에게 말한다"라는 언설 양식을 사용한 것이다.

예수는 일부 율법을 폐기하고 새롭게 해석하였다. 예수는 옛 율법을 폐기하거나 그 정신을 강화하여 새롭게 가르쳤는데(마 5:21-48), 이를 구약의 율법에 대한 6반제라고 한다. 하나님께서 모세에게 준 율법을 폐기하거나 새롭게 제시하는 것은 하나님과 같은 권위를 암시하는 것으로서 사람들의 놀라움을 자아냈다. 케제만(E. Kasemann)도 "하나님의 계명을 폐지시킬 수 있는 분은 하나님과 동일한 단 한 분이다"라고 하였다. 그런데 예수가 하나님만이 하실 수 있는 그 일을 했다는 것이다.

안식일의 주인이라 선언하다

예수는 놀랍게도 "인자는 안식일의 주인"(마 2:28 평행)이라고 선언한다. 창세기에는 "하나님께서 하시던 일을 모두 마치고 일곱째 날에 안식하셨다"(창 2:2) 한다. 제4계명에는 "일곱째 날은 네 하나님 여호와의 안식일"이라고 하였다. 유대인들은 여호와의 안식일이 창조의 질서이며 하나님의 계명이므로 "우리가 안식일을 지키면 안식일이 우리를 지켜준다"고 믿었다. 유대인들은 안식일을 거룩하게 지키기 위해 일체의 노동을 금지시켰다.

따라서 예수가 안식일에 병자를 고치는 등 안식일 규범을 과감히 범하는 것은 하나님을 모독하는 일로 여겨진 것이다. 그런데 예수는 "인자가 안식일의 주인"이라고 선언하였다. 하나님과 같은 권위를 지니지 않고서는 감히 할 수 없는 말씀이 아닐 수 없다.

하나님의 성전의 멸망을 선언하다

예수는 "성전을 헐라"고 주장하고, "성전이 무너질 것이다"고 선언하였다. 성전은 '하나님의 전'으로 의심 없이 이해되어 왔다. 성전 모독은 하나님 모독과 같은 범죄에 해당하였다. 예수 당시에는 그 누구도 감히 하나님의 성전의 멸망을 예고할 수 없었다. 그런데 예수가 '하나님의 성전 멸망'을 선언한 것으로 보아 예수는 하나님과 동등한 권위를 자각하고 있었음을 확인할 수 있다. 이 일로 예수는 신성모독자로 고발되었고, 실제로 신성모독자로 처형당한 것이다.

세례와 성만찬을 제정하다

세례와 성만찬의 제정이다. 예수는 "모든 족속에게 세례를 주라"(마 28:20) 명하였고, 예수는 최후의 만찬에서 자신의 죽음을 새 계약의 표식 (눅 22:20)으로 선언하였다. 세례와 성만찬은 사실상 '성전 체제'와 '희생 제의'를 대체하는 예식이며, 옛 계약을 대체하는 새 계약의 선언이었다. 하나님이 이스라엘 백성과 맺은 옛 계약을 새로운 계약으로 대체하는 것 역시 하나님과 동등한 권위를 가지지 않고서는 불가능한 행위이다.

당시 후기 유대교의 입장에서는 예수가 성전을 모독하고 율법을 모독 하는 것보다 스스로 하나님의 아들이라 자처하며, 하나님과 같은 신적 권위와 신적 권능을 가지고 가르치고 행동한 것이었다. 이는 그들이 믿어온 '유일신 하나님'(신 6:5)을 모독하는 심각한 신성모독죄에 해당되 었다. 예수 시대의 평균적인 유대인들도 예수의 이러한 언행을 용납할 수 없었던 것이다. 그래서 산헤드린의 재판에서 예수는 신성모독자로 선언되었다. 이것이 그의 십자가 처형으로 이어진 원인이었다.

역설적이게도 예수가 신성모독자로 처형되었다는 것이야말로 역사 적 예수가 실제로 하나님처럼 말하고 행동했다는 확실한 증거가 되는 것이다. 예수가 단지 위대한 인간이 아니었다. 하나님이 아니면 할 수 없는 말과 행동을 하였기 때문이다.

6장

/
/

예수에 대한
여러 오해와
왜곡

1. 12월 25일 성탄절을 지키면 이단인가?
2. 동정녀 탄생은 꾸며낸 전설인가?
3. 예수는 로마 군인 판테라의 사생아인가?
4. 청년 예수, 인도에 가서 불교를 배웠는가 ?
5. 예수는 아내가 있었는가?

I

12월 25일 성탄절을 지키면 이단인가?

예수의 탄생 연도, 왜 기원후 1년인가

예수 그리스도의 탄생은 인류 역사의 신기원을 이룬 중요한 사건이지만, 우리는 그 정확한 연도와 일자를 알지 못한다. 마태는 예수가 헤롯왕 치하에 예루살렘의 베들레헴이라는 작은 마을에서 태어났다고 한다(마 2:1). 누가도 유대 왕 헤롯 치하에서 세례 요한이 태어났고, 6개월이후 예수가 태어났다고 한다(눅 1:26). 예수가 태어난 것은 헤롯왕이아직 살아 있을 때라는 것이 마태와 누가의 일치된 증언이다.

그러므로 헤롯이 죽기 직전 예수가 태어난 것은 확실한 것으로 추정된다. 이 해를 로마력으로 환산하면 750년이 된다. 그런데 예수의 탄생연도를 기원후 1년으로 정한 것은 기원후 525년 로마의 한 수도원의원장이었던 엑시구스(Dionysius Exiguus)가 로마력을 기준으로 예수의탄생 연도를 정하면서 헤롯의 죽은 해를 기원전 754년으로 착오하여그 해를 예수 탄생의 해로 정하고, 서력 원년, 즉 기원전 1년으로 삼았기때문이다. 그리고 이를 전후 하여 비시(B.C.)와 에이디(A.D.)를 기산(起算)

하게 된 것이다. 비시는 예수 이전(Before Jesus)의 약자로 기원전(主前)을, 에이디는 라틴어 안노 도미니(Anno Domini: After the Lord)의 약자로 기원후(主後)를 뜻한다.

그러나 유대인 역사가 요세푸스의 기록에 의하면 헤롯왕은 기원전 37년 왕으로 즉위한 후 34년간 통치*하다가 기원전 4년 유월절(4월 11일) 직전인 봄에 죽었다고 한다. 헤롯이 죽기 직전 월식이 있었는데, 이날이 바로 야메스와 시몬이 화형당한 날이다. 천문학적 계산에 따르면 이날은 로마력으로 3월 12일~13일이라고 한다. 따라서 헤롯의 죽음은 기원전 4년 3월 12일부터 4월 11일 사이라고 비교적 정확하게 추정할 수 있다. 기원전 4년을 로마력으로 환산하면 750년이 된다. 따라서 예수의 탄생 연도는 헤롯이 죽은 해인 기원전 4년 3월 이전이 확실하며, 엑시구스가 서기 1년으로 계산한 것은 착오로 확인된 것이다.

예수의 탄생일은 왜 12월 25일인가?

예수 그리스도의 탄생 기념일을 지칭하는 크리스마스는 영어로 '그리스도(Christ)를 위한 미사(mass)'의 줄임말이다. 신약성경은 예수의 탄생에 관련된 여러 사건들을 전하고 있지만, 탄생일에 대한 기록은 없다. 2세기의 교부들인 이레네오, 테르툴리아누스, 오리게네스 역시 그리스도의 탄생 날짜에 대한 어떠한 기록도 남기지 않았다. 이는 초대교회에서는 예수 그리스도의 탄생보다 그의 수난과 부활에 대한 신앙적 관심이 더욱 집중되었기 때문이다.

---

* 요세푸스, 『유대 고대사』 17.8:1-4; 『유대 전쟁사』 1.35:8.

3세기에 접어들어 기독교인들은 가족들의 생일을 축하하는 관습에 비추어 자신들의 구주이신 예수 그리스도의 생일을 축하하고 싶은 경건한 열정이 자연스럽게 생겨났다. 이들은 개별적으로 임의로 날짜를 정해 지역에 따라 1월 1일, 1월 6일, 3월 27일에 그리스도의 탄생을 축하하곤 하였다. 기원후 4세기 이전까지는 교회가 공식적으로 크리스마스를 축하하지는 않았다.

예수의 탄생일을 12월 25일로 정한 최초의 인물은 기원후 3세기 초 로마 교회의 주교였던 히폴리투스이다. 그는 예수가 십자가에 처형된 해를 기원후 29년으로 보고, 처형된 날짜를 만월(滿月)인 3월 25일이라고 추정하였다. 그리고 예수가 성령으로 잉태되어 십자가형을 받기까지의 생애는 정확하게 33년이며, 두 사건은 모두 3월 25일에 발생하였다고 추정하였다. 그리하여 수태일인 3월 25일에서 열째 달이 되는 12월 25일이 예수의 탄생일이라는 결론에 도달하였다. 기원후 313년 콘스탄틴 황제에 의해 기독교가 공인되고, 몇 년이 지난 기원후 321년에는 예수가 부활하신 날인 '안식 후 첫날'(막 16:2)을 주의 날(主日)이라 하여 공휴일로 삼았고, 그리스도의 탄생일을 12월 25일로 공식화하였다고 한다.

성탄절 날짜는 왜 서로 다른가?

예루살렘 교회에서는 4세기 중엽부터 1월 6일을 성탄절로 지켰으므로 예루살렘의 주교 키릴은 로마의 주교 율리우스(재위 337~352)에게 그리스도의 실제 출생 일자를 확정하여 줄 것을 요청하였다. 율리우스는 예수 탄생 6개월 전에 세례 요한이 출생하였으며, 그때(눅 1:26)가 바로 그의 부친 스가랴가 제사장직을 수행하던 장막절로 추정하고, 이에 기초하여 예수의 탄생일을 12월 25일이라고 하였다. 율리우스 주교 시절인 336년에 교회가 공식적으로 12월 25일에 성탄절을 지켰다는 것이 기록상으로는 처음 나타난다.

이런 전통에 따라 아우구스티누스(354~430)는 『삼위일체론』 4권 5장에서 "예수께서는 3월 25일에 수태되셨다. … 전통에 따르면 예수께서는 12월 25일에 태어나셨다"라고 기록하고 있다.

이에 반해 4세기 초엽부터 동방교회에서는 1월 6일을 예수의 육체적인 생일뿐만 아니라 영적인 생일, 즉 수세일로 지켜 왔다. 지금도 일부 동방교회에서는 1월 6일을, 아르메니아 교회에서는 1월 17일을 성탄절로 지킨다. 클레멘트에 따르면 이집트에는 5월 20일을 성탄절로 지킨다는 기록(*Stromata I*, 145.6)이 남아 있기도 하다.

러시아 정교회는 율리우스력 12월 25일은 16세기에 정한 그레고리력으로는 1월 7일이 되기 때문에 1월 7일을 성탄절로 지킨다. 같은 러시아 정교회 국가인 세르비아, 그루지야 등에서는 율리우스력인 12월 25일을 성탄절을 기념한다.

성탄절을 지키면 이단인가?

일부 기독교 교단에서는 성탄절을 12월 25일로 지키기도 하고, 1월 6일로 지키기도 한다는 이유로 역사적 근거가 없다고 하여 성탄절 자체를 지키지 않는다.

한국 주요 교단이 이단으로 규정한 '하나님의 교회'(안상홍 증인회)에서는 성탄절을 지키면 이단이라고 주장하였다. 공교롭게도 기원전부터 로마, 이집트 등 이교도 지역에서는 12월 25일을 '무적의 태양신'(Sol Invictus) 축일로 기념하고 있었고, 로마에서는 12월 17일부터 24일까지는 불리는 농경신 사투르누스의 제사가 행하여졌기 때문에 12월 25일 성탄절은 이교 신앙에서 유래된 것이라는 주장이다. 이처럼 12월 25일 예수 성탄절은 반대하면서도 1월 13일은 재림 예수 안상홍 탄생일로 지키고 있다. 통일교에서도 이날을 메시아 문선명 탄생일로 지킨다.

십자가에 달리시고 부활하신 예수를 구세주로 믿는 초기 기독교인들은 예수가 인류를 구원하기 위해 이 땅에 오신 날을 기리기 위해 1년 중 하루를 임의로라도 정하여야 할 신앙적인 필요가 절실하였다. 이북에 계신 부모님이 돌아가셨다는데 정확한 날짜를 모를 경우 후손들이 모이기 쉬운 적당한 날짜를 임의로 정하여 제사를 지내는 것과 같이 예수의 탄생일을 정확히 알지 못하기 때문에 교회가 그나마 가장 가능성이 있고 의미가 있는 날을 12월 25일로 정하여 1,500년 이상 성탄절로 지켜온 것이다.

성탄절은 예수 탄생일에 대한 정확한 기록이 없어 임의로 정한 날이긴 하지만, 경건한 신앙의 오랜 전통이므로 예수의 탄생일을 지키는 것 자체를 너무 문제 삼는 것은 지나치다고 여겨진다. 성탄절의 의미가 세속화된 것이 문제이지, 정확한 기록이 없어 임의로 정한 날을 교회의 전통에 따라 경건하게 성탄절로 지키는 것은 신앙적으로 의미 있는 일이기 때문이다.

예수와 산타의 차이에 관한 재미있는 글을 소개하려고 한다.

산타는 우는 아이에게 선물을 안 준다.
예수님은 우는 아이에게 선물을 더 주신다.

산타는 굴뚝 있는 집에만 간다.
예수님은 굴뚝 없는 움막에도 가신다.

산타는 양말도 없는 아이에겐 선물도 안 준다.
예수님은 신발도 없는 아이에게 선물을 더 주신다.

산타는 선물만 주고 갔다.
예수님은 자신을 주고 가셨다.

II

동정녀 탄생은 꾸며낸 전설인가?

동정녀 탄생의 알마 오역설

김용옥은 『기독교 성서의 이해』(2007)에서 소위 동정녀 탄생 오역
유래설을 역설하였다.

"그런데 무슨 이유에서인지 셉튜아진트가 '알마'(젊은 여자)를 '파르테노스'(처
녀)로 번역해 버린 것이다. 이 단순한 오역이 마태복음 기자의 엉뚱한 오판을
자아냈으나 그것은 오늘까지 신약성서에서 동정녀 마리아 탄생 설화를 입증하
는 700여 년 앞을 내다본 구약의 예언으로서 크리스마스 때가 되면 모든 교회에
서 뇌까리는 주술이 되고 있는 것이다"(248쪽).

오강남도 『예수는 없다』에서 이런 주장을 한 적이 있다. 동정녀 탄생
설을 구약성서의 오역에 기초한 교리라는 것은 유대인들이 주장한 것이
다. 오리게네스는 이사야 7장 14절의 히브리어 '알마'를 어떤 유대인들은
'동정녀'가 아니라 '젊은 여자'라고 하지만, "'알마'(Almah)라는 단어는

70인역에서도 처녀(a virgin) 또는 젊은 여자(a young woman)로 번역된다"고 하였다. 그리고 이사야 본문은 이사야가 르신과 베가의 공격을 받아 패전의 위기에 처한 아하스 왕에게 "주께서 친히 너희에게 징조를 보여 주리라"고 예언한 내용이므로 "동정녀가 아닌 젊은 여자가 아이를 낳는 것이 무슨 징조가 될 수 있는가?"라고 반문하였다.

슈트라우스(F. Strauss)는 『예수의 생애』(*Das Leben Jesu, Kritisch bearbeitet*, 1835)에서 복음서의 동정녀 탄생 기사는 고대의 영웅적 탄생 신화처럼 순수한 신화가 아니라, 구약성서에 근거한 역사적 신화라고 하였다. 히브리어로 기록된 이사야 7장 14절에 나오는 "'젊은 여자(almah)가 잉태하여 아들을 낳으리라'를 구절이 그리스어 70인역으로는 '처녀(parthenos)가 잉태하여 아들을 낳을 것이요'라고 번역하였는데, 마태가 이 오역에 근거하여 예수의 처녀 탄생을 기록한 것"이라고 하였다. 이에 대해 칼 바르트는 "70인역의 유대주의자들은 알마를 파르테노스와 같은 의미로 사용했으며, 이 용어를 메시아적으로 사용하지 않은 것이 결코 아니다"라고 하였다.

타이센과 메르츠도 이점을 분명히 지적하고 있다. "최초의 그리스도인들은 구약에 비추어 예수에 대한 기억을 해석했을 뿐만 아니라 경전을 근거로 그 기억을 만든 것"이라는 19세기 이래의 주장을 반박한다. 브라운(R. E. Brown)도 마태가 기존 자료에 약속 성취의 인용구를 삽입한 것은 인정하지만, "마태의 이사야 4장 17절 인용이 예수가 처녀에게서 잉태되었다는 사상을 창출한 것이 아니고, 오히려 그러한 사상을 설명하기 위하여 사용되었다"고 주장하였다.

'알마'의 오역 유래설의 반박

슈트라우스 이후 히브리어 원어와 그리스어 번역상의 문제는 후속적인 논의로 이어졌다. 이사야서 4장 17절을 포함하여 구약성서에 모두 9번 등장하는 '알마'라는 단어를 문맥에서 분석한 결과 '알마'는 처녀(동정녀)의 뜻으로도 사용되었음이 드러난 것이다. 특히 창세기 24장에는 아브라함의 종이 이삭의 아내를 구하기 위해 밧단아람으로 가서 물 길어 나온 리브가를 만나는 장면이 나오는데, 리브가를 한 번은 '베툴라아'(창 24:16)로 한 번은 '알마'(창 24:43)로 표현한다.

만약 '알마'가 '결혼한 젊은 여자'를 뜻한다면, 처녀가 아닌 리브가는 결코 이삭의 아내가 될 수 없을 것이다. 따라서 리브가(창 24:43)와 미리암(출 2:8)은 확실히 '처녀'를 의미하며, 나머지 세 구절(시 68:23; 아 1:3, 6:8)은 모두 처녀일 가능성이 있는 경우로 판명되었다.

구약성서에는 '알마'(9회) 외에도 '베툴라아'(55회)와 '나아라'(naarah, 12회)가 처녀의 뜻으로 사용되고 있다. 그리고 신명기 22장 20절에서는 '베툴라아', '나아라'가 병행 표기되어 있는데 둘 다 처녀의 뜻으로 사용되었다. 따라서 이사야 7장 14절의 '알마'를 '파르테노스'(처녀)라 번역하는 것은 충분히 가능하다는 것이 밝혀졌다.

무엇보다도 마태복음은 이사야의 '알마'를 '파르테노스'로 번역한 70인역을 인용하였지만, 누가복음의 동정녀 탄생 기록에 보면 이사야서의 인용구가 없으며, '알마'라는 용어의 인용과 상관없이 처녀 탄생을 당황스러운 현실로 기록하고 있다. 가브리엘 천사가 처녀 마리아에게 나타나 "보라 네가 잉태하여 아들을 낳으리니 그 이름을 예수라 하라"(눅 1:31)고 고지하였다. 마리아가 큰 충격을 받아 "나는 남자를 알지 못하니 어찌

이 일이 있으리이까"(눅 1:34)라고 반문한 것이 기록되어 있다.

동정녀 탄생, 꾸며낸 전설인가?

누가복음은 데오빌로라는 로마의 고위 관리에게 발송된 것이다. 누가복음은 기독교를 변증할 목적으로 쓰인 공문서로 보아야 할 것이다. 예수 운동의 역사적 내력을 서술함으로써 기독교를 변증하기 위한 것이었기 때문에 누가는 그가 알고 있는 사실을 가감 없이 기록했을 것이 분명하다. 만약에 동정녀 탄생이 역사적 사실이 아니라 예수의 신비한 출생을 은유적으로 설명하기 위해 꾸며낸 전설이나 구약성서의 오역에 근거한 역사적 신화라면, 그 사실 여부에 대한 확인을 감수해야 하고, 그것이 날조로 드러날 경우 위증에 따른 역공과 박해의 모험을 감수해야 했을 것이다.

더군다나 누가는 당대의 의사로서 양성생식을 통해 아이가 태어난다는 사실을 누구보다도 정확히 알고 있었을 것이다. 그럼에도 불구하고 이 불편한 사실을 삭제하지 않고 기록하여 변증하였다는 사실에도 주목해야 한다.

꾸며낸 전설의 경우에는 과장과 미화가 따르고, 불리하고 불유쾌하고 상호 모순되는 내용은 의도적으로 배제하는 것이 통례이다. 그러나 많은 성서 역사학자들의 주장처럼 이 점에 있어서 성서는 예외에 속한다. 동정녀 탄생의 문제도 여기에 해당한다. 예수가 처녀의 몸속에서 잉태하여 베들레헴에서 탄생했고, 나사렛에서 자랐으며, 그의 출생으로 인해 베들레헴 동년배 아이들이 무참히 죽는 등, 이 비상식적이고 불유쾌하고 모순적인 사실이 역사적, 실체적 진실이지만, 이 모든 사건을 복음서의 독자들로서는 다 이해하기 어렵다고 여겼기에 구약성서를 인용하고, 과거에 기록된 약속의 성취라고 주장함으로써 역사적 검증을 확보하려고 했던 것이다.

이처럼 오늘날 역사적 사건을 검증하는 방법과 2,000년 전 성서 기자가 역사적 사건을 검증하는 방식이 달랐다는 것을 비판적인 서양 역사학자나 성서학자들이 이해하는 데에도 거의 200년이라는 시간이 필요했던 것을 상기할 필요가 있다.

과장과 미화와 왜곡은 특정한 목적과 이해관계에 의해 교묘하게 수행된다. 예수 출생의 경우 켈수스의 주장처럼 불륜의 아들을 동정녀 탄생으로 왜곡하여 얻을 수 있는 이득이 전혀 없었다. 예수의 제자들은 비난과 추방 그리고 순교 이외에는 얻은 게 아무것도 없었다. 톰 라이트(N. T. Wright)는 "마태와 누가가 예수의 동정녀 잉태를 문자적으로 사실이라는 것을 믿지 않았다면, 고양된 은유를 목적으로 왜 그런 위험을 감수했겠는가?"라고 반문한다.

III
예수는 로마 군인 판테라의 사생아인가?

그리스 철학자 켈수스는 최초의 반기독교 저서인 『참된 가르침』(*On the True Doctrine*, 178)이라는 책에서 예수는 마리아와 로마 군인 판테라 (Phantera) 사이의 사생아였는데, 이러한 간통을 감추기 위해 성령으로 잉태한 것처럼 날조했다고 주장하였다. 이에 대해 당대의 신학자 오리겐이 『켈수스를 논박함』에서 조목조목 비판하였다. 오리겐은 켈수스의 거짓되고 맹목적인 "날조가 성령에 의한 신비한 잉태를 뒤집을 수는 없다"고 반박하였다. 그는 간음을 통해서는 인류를 해치는 방탕과 사악함과 온갖 악덕만을 가져올 뿐이며, 절제와 의와 온갖 덕을 가져오지 못한다는 것이다. 예수 영혼의 위대함과 그의 신비한 능력 등을 볼 때 예수가 판테라와의 간음을 통해 태어난 것으로 볼 수 없다고 하였다.

타보르(J. Tabor)가 쓴 『예수 왕조』(2007)는 여러 반기독교적 문서에 자주 등장하는 예수의 로마 군인 판테라 사생아설을 가장 그럴듯하게 전개하여 여러 사람들을 현혹시키고 있다. 신학을 공부한 적이 있는 김용옥마저 2000년 KBS 1TV에서 "도올의 논어 이야기"를 진행하다가 "예수는 사생아"라고 발언하기도 하였다.

1) 타보르는 예수가 아버지인 로마 병사 판테라와 마리아 사이의 사생아일 확률이 높다는 켈수스의 주장을 인용한다. 판테라의 사생아설이 퍼지게 된 이유에 대해 성서신학자 브루스(F. F. Bruce)와 클라우스너(Joseph Klausner)는 로마 군인 '판테라'(Panthera)는 '처녀'를 의미하는 그리스어 파르테노스(parthenos)의 와전(訛傳)이라고 한다. "처녀(parthenos)가 잉태하여 아이를 낳으리니"(마 1:23)라는 말씀에서 유래한 '파르테노스(동정녀)의 아들'이라는 표현에서 'r'과 'n'의 위치를 바꾸어 '판테라(Panthera)의 아들'로 변조되었다는 것이다.

라틴어 판테라(Panthera)는 표범을 뜻하며(표범의 학명이기도 하다), 당시 로마 군인에게는 흔한 이름이었기 때문에 '로마 군인 판테라의 아들'로 날조되고, 그래서 사생아설로 증폭된 것이라는 주장이다. 예수의 판테라 사생아설은 지금도 일부 반기독교적 네티즌들이 기독교를 '개독교'라고 하는 것과 같은 방식의 비난과 날조인 것이다.

2) 타보르는 초기 랍비 문서와 탈무드에 "판테르(Panter)의 아들 예수"라는 기록이 모두 세 번 있는데, 판테르는 판테라와 같은 말이므로 예수의 아버지가 판테라라는 증거라고 한다. 그러나 타보르도 밝혔듯이 판테르라는 이름도 흔한 이름이라 유사한 것으로 판테라, 판데라, 판티리, 판테리 등이 있다. 예수라는 이름 역시 당시에 아주 흔했다. 유대 역사가 요세푸스의 『유대 고대사』와 『유대 전쟁사』에서 20명의 동명이인인 예수(예수아, 여호수아)가 등장한다.

랍비 문서와 탈무드에 나오는 '판테르'는 유대인일 가능성이 더 높으며, 로마 군인 '판테라'를 지칭한다는 결정적인 증거가 없다. 이 '판테르의 아들 예수'가 곧 요셉의 아들 '나사렛 예수'라는 증거도 전무한 것이다.

단지 흔하디흔한 판테라와 예수라는 이름이 함께 나오니까 후대의 반기독교 저자들이 켈수스의 로마 군인 판테라설과 억지로 관련시켜 예수 사생아설의 날조를 더욱 증폭시킨 것이다.

3) 타보르는 4세기의 교부 에피파니우스가 요셉의 아버지를 '야곱 판테라(Panthera)'라고 칭한 것과 다마스커스의 요한이 마리아의 증조할 아버지를 '판테라'라고 한 것을 또 다른 증거로 제시한다. 예수는 친가나 외가로 보아도 '판테라의 자손(아들)'이라는 것이다. 그러나 성서학자 브루스는 '벤 하 판테라'(Ben ha-Pantera)는 '표범의 아들(자손)'을 의미하는데 전투적인 열심당에 대한 경멸 어린 표현이라고 한다.

브루스는 아마 예수의 조부도 갈릴리 출신이자 열심당 운동에 가담한 용맹한 전사로 '표범의 아들'이라 불린 전승이 있었을 것으로 추정한다. 예수가 유대인 열심당의 후손이라는 의미에서 '판테라의 자손'이라는 말이 '로마 군인 판테라의 아들'로 둔갑하여 경멸적으로 와전되었을 가능성도 전혀 배제할 수 없다. 어쨌든 타보르가 인용한 에피파니우스와 다마스커스의 요한의 기록이 역사적 사실이라면 예수는 유대인 열심당의 후손이라는 의미에서 '판테라의 손자'가 되므로 로마 군인 판테라의 아들이 아니라는 결정적인 증거가 되는 것이다. 따라서 고대의 유물에서 판테라라는 이름이 발굴되면 이를 켈수스가 날조한 로마 군인 판테라와 관련시켜온 것임을 알 수 있다.

4) 유대 공동체에서 사생자(mamzer)는 죽음의 형벌이나 멸망의 형벌을 받아 마땅한 관계, 즉 근친상간이나 간음(레 20:10-20 등)으로 태어난 후손을 말한다. 더군다나 사생자는 가장 비합법적인 이스라엘인으로

여겨져 유대 공동체에서 추방되었다. 신명기는 "사생자는 여호와의 총회에 들어오지 못하리니 십 대에 이르기까지라도 여호와의 총회에 들어오지 못하리라"(신 23:2)라고 하였다. 이는 사생자의 후손 여부를 십 대까지 철저히 조사했을 역사적 가능성의 근거가 된다. 심지어 사생자라는 단어는 가장 나쁜 욕으로 통했다. 바벨론 탈무드(Qid. 28a)에는 사생자라고 욕한 사람에게 39대의 태형을 선고하도록 하였다.

5) 예수는 적대적 환경에서 활동했고, 그의 적대자들이 예수 운동에 대한 비난의 실마리를 찾으려고 애쓴 흔적은 복음서에 잘 드러나 있다. 예수의 출신에 대해 "나사렛에서 무슨 선한 것이 나오겠느냐"(요 1:46)고 비난하고, 예수를 "귀신에 들려 귀신을 쫓아내는 자"(눅 11:15)요, "먹고 마시기를 탐하는 자"(눅 7:34)라고 비난하였다.

따라서 예수가 만약 로마 군인 판테라의 사생자였다면 고대 유대 사회의 특성상 예수가 활동하는 동안 사생자라는 소문이 퍼졌을 것이다. 신명기의 율법에 따라 그 사실 여부가 조사되었을 것이고, 사실로 판명되었다면 예수의 공적 활동은 그 즉시 좌절되고 말았을 것이다. 그러므로 예수가 유대 공동체에서 최악의 취급을 받는 사생자였음에도 이 사실이 금방 드러나는 같은 동네 출신의 추종자들에 의해 '하나님의 아들'로 고백되었다는 것은 도저히 불가능하였을 것이다.

예수 사후에라도 예수가 사생자라는 것이 역사적 사실로 밝혀졌더라면 예수가 탄생하고, 활동하고, 부활하신 나사렛과 예루살렘에서 기독교 운동이 뿌리를 내릴 수 없었을 것이다.

IV
청년 예수, 인도에 가서 불교를 배웠는가?

　복음서에는 예수가 12살 때 성전을 방문한 이후부터 30세가 되어 공생애를 시작하기까지의 기록이 전무하다. 그런데 12세 이후의 예수가 인도로 가서 부처의 제자가 되었다는 주장이 엘리자베스. C. 프로펫의 『예수의 잃어버린 세월』, 홀거 케르스텐의 『인도에서의 예수의 생애』, 민희식의 『법화경과 신약성서』 등을 통해 널리 알려지게 되었다.

　1) 예수의 인도행에 관한 원자료는 러시아 언론인 노토비치(Nicholas Notovich)가 1887년 인도를 여행하다가 히미스(Himis) 대사원에서 라마 승 주지로부터 팔리어로 기록된 『성 이사전』(*The Life of Saint Issa*)이라는 문서 사본을 소개받아 번역한 『예수의 알려지지 않은 생애』(*The Unknown Life of Jesus Christ*, 1894)라는 책이다. '이사'(예수의 아랍식 표현)가 13세부터 29세까지 불교를 연구하기 위해 인도에 갔다는 충격적인 내용을 담고 있는 이 책이 여러 나라 언어로 번역되었고, 프로펫이 다시 편집한 것이 우리나라에서는 『예수의 잃어버린 세월』(1984)로 번역 출판된 것이다.

2) 노토비치가 전한 『성 이사전』에는 이사라는 이름을 받은 하나님의 아들이 13살 때에 이스라엘의 관습에 따라 아내를 맞이해야 할 즈음 아버지의 집을 은밀히 빠져나와 예루살렘 상인들과 함께 인도의 신드(Sind)로 갔는데, "이는 하느님의 말씀 안에서 스스로 자신을 완전히 하고 대 붓다의 법을 연구하기 위함이라"(4:13)고 한다. 이사는 그곳에서 백인 브라만 사제들에게 극진히 환대를 받고, 베다를 읽고 이해하는 방법과 기도의 힘으로 병을 치유하는 방법을 배우고, 경전을 사람들에게 가르치고, 사람의 몸에서 악령을 몰아내기도 하였다(5:4)

수드라를 차별하는 브라만과 크샤트리아 계급에게 이사는 "하느님 아버지께서는 그 자녀들에게 아무런 차별을 두지 않으셨다"고 선포했으며(5:11), 모든 신들을 부정하고, 우상을 경배하지 말라고 가르쳤다. 이에 백인 사제들과 전사들이 이사를 죽이려 하였으나 석가모니의 탄생지인 고타마(Gautamides)로 피신하였다. 그곳에서 팔리어를 통달한 후 경전을 연구하기 시작하여 6년 후에 "붓다의 성스러운 말씀을 전파하도록 선택되어 완전히 도통"(6:5)하였다. '신성을 받으신 이사'는 네팔과 히말라야 산맥 등지를 다니면서 "인간의 눈에 보이는 신들을 숭배하는 것을 자연의 법에 어긋난다는 것"을 가르쳤다고 한다(6:7).

3) 이사 나이 29세 때에 팔레스타인으로 돌아와(9:29) 3년 동안 가르치다가(13:1) 빌라도에 의해 "사람들을 선동하여 정권을 뒤덮고 스스로 이스라엘의 왕이 되려 한"(13:11) 죄로 십자가에 처형된다. 그러나 십자가에 달린 이사는 "의식을 잃고 그 영혼이 몸을 떠나 하나님 안에 거하였다"(14:3)고 한다. 사흘 후에 빌라도는 대중들이 반란을 일으킬까 두려워 이사의 시신을 다른 곳에 묻고자 병사들을 보냈는데 "다음날 사람들이

보매 그의 무덤은 열려 있고 비어 있었다." 즉시 "이 소문이 퍼져 사람들은 하늘의 심판관께서 자기 영혼의 일부가 머물렀던 성자의 시신을 천사들을 보내 데려갔다고 하더라"(14:7)라고 적고 있다.

『성 이사전』은 '위조된 문헌'으로 드러나

1894년 10월 옥스퍼드에서 비교문헌학을 연구하던 뮐러(F. Max Müller) 교수는 『성 이사전』이 라마 교도와 러시아 언론인 노토비치에 의해 조작된 것이며, 노토비치가 히미스에 갔다는 사실도 믿을 수 없다고 반박하였다.

아치발드 더글라스라는 여행가는 사실 확인을 위해 히미스의 주지를 만난 후 1896년 4월 『그리스도의 감추인 생애라는 가상 수기에 관한 히미스 라마교 주지 스님이야기』라는 책을 펴내었다. 그는 이 책에서 히미스에서 15년 동안 주지 스님으로 봉직하고 있는 라마 스님은 지난 15년 동안 유럽인이 히미스를 방문한 적이 없고, 더욱이 그는 『성 이사전』에 대한 책을 유럽인에게 보여준 적이 없으며, '이사'라는 인물이나 『성 이사전』이라는 책에 대해 들어본 적도 없다고 밝혔다고 한다.

더글라스는 "노토비치가 번역했다고 주장했던 그와 같은 기록이 하미스에 없는 것이 확실해졌고 또 그렇기 때문에 '성실히 옮겨 적었다'라는 그의 주장도 거짓임이 드러났다"(39쪽)고 반박하였다. 그 후에도 『성 이사전』을 보았다는 목격자가 두셋 있었다. 그러나 유럽의 거의 모든 언어로 번역된 지 100년이 지났으나 팔리어로 쓰여진 원본이 아직 드러나지 않았기 때문에 『성 이사전』은 대중적인 관심을 끌기는 했지만 '위조된 문헌'이며, 꾸며낸 픽션으로 인정되고 있다.

무엇보다도 『성 이사전』에 등장하는 이사의 가르침은 복음서에 기록된 예수의 가르침과 일치하는 구절이 거의 없는 것으로 분석된다. 복음서에는 선한 사마리아인의 비유나 탕자의 비유 등 비유로 하신 말씀이 아주 많은데 『성 이사전』에는 전무하다. 무엇보다도 예수의 가르침 중 주요한 주제라고 알려진 '주기도문'이나 '가난한 자에게 대한 복음'이나 '팔복'의 말씀이나 임박한 '하나님의 나라'에 관한 언급도 전혀 없다.

복음서에는 예수가 인도에서 17년 동안 활동하고 불교에 도통했다는 흔적이 전혀 없다. 1세기에 팔레스타인 청년이 저 멀리 인도까지 가서 부처나 불경(佛經)에 대해 배워왔다면 삽시간에 그 소문이 퍼지기 족한 사안일 것이다. 그렇다면 예수의 추종자나 적대자들이 이 소문을 전하지 않을 수 없을 것이다. 예수의 생애 중 13~29세까지가 미스터리인 것은 사실이다. 그렇다고 해서 예수가 인도에 가서 불교를 배워 도통에 이르렀다는 것은 역사적으로나 정황적으로 그 근거가 전무한 것이다.

V
예 수 는 아 내 가 있 었 는 가 ?

가나의 혼인 잔치는 예수의 혼인인가?

복음서에는 예수가 결혼하지 않았다는 기록도 없지만, 결혼하였다는 기록도 없다. 그러나 여러 정황으로 보아 예수가 독신으로 살았던 것이 분명하다. 그럼에도 예수가 결혼하였고, 여러 자녀를 두었다는 황당한 주장이 여러 방식으로 제기되고 있다.

이러한 주장은 우리말로도 번역된 『성혈과 성배』를 통해 유포되고 있다. 이 책에는 요한복음에 기록된 갈릴리 지방 가나의 혼인 잔치(요 2:1-11)가 사실은 예수 자신의 혼인 잔치라고 주장한다. 그 이유로 예수의 어머니 마리아가 예수에게 잔치용 포도주가 다 떨어진 것을 알렸고, 예수가 물로 포도주를 만든 것으로 보아 이 잔치의 주도적인 역할을 한 마리아와 예수는 이 잔치의 혼주(婚主)였다고 추정한다. 그러나 요한복음 본문에는 "예수도 그의 제자들과 함께 초대를 받고 와 계셨다"(2:2)고 기록하고 있다. 자신의 결혼식에 자신이 초대받는 일이 있을 수 없다고 보아야 할 것이다.

『성혈과 성배』의 저자들은 예수의 발에 기름을 부은 베다니의 마리아가 예수의 아내라고 한다. 이는 이집트에서 유래된 풍습으로 신부가 신랑에게 하는 행위라는 주장이다. 그러나 이러한 주장은 갈릴리 혼인 잔치가 예수의 결혼이었다는 앞서 언급한 그들의 주장과 상호 모순이 된다. 갈릴리 혼인은 예수가 공생애를 시작하면서 처음 있었던 일이었고, 베다니의 마리아의 기름 부음은 3년 후 예수가 처형되기 이틀 전에 있었던 사건이다. 그러면 예수가 두 번 결혼했다는 말인가?

베다니에서 마리아가 예수의 발에 기름을 부은 것은 혼인 잔치를 위한 것이 아니고 예수의 죽음과 장례를 예비하기 위한 것이었다. 예수도 "이 여자가 내 몸에 이 향유를 부은 것은 내 장사를 위하여 함이니라"(마 26:12)라고 하였다. 그 향유는 신랑을 위한 것이 아니라 죽은 자에게 바르는 몰약(沒藥)이었다고 보아야 한다.

막달라 마리아는 예수의 아내인가?

막달라 출신의 마리아는 예수와 12사도를 따라 갈릴리 지방을 순회한 여성인데, 예수가 일곱 귀신을 쫓아내 주신 여인으로서 특기하고 있다(마 27:56; 막 16:9; 눅 8:2). 그녀는 제자가 되어 자기의 '소유'로 예수 일행을 섬겼으며(마 27:56; 눅 8:1-3), 예수의 십자가와 매장을 지켜보았고, 3일 만에 시체에 바를 향유를 가지고 무덤에 가서 부활하신 예수를 최초로 목격한 사람이다. 이 막달라 마리아가 예수의 아내일 것이라는 주장도 제기되었다.

타이센과 메르츠가 분석한 것처럼 예수의 제자들 중에는 여성들이 포함되어 있었다는 점에서 랍비들과는 다르다. 막달라 마리아 외에도 헤롯의 청지기 구사의 아내 요안나와 수산나와 그리고 마르다(눅 10:38-42)와 같은 여성들도 예수의 선교를 후원하는 제자들이었다. 예수 주변에 막달라 마리아가 자주 등장하고, 그녀가 제일 먼저 예수를 무덤을 찾았다고 해서 그를 예수의 아내라고 주장할 수는 없을 것이다.

심지어 고준환이 지은 『성경엔 없다』는 책에는 예수와 막달라 마리아 사이에 1녀 2남의 자녀를 두었다는 주장도 제기되었다. 장녀는 다말이고, 장남은 바라바이고, 차남은 요셉이라고 한다. 그러나 스타인(Robert Stein)은 복음서에 예수가 어머니에 대해 염려한 기록은 있지만, 아내와 자녀에 대해 염려한 흔적은 전혀 없다. 그리고 예수의 어머니와 동생들이 예수를 찾아 나선 이야기는 있으나 그의 아내와 자녀들이 예수를 찾아 나섰다는 기록이 없다는 것은 예수가 아내와 자녀가 없었다는 강력한 반증이라고 하였다.

예수 아내 파피루스는 진짜인가?

예수의 결혼설의 최근 사례는 '예수 아내 파피루스'를 들 수 있다. 예수는 그들에게 "'나의 아내…'라고 말했다"라는 문구가 쓰여 있는 파피루스를 미국 하버드대학교 신학대학원 캐런 킹 교수가 2012년 9월에 공개하여 세계적인 이목을 집중시켰다. 미국의 뉴욕타임스(NYT)는 2014년 4월 10일 컬럼비아 대학교와 하버드 대학교, 메사추세츠 공과대학(MIT) 교수들이 이 파피루스 문서를 분석한 결과 현대에 와서 위조된 것이 아닌 고대 문서일 가능성이 크다고 보도하였다. 컬럼비아 대학교 전기 공학과 교수 제임스 야들리는 "마이크로 라만 분광기로 문서에 사용된 잉크의 화학적 구성을 조사한 결과 기원전 4세기에서 기원후

7~8세기 문서에 쓰인 잉크와 완전히 일치했다"고 했다는 것이다. 그리고 MIT 화학과 교수 티모시 스웨이저도 "적외선 분광기로 조사했지만 누군가 손을 댄 흔적은 전혀 없었다"며 "만약 그랬다면 극도로 어려운 일이었을 것"이라고 말했다.

그러나 1년 후 영국 케임브리지 대학교 출판부가 발간한 성서학 권위지 「신약학지」(NTS) 2015년 7월호에 소위 '예수 아내의 복음서'라는 파피루스 조각은 현대에 와서 위조된 것이라는 내용을 다룬 특집 논문 6편과 논란을 설명하는 사설 1편을 실었다.

파피루스 자체는 오래된 것이지만, 여기에 옛 잉크 성분과 비슷하게 제조한 잉크로 이미 알려진 콥트어 텍스트를 모방하여 예수가 '나의 아내'라고 한 말을 위조한 것으로 보인다는 게 NTS에 실린 전문가들의 의견이다. 다시 말하면 아무것도 쓰여 있지 않은 고대의 파피루스를 구하고, 당시의 잉크 성분을 분석하여 비슷하게 제조하고, 고대 콥틱어를 아는 전문가(또는 전문가들)가 예수에게 아내가 있었다고 왜곡하기 위해 고대 문서를 위조한 것이 드러난 것이다. 기독교의 기본 교리를 왜곡하기 위해 고도로 전문적인 고고학적 증거까지 날조하는 지성적인 안티 기독교의 전형적인 형태라 할 수 있다.